大学赤本シリーズ

353

東京理科大学

経営学部－B方式

教学社

はしがき

おかげさまで，大学入試の「赤本」は，今年で創刊 70 周年を迎えました。

これまで，入試問題や資料をご提供いただいた大学関係者各位，掲載許可をいただいた著作権者の皆様，各科目の解答や対策の執筆にあたられた先生方，そして，赤本を使用してくださったすべての読者の皆様に，厚く御礼を申し上げます。

以下に，創刊初期の「赤本」のはしがきを引用します。これからも引き続き，受験生の目標の達成や，夢の実現を応援してまいります。

本書を活用して，入試本番では持てる力を存分に発揮されることを心より願っています。

編者しるす

＊　＊　＊

学問の塔にあこがれのまなざしをもって，それぞれの志望する大学の門をたたかんとしている受験生諸君！　人間として生まれてきた私たちは，自己の欲するままに，美しく，強く，そして何よりも人間らしく生きることをねがっている。しかし，一朝一夕にして，この純粋なのぞみが達せられることはない。私たちの行く手には，絶えずさまざまな試練がまちかまえている。この試練を克服していくところに，私たちのねがう真に人間的な世界がはじめて開かれてくるのである。

人生最初の最大の試練として，諸君の眼前に大学入試がある。この大学入試は，精神的にも身体的にも，大きな苦痛を感ぜしめるであろう。あるスポーツに熟達するには，たゆみなき，はげしい練習を積み重ねることが必要であるように，私たちは，計画的・持続的な努力を払うことによって，この試練を克服し，次の一歩を踏みだすことができる。厳しい試練を経たのちに，はじめて満足すべき成果を獲得できるのである。

本書は最近の入学試験の問題に，それぞれ解答を付し，さらに問題をふかく分析することによって，その大学独特の傾向や対策をさぐろうとした。本書を一般の参考書とあわせて使用し，まとはずれのない，効果的な受験勉強をされるよう期待したい。

（昭和 35 年版「赤本」はしがきより）

挑む人の、いちばんの味方

赤本創刊70周年

1954 年に大学入試の過去問題集を刊行してから 70 年。赤本は大学に入りたいと思う受験生を応援しつづけてきました。これからも，苦しいとき落ち込むときにそばで支える存在でいたいと思います。

そして，勉強をすること，自分で道を決めること，努力が実ること，これらの喜びを読者の皆さんが感じることができるよう，伴走をつづけます。

そもそも赤本とは…

受験生のための大学入試の過去問題集！

70年の歴史を誇る赤本は，500点を超える刊行点数で全都道府県の370大学以上を網羅しており，過去問の代名詞として受験生の必須アイテムとなっています。

なぜ受験に過去問が必要なのか？

大学入試は大学によって問題形式や頻出分野が大きく異なるからです。

記述式?
マーク式?
問題のレベルは?
時間配分は?
自分に足りないのは?
みんなの疑問に答える赤本！
頻出分野は?
どんな対策が必要?
どんな問題が出るの?
赤本で志望校を研究しよう！

赤本の掲載内容

傾向と対策

これまでの出題内容から，問題の「**傾向**」を分析し，来年度の入試に向けて具体的な「**対策**」の方法を紹介しています。

問題編・解答編

- 年度ごとに問題とその解答を掲載しています。
- 「**問題編**」ではその年度の試験概要を確認したうえで，実際に出題された過去問に取り組むことができます。
- 「**解答編**」には高校・予備校の先生方による解答が載っています。

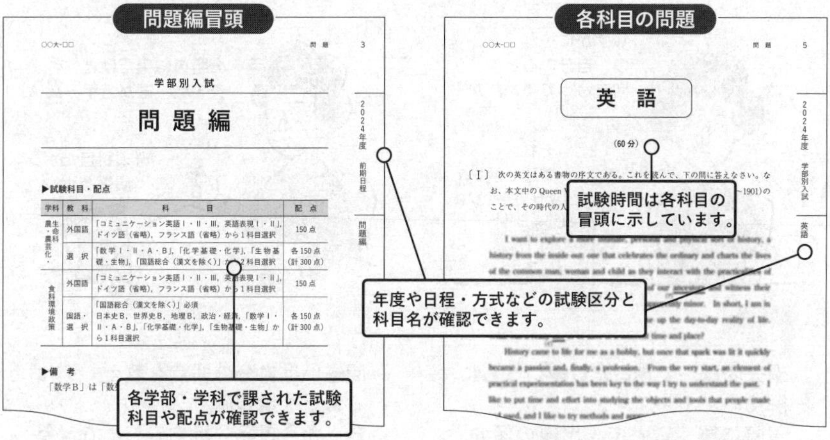

他にも，大学の基本情報や，先輩受験生の合格体験記，在学生からのメッセージなどが載っていることがあります。

掲載内容について

著作権上の理由やその他編集上の都合により問題や解答の一部を割愛している場合があります。
なお，指定校推薦入試，社会人入試，編入学試験，帰国生入試などの特別入試，英語以外の外国語科目，商業・工業科目は，原則として掲載しておりません。また試験科目は変更される場合がありますので，あらかじめご了承ください。

受験勉強は

過去問に始まり，

STEP 1

なにはともあれ

まずは解いてみる

しずかに…
今，自分の心と
向き合ってるんだから
ムーン
それは
問題を解いて
からだホン!

過去問は，**できるだけ早いうちに解く**のがオススメ！
実際に解くことで，**出題の傾向，問題のレベル，今の自分の実力**がつかめます。

STEP 2

じっくり具体的に

弱点を分析する

分析の結果だけど
英・数・国が苦手みたい
スリー
必須科目だホン
頑張るホン

間違いは自分の弱点を教えてくれる**貴重な情報源**。
弱点から自己分析することで，**今の自分に足りない力や苦手な分野**が見えてくるはず！

合格者があかす
赤本の使い方

傾向と対策を熟読
(Fさん／国立大合格)

大学の出題傾向を調べるために，赤本に載っている「傾向と対策」を熟読しました。

繰り返し解く
(Tさん／国立大合格)

1周目は問題のレベル確認，2周目は苦手や頻出分野の確認に，3周目は合格点を目指して，と過去問は繰り返し解くことが大切です。

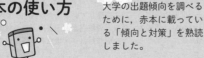

赤本の使い方 解説

過去問に終わる。

STEP 3

志望校にあわせて

苦手分野の重点対策

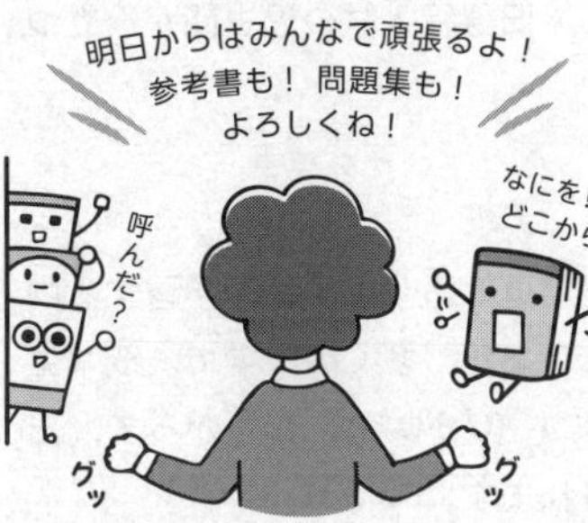

明日からはみんなで頑張るよ！
参考書も！ 問題集も！
よろしくね！
呼んだ？
なにを!?
どこから!?
グッ
グッ

参考書や問題集を活用して，苦手分野の**重点対策**をしていきます。**過去問を指針**に，合格へ向けた具体的な学習計画を立てましょう！

STEP 1 ▶ 2 ▶ 3

サイクルが大事！

実践を繰り返す

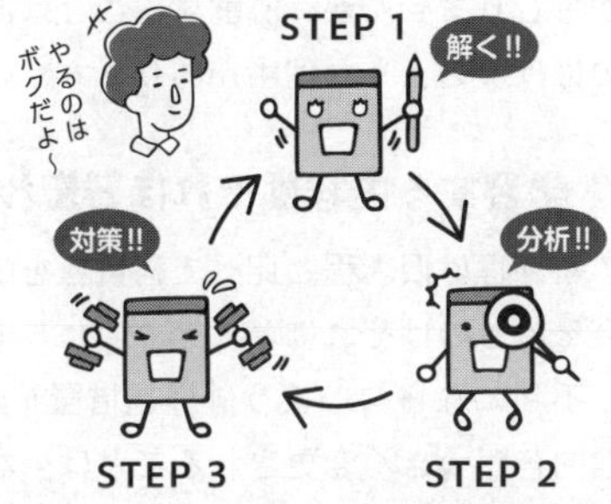

STEP 1～3を繰り返し，実力アップにつなげましょう！**出題形式に慣れること**や，**時間配分を考えること**も大切です。

目標点を決める
(Yさん／私立大合格)
赤本によっては合格者最低点が載っているので，それを見て目標点を決めるのもよいです。

時間配分を確認
(Kさん／私立大学合格)
赤本は時間配分や解く順番を決めるために使いました。

添削してもらう
(Sさん／私立大学合格)
記述式の問題は先生に添削してもらうことで自分の弱点に気づけると思います。

新課程入試 Q&A

2022 年度から新しい学習指導要領（新課程）での授業が始まり，2025 年度の入試は，新課程に基づいて行われる最初の入試となります。ここでは，赤本での新課程入試の対策について，よくある疑問にお答えします。

Q1. 赤本は新課程入試の対策に使えますか？

A. もちろん使えます！

旧課程入試の過去問が新課程入試の対策に役に立つのか疑問に思う人もいるかもしれませんが，心配することはありません。旧課程入試の過去問が役立つのには次のような理由があります。

● 学習する内容はそれほど変わらない

新課程は旧課程と比べて科目名を中心とした変更はありますが，学習する内容そのものはそれほど大きく変わっていません。また，多くの大学で，既卒生が不利にならないよう「経過措置」がとられます（Q３参照）。したがって，出題内容が大きく変更されることは少ないとみられます。

● 大学ごとに出題の特徴がある

これまでに課程が変わったときも，各大学の出題の特徴は大きく変わらないことがほとんどでした。入試問題は各大学のアドミッション・ポリシーに沿って出題されており，過去問にはその特徴がよく表れています。過去問を研究してその大学に特有の傾向をつかめば，最適な対策をとることができます。

出題の特徴の例	・英作文問題の出題の有無 ・論述問題の出題（字数制限の有無や長さ） ・計算過程の記述の有無

新課程入試の対策も，赤本で過去問に取り組むところから始めましょう。

Q2. 赤本を使う上での注意点はありますか？

A. 志望大学の入試科目を確認しましょう。

過去問を解く前に，過去の出題科目（問題編冒頭の表）と 2025 年度の募集要項とを比べて，課される内容に変更がないかを確認しましょう。ポイントは以下のとおりです。科目名が変わっていても，実際は旧課程の内容とほとんど同様のものもあります。

英語・国語	科目名は変更されているが，実質的には変更なし。 ▶▶ **ただし，リスニングや古文・漢文の有無は要確認。**
地歴	科目名が変更され，「歴史総合」「地理総合」が新設。 ▶▶ **新設科目の有無に注意。ただし，「経過措置」（Q3参照）により内容は大きく変わらないことも多い。**
公民	「現代社会」が廃止され，「公共」が新設。 ▶▶ **「公共」は実質的には「現代社会」と大きく変わらない。**
数学	科目が再編され，「数学 C」が新設。 ▶▶ **「数学」全体としての内容は大きく変わらないが，出題科目と単元の変更に注意。**
理科	科目名も学習内容も大きな変更なし。

数学については，科目名だけでなく，どの単元が含まれているかも確認が必要です。例えば，出題科目が次のように変わったとします。

旧課程	「数学Ⅰ・数学Ⅱ・数学 A・数学 B（数列・ベクトル）」
新課程	「数学Ⅰ・数学Ⅱ・数学 A・**数学 B（数列）・数学 C（ベクトル）**」

この場合，新課程では「数学Ｃ」が増えていますが，単元は「ベクトル」のみのため，実質的には旧課程とほぼ同じであり，過去問をそのまま役立てることができます。

Q3. 「経過措置」とは何ですか？

A. 既卒の旧課程履修者への対応です。

多くの大学では，既卒の旧課程履修者が不利にならないように，出題において「経過措置」が実施されます。措置の有無や内容は大学によって異なるので，募集要項や大学のウェブサイトなどで確認しておきましょう。

◯旧課程履修者への経過措置の例

- 旧課程履修者にも配慮した出題を行う。
- 新・旧課程の共通の範囲から出題する。
- 新課程と旧課程の共通の内容を出題し，共通範囲のみでの出題が困難な場合は，旧課程の範囲からの問題を用意し，選択解答とする。

例えば，地歴の出題科目が次のように変わったとします。

旧課程	「日本史 B」「世界史 B」から１科目選択
新課程	「**歴史総合**，日本史探究」「**歴史総合**，世界史探究」から１科目選択※ ※旧課程履修者に不利益が生じることのないように配慮する。

「歴史総合」は新課程で新設された科目で，旧課程履修者には見慣れないものですが，上記のような経過措置がとられた場合，新課程入試でも旧課程と同様の学習内容で受験することができます。

要チェックだホン

新課程の情報は WEB もチェック！
より詳しい解説が赤本ウェブサイトで見られます。
https://akahon.net/shinkatei/

科目名が変更される教科・科目

	旧課程	新課程
国語	国語総合 国語表現 現代文A 現代文B 古典A 古典B	現代の国語 言語文化 論理国語 文学国語 国語表現 古典探究
地歴	日本史A 日本史B 世界史A 世界史B 地理A 地理B	歴史総合 日本史探究 世界史探究 地理総合 地理探究
公民	現代社会 倫理 政治・経済	公共 倫理 政治・経済
数学	数学Ⅰ 数学Ⅱ 数学Ⅲ 数学A 数学B 数学活用	数学Ⅰ 数学Ⅱ 数学Ⅲ 数学A 数学B 数学C
外国語	コミュニケーション英語基礎 コミュニケーション英語Ⅰ コミュニケーション英語Ⅱ コミュニケーション英語Ⅲ 英語表現Ⅰ 英語表現Ⅱ 英語会話	英語コミュニケーションⅠ 英語コミュニケーションⅡ 英語コミュニケーションⅢ 論理・表現Ⅰ 論理・表現Ⅱ 論理・表現Ⅲ
情報	社会と情報 情報の科学	情報Ⅰ 情報Ⅱ

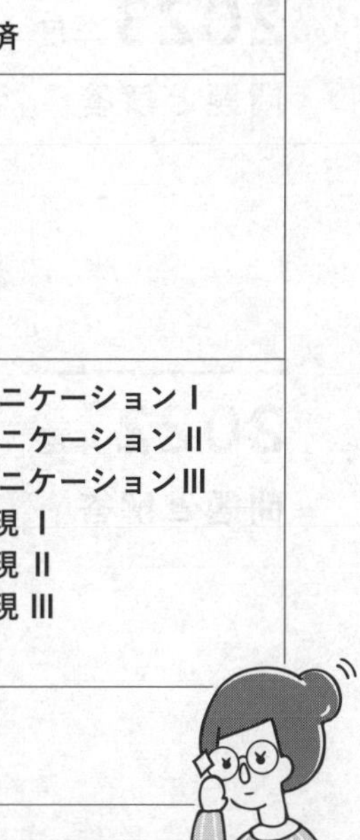

目　次

掲載内容についてのお断り

著作権の都合上，下記の内容を省略しています。

2024 年度：「英語」大問 1 の英文・全訳

UNIVERSITY GUIDE 大学情報

基本情報

沿革

1881（明治 14）　東京大学出身の若き理学士ら 21 名が標す夢の第一歩「東京物理学講習所」を設立
1883（明治 16）　東京物理学校と改称
1906（明治 39）神楽坂に新校舎が完成。理学研究の「先駆的存在」として受講生が全国より集結。「落第で有名な学校」として世に知られるようになる
1949（昭和 24）　学制改革により東京理科大学となる。理学部のみの単科大学として新たなスタート
1960（昭和 35）　薬学部設置
1962（昭和 37）　工学部設置
1967（昭和 42）　理工学部設置
1981（昭和 56）　創立 100 周年
1987（昭和 62）　基礎工学部設置
1993（平成 5）　経営学部設置
2013（平成 25）　葛飾キャンパス開設
2021（令和 3）　基礎工学部を先進工学部に名称変更
2023（令和 5）　理工学部を創域理工学部に名称変更

ロゴマーク

ロゴマークは，創立 125 周年の際に制定されたもので，東京理科大学徽章をベースにデザインされています。

エメラルドグリーンの色は制定した際，時代に合わせた色であり，なおかつスクールカラーであるえんじ色との対比を考えた色として選ばれました。

なお，徽章はアインシュタインによって確立された一般相対性理論を図案化したものです。太陽の重力によって曲げられる光の軌道を模式的に描いています。

学部・学科の構成

大　学

●理学部第一部　神楽坂キャンパス

数学科

物理学科

化学科

応用数学科

応用化学科

●工学部　葛飾キャンパス

建築学科

工業化学科

電気工学科

情報工学科

機械工学科

●薬学部　野田キャンパス※1

薬学科［6 年制］

生命創薬科学科［4 年制］

※1　薬学部は 2025 年 4 月に野田キャンパスから葛飾キャンパスへ移転。

●創域理工学部　野田キャンパス

数理科学科

先端物理学科
情報計算科学科
生命生物科学科
建築学科
先端化学科
電気電子情報工学科
経営システム工学科
機械航空宇宙工学科
社会基盤工学科

●**先進工学部**　葛飾キャンパス

電子システム工学科
マテリアル創成工学科
生命システム工学科
物理工学科
機能デザイン工学科

●**経営学部**　神楽坂キャンパス
（国際デザイン経営学科の 1 年次は北海道・長万部キャンパス）

経営学科
ビジネスエコノミクス学科
国際デザイン経営学科

●**理学部第二部**　神楽坂キャンパス

数学科
物理学科
化学科

大学院

理学研究科 / 工学研究科 / 薬学研究科[※2] / 創域理工学研究科 / 先進工学研究科 / 経営学研究科 / 生命科学研究科

※ 2　薬学研究科は 2025 年 4 月に野田キャンパスから葛飾キャンパスへ移転。

（注）学部・学科および大学院の情報は 2024 年 4 月時点のものです。

大学所在地

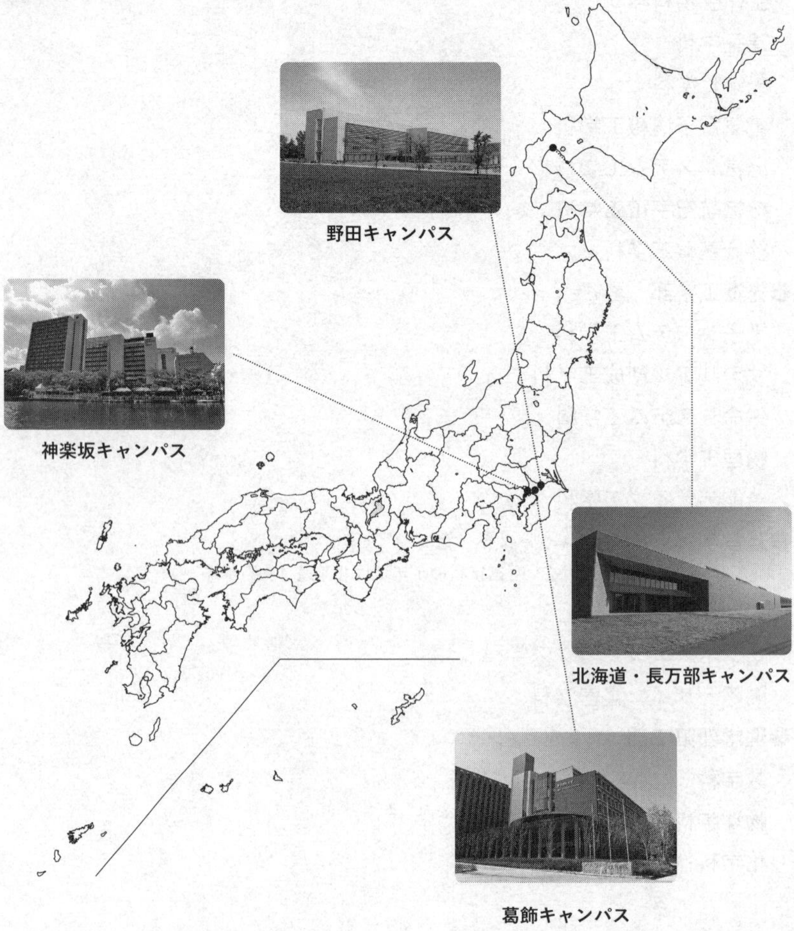

神楽坂キャンパス	〒 162-8601	東京都新宿区神楽坂 1-3
葛飾キャンパス	〒 125-8585	東京都葛飾区新宿 6-3-1
野田キャンパス	〒 278-8510	千葉県野田市山崎 2641
北海道・長万部キャンパス	〒 049-3514	北海道山越郡長万部町字富野 102-1

入試データ

一般選抜状況（志願者数・競争率など）

○競争率は受験者数÷合格者数で算出（小数点第２位以下を切り捨て）。

○大学独自試験を課さないＡ方式入試（大学入学共通テスト利用）は１カ年分のみ掲載。

○2021 年度より，基礎工学部は先進工学部に，電子応用工学科は電子システム工学科に，材料工学科はマテリアル創成工学科に，生物工学科は生命システム工学科に名称変更。経営学部に国際デザイン経営学科を新設。

○2023 年度より，理学部第一部応用物理学科は先進工学部物理工学科として改組。理工学部は創域理工学部に，数学科は数理科学科に，物理学科は先端物理学科に，情報科学科は情報計算科学科に，応用生物科学科は生命生物科学科に，経営工学科は経営システム工学科に，機械工学科は機械航空宇宙工学科に，土木工学科は社会基盤工学科に名称変更。先進工学部に物理工学科と機能デザイン工学科を新設。

2024 年度 入試状況

●A 方式入試（大学入学共通テスト利用）

学部・学科		募集人員	志願者数	受験者数	合格者数	競争率	合格最低点
理第一部	数	19	340	340	152	2.2	646
	物理	19	764	764	301	2.5	667
	化	19	554	554	238	2.3	628
	応用数	20	175	175	90	1.9	607
	応用化	20	646	646	297	2.1	632
工	建築	16	472	472	163	2.8	652
	工業化	16	260	260	141	1.8	604
	電気工	16	249	249	112	2.2	638
	情報工	16	852	852	284	3.0	671
	機械工	16	776	776	188	4.1	669
薬	薬	15	768	768	246	3.1	644
	生命創薬科	15	381	381	140	2.7	644
創域理工	数理科	10	200	200	85	2.3	592
	先端物理	15	299	299	143	2.0	608
	情報計算科	20	274	274	118	2.3	623
	生命生物科	16	478	478	182	2.6	628
	建築	20	520	520	147	3.5	638
	先端化	20	372	372	168	2.2	592
	電気電子情報工	25	374	374	164	2.2	615
	経営システム工	16	226	226	86	2.6	636
	機械航空宇宙工	21	486	486	230	2.1	635
	社会基盤工	16	382	382	139	2.7	624
先進工	電子システム工	19	295	295	114	2.5	635
	マテリアル創成工	19	303	303	142	2.1	616
	生命システム工	19	390	390	146	2.6	640
	物理工	19	189	189	94	2.0	632
	機能デザイン工	19	448	448	153	2.9	613
経営	経営	37	407	407	223	1.8	597
	ビジネスエコノミクス	37	309	309	134	2.3	598
	国際デザイン経営	20	215	215	91	2.3	586
理第二部	数	15	159	159	88	1.8	405
	物理	20	198	198	145	1.3	352
	化	15	211	211	162	1.3	313
合計		625	12,972	12,972	5,306	―	―

（配点） 800 点満点（ただし，理学部第二部は 600 点満点）。

●B方式入試（東京理科大学独自試験）

学部・学科		募集人員	志願者数	受験者数	合格者数	競争率	合格最低点
理第一部	数	46	921	883	297	3.0	180
	物理	46	1,534	1,460	463	3.1	176
	化	46	1,132	1,085	381	2.8	201
	応用数	49	616	588	221	2.6	159
	応用化	49	1,418	1,355	384	3.5	217
工	建築	46	1,138	1,091	256	4.2	193
	工業化	46	582	550	250	2.2	174
	電気工	46	1,134	1,069	437	2.4	175
	情報工	46	2,298	2,159	464	4.6	197
	機械工	46	1,756	1,671	393	4.2	191
薬	薬	40	964	899	310	2.9	209
	生命創薬科	40	689	645	267	2.4	203
創域理工	数理科	20	578	558	169	3.3	287
	先端物理	40	785	757	298	2.5	204
	情報計算科	49	877	851	300	2.8	206
	生命生物科	46	1,120	1,072	429	2.4	197
	建築	49	914	878	197	4.4	210
	先端化	49	725	684	323	2.1	168
	電気電子情報工	40	1,204	1,148	331	3.4	200
	経営システム工	46	786	757	275	2.7	205
	機械航空宇宙工	53	1,093	1,044	392	2.6	200
	社会基盤工	46	938	901	379	2.3	186
先進工	電子システム工	46	1,140	1,100	346	3.1	220
	マテリアル創成工	46	900	873	323	2.7	213
	生命システム工	46	1,080	1,044	370	2.8	214
	物理工	46	928	898	345	2.6	217
	機能デザイン工	46	1,042	1,012	348	2.9	209
経営	経営	72	1,176	1,147	384	2.9	265
	ビジネスエコノミクス	73	1,020	987	323	3.0	200
	国際デザイン経営	32	371	357	113	3.1	253
理第二部	数	70	241	198	116	1.7	131
	物理	64	245	200	124	1.6	130
	化	69	186	159	121	1.3	132
合計		1,594	31,531	30,080	10,129	—	—

（備考）　合格者数・合格最低点には追加合格者を含む。

（配点）　試験各教科 100 点満点，３教科計 300 点満点。ただし，以下を除く。

- 理学部第一部化学科・応用化学科は 350 点満点（化学 150 点，他教科各 100 点）。
- 創域理工学部数理科学科は 400 点満点（数学 200 点，他教科各 100 点）。
- 経営学部経営学科は 400 点満点（高得点の 2 科目をそれぞれ 1.5 倍に換算，残り 1 科目 100 点）。
- 経営学部国際デザイン経営学科は 400 点満点（英語 200 点，他教科各 100 点）。

●C方式入試（大学入学共通テスト＋東京理科大学独自試験）

学部・学科		募集人員	志願者数	受験者数	合格者数	競争率	合格最低点
理第一部	数	9	143	122	31	3.9	405
	物理	9	213	160	10	16.0	435
	化	9	194	142	21	6.7	411
	応用数	10	81	60	26	2.3	375
	応用化	10	208	144	27	5.3	415
工	建築	10	185	136	34	4.0	409
	工業化	10	93	58	29	2.0	359
	電気工	10	88	61	17	3.5	404
	情報工	10	259	197	40	4.9	418
	機械工	10	218	169	42	4.0	398
薬	薬	10	198	150	34	4.4	388
	生命創薬科	10	168	123	35	3.5	388
創域理工	数理科	4	91	77	10	7.7	409
	先端物理	10	106	88	31	2.8	373
	情報計算科	10	87	68	22	3.0	402
	生命生物科	10	200	147	50	2.9	380
	建築	10	171	132	12	11.0	421
	先端化	10	121	95	27	3.5	369
	電気電子情報工	10	109	80	18	4.4	394
	経営システム工	10	95	64	22	2.9	389
	機械航空宇宙工	10	182	136	45	3.0	371
	社会基盤工	10	130	97	20	4.8	382
先進工	電子システム工	9	117	98	21	4.6	399
	マテリアル創成工	9	94	68	16	4.2	387
	生命システム工	9	215	175	18	9.7	399
	物理工	9	81	54	15	3.6	396
	機能デザイン工	9	107	75	22	3.4	388
経営	経営	12	121	95	22	4.3	366
	ビジネスエコノミクス	15	100	83	45	1.8	337
	国際デザイン経営	5	41	33	11	3.0	329
合計		288	4,216	3,187	773	—	—

（配点） 500 点満点（大学入学共通テスト 200 点＋東京理科大学独自試験 300 点）。

●グローバル方式入試（英語の資格・検定試験＋東京理科大学独自試験）

学部	学科	募集人員	志願者数	受験者数	合格者数	競争率	合格最低点
理第一部	数	5	124	111	13	8.5	310
	物理	5	120	102	6	17.0	302
	化	5	79	75	13	5.7	264
	応用数	5	102	95	25	3.8	270
	応用化	5	107	94	12	7.8	270
工	建築	5	113	104	15	6.9	286
	工業化	5	42	42	20	2.1	217
	電気工	5	63	56	14	4.0	276
	情報工	5	156	139	16	8.6	292
	機械工	5	165	144	16	9.0	283
薬	薬	5	83	72	15	4.8	268
	生命創薬科	5	66	58	13	4.4	238
創域理工	数理科	6	103	100	11	9.0	280
	先端物理	5	73	68	17	4.0	263
	情報計算科	5	74	66	8	8.2	274
	生命生物科	5	94	86	18	4.7	248
	建築	5	109	104	6	17.3	298
	先端化	5	98	90	21	4.2	241
	電気電子情報工	5	108	99	20	4.9	262
	経営システム工	5	77	74	16	4.6	259
	機械航空宇宙工	5	101	93	25	3.7	257
	社会基盤工	5	71	66	9	7.3	262
先進工	電子システム工	5	100	88	15	5.8	267
	マテリアル創成工	5	95	91	21	4.3	262
	生命システム工	5	90	84	10	8.4	260
	物理工	5	86	76	19	4.0	262
	機能デザイン工	5	100	82	17	4.8	243
経営	経営	12	130	120	24	5.0	235
	ビジネスエコノミクス	8	115	104	27	3.8	235
	国際デザイン経営	15	116	107	23	4.6	205
合計		171	2,960	2,690	485	—	—

（配点） 325点満点（東京理科大学独自試験300点＋英語の資格・検定試験25点）。

●S方式入試（東京理科大学独自試験）

学部	学科	募集人員	志願者数	受験者数	合格者数	競争率	合格最低点
創域理工	数理科	20	286	277	85	3.2	267
	電気電子情報工	20	296	284	114	2.4	266
合計		40	582	561	199	—	—

（配点） 400点満点。

- 創域理工学部数理科学科は数学300点，英語100点。
- 創域理工学部電気電子情報工学科は物理200点，他教科各100点。

2023 年度 入試状況

●B 方式入試（東京理科大学独自試験）

学部・学科		募集人員	志願者数	受験者数	合格者数	競争率	合格最低点
理第一部	数	46	953	910	256	3.5	203
	物理	46	1,571	1,507	355	4.2	209
	化	46	1,115	1,077	375	2.8	231
	応用数	49	689	651	220	2.9	187
	応用化	49	1,428	1,367	417	3.2	242
工	建築	46	1,178	1,103	273	4.0	184
	工業化	46	639	599	280	2.1	157
	電気工	46	1,227	1,170	431	2.7	175
	情報工	46	2,294	2,165	496	4.3	197
	機械工	46	1,689	1,606	564	2.8	175
薬	薬	40	950	876	292	3.0	179
	生命創薬科	40	629	592	213	2.7	172
創域理工	数理科	20	545	522	232	2.2	294
	先端物理	40	808	767	327	2.3	204
	情報計算科	49	1,029	986	388	2.5	215
	生命生物科	46	981	928	436	2.1	209
	建築	49	794	768	239	3.2	203
	先端化	49	699	661	329	2.0	172
	電気電子情報工	40	1,214	1,167	503	2.3	198
	経営システム工	46	898	862	308	2.7	214
	機械航空宇宙工	53	1,205	1,155	430	2.6	206
	社会基盤工	46	876	828	376	2.2	183
先進工	電子システム工	46	1,176	1,137	361	3.1	201
	マテリアル創成工	46	874	857	394	2.1	207
	生命システム工	46	1,011	968	416	2.3	209
	物理工	46	835	804	355	2.2	195
	機能デザイン工	46	914	880	393	2.2	201
経営	経営	72	1,062	1,036	370	2.8	261
	ビジネスエコノミクス	73	1,241	1,198	305	3.9	200
	国際デザイン経営	32	267	259	111	2.3	243
理第二部	数	70	263	214	122	1.7	160
	物理	64	241	197	139	1.4	152
	化	69	212	173	151	1.1	100
合計		1,594	31,507	29,990	10,857	—	—

（備考） 合格者数・合格最低点には追加合格者を含む。

（配点） 試験各教科 100 点満点，3 教科計 300 点満点。ただし，以下を除く。

- 理学部第一部化学科・応用化学科は 350 点満点（化学 150 点，他教科各 100 点）。
- 創域理工学部数理科学科は 400 点満点（数学 200 点，他教科各 100 点）。
- 経営学部経営学科は 400 点満点（高得点の 2 科目をそれぞれ 1.5 倍に換算，残り 1 科目 100 点）。
- 経営学部国際デザイン経営学科は 400 点満点（英語 200 点，他教科各 100 点）。

●C方式入試（大学入学共通テスト＋東京理科大学独自試験）

学部・学科		募集人員	志願者数	受験者数	合格者数	競争率	合格最低点
理第一部	数	9	128	85	26	3.2	350
	物理	9	166	109	16	6.8	397
	化	9	142	92	31	2.9	355
	応用数	10	81	58	21	2.7	346
	応用化	10	157	93	20	4.6	376
工	建築	10	143	101	21	4.8	380
	工業化	10	73	54	23	2.3	340
	電気工	10	63	42	16	2.6	353
	情報工	10	201	149	39	3.8	375
	機械工	10	160	98	36	2.7	347
薬	薬	10	131	79	23	3.4	364
	生命創薬科	10	113	80	23	3.4	360
創域理工	数理科	4	35	29	14	2.0	310
	先端物理	10	76	44	22	2.0	316
	情報計算科	10	106	73	17	4.2	373
	生命生物科	10	133	100	36	2.7	358
	建築	10	104	77	38	2.0	335
	先端化	10	80	51	25	2.0	339
	電気電子情報工	10	74	55	19	2.8	351
	経営システム工	10	76	58	21	2.7	335
	機械航空宇宙工	10	130	84	33	2.5	331
	社会基盤工	10	85	58	24	2.4	325
先進工	電子システム工	9	89	61	18	3.3	349
	マテリアル創成工	9	66	45	17	2.6	349
	生命システム工	9	111	74	34	2.1	349
	物理工	9	74	45	14	3.2	350
	機能デザイン工	9	80	56	12	4.6	361
経営	経営	12	78	50	25	2.0	297
	ビジネスエコノミクス	15	88	64	30	2.1	316
	国際デザイン経営	5	26	17	8	2.1	322
合計		288	3,069	2,081	702	—	—

（配点） 500点満点（大学入学共通テスト200点＋東京理科大学独自試験300点）。

●グローバル方式入試（英語の資格・検定試験＋東京理科大学独自試験）

学部・学科		募集人員	志願者数	受験者数	合格者数	競争率	合格最低点
理第一部	数	5	73	67	14	4.7	191
	物理	5	101	88	8	11.0	234
	化	5	75	65	14	4.6	238
	応用数	5	86	80	14	5.7	201
	応用化	5	94	81	17	4.7	244
工	建築	5	87	76	11	6.9	214
	工業化	5	50	46	15	3.0	232
	電気工	5	45	41	11	3.7	199
	情報工	5	129	112	16	7.0	236
	機械工	5	110	91	33	2.7	187
薬	薬	5	97	83	18	4.6	247
	生命創薬科	5	80	74	13	5.6	238
創域理工	数理科	6	66	57	25	2.2	163
	先端物理	5	66	59	14	4.2	191
	情報計算科	5	75	66	13	5.0	233
	生命生物科	5	120	96	25	3.8	215
	建築	5	89	79	18	4.3	195
	先端化	5	70	64	29	2.2	210
	電気電子情報工	5	76	67	24	2.7	178
	経営システム工	5	77	74	15	4.9	225
	機械航空宇宙工	5	92	81	23	3.5	184
	社会基盤工	5	75	65	19	3.4	218
先進工	電子システム工	5	90	83	21	3.9	201
	マテリアル創成工	5	80	68	23	2.9	214
	生命システム工	5	92	81	20	4.0	215
	物理工	5	61	54	15	3.6	188
	機能デザイン工	5	97	87	11	7.9	243
経営	経営	12	79	71	26	2.7	164
	ビジネスエコノミクス	8	90	82	23	3.5	170
	国際デザイン経営	15	104	88	43	2.0	139
合計		171	2,526	2,226	571	—	—

（配点）　325 点満点（東京理科大学独自試験 300 点＋英語の資格・検定試験 25 点）。

●S方式入試（東京理科大学独自試験）

学部・学科		募集人員	志願者数	受験者数	合格者数	競争率	合格最低点
創域理工	数理科	20	256	246	122	2.0	226
	電気電子情報工	20	258	253	111	2.2	259
合計		40	514	499	233	—	—

（配点）　400 点満点。

- 創域理工学部数理科学科は数学 300 点，英語 100 点。
- 創域理工学部電気電子情報工学科は物理 200 点，他教科各 100 点。

2022 年度　入試状況

●B 方式入試（東京理科大学独自試験）

学部・学科		募集人員	志願者数	受験者数	合格者数	競争率	合格最低点
理第一部	数	49	896	848	249	3.4	182
	物理	49	1,347	1,255	401	3.1	200
	化	49	1,092	1,031	322	3.2	212
	応用数	49	688	652	189	3.4	183
	応用物理	49	723	679	268	2.5	165
	応用化	49	1,443	1,365	451	3.0	208
工	建築	46	1,236	1,162	268	4.3	203
	工業化	46	647	608	260	2.3	148
	電気工	46	1,450	1,359	381	3.5	197
	情報工	46	2,401	2,250	451	4.9	212
	機械工	46	1,864	1,756	557	3.1	196
薬	薬	40	1,032	949	259	3.6	197
	生命創薬科	40	604	568	204	2.7	191
理工	数	49	789	754	294	2.5	287
	物理	49	1,068	1,025	457	2.2	203
	情報科	49	1,558	1,500	381	3.9	231
	応用生物科	49	828	792	387	2.0	206
	建築	49	960	925	205	4.5	222
	先端化	49	873	837	357	2.3	184
	電気電子情報工	67	1,758	1,670	526	3.1	210
	経営工	49	902	871	326	2.6	214
	機械工	49	1,522	1,449	449	3.2	217
	土木工	49	1,027	996	305	3.2	204
先進工	電子システム工	49	967	930	279	3.3	203
	マテリアル創成工	49	1,098	1,061	345	3.0	202
	生命システム工	49	1,127	1,073	418	2.5	198
経営	経営	72	1,271	1,233	391	3.1	262
	ビジネスエコノミクス	73	1,149	1,103	324	3.4	183
	国際デザイン経営	32	228	222	108	2.0	240
理第二部	数	70	319	258	121	2.1	144
	物理	64	308	270	133	2.0	168
	化	69	204	166	143	1.1	100
合計		1,639	33,379	31,617	10,209	—	—

（備考）　合格者数・合格最低点には追加合格者を含む。

（配点）　試験各教科 100 点満点，3 教科計 300 点満点。ただし，以下を除く。

- 理学部第一部化学科・応用化学科は 350 点満点（化学 150 点，他教科各 100 点）。
- 理工学部数学科は 400 点満点（数学 200 点，他教科各 100 点）。
- 経営学部経営学科は 400 点満点（高得点の 2 科目をそれぞれ 1.5 倍に換算，残り 1 科目 100 点）。
- 経営学部国際デザイン経営学科は 400 点満点（英語 200 点，他教科各 100 点）。

●C方式入試（大学入学共通テスト＋東京理科大学独自試験）

学部・学科		募集人員	志願者数	受験者数	合格者数	競争率	合格最低点
理第一部	数	10	136	98	24	4.0	420
	物理	10	161	121	19	6.3	418
	化	10	171	104	34	3.0	389
	応用数	10	127	98	25	3.9	386
	応用物理	10	84	64	17	3.7	394
	応用化	10	229	145	36	4.0	397
工	建築	10	217	162	33	4.9	407
	工業化	10	97	69	27	2.5	371
	電気工	10	96	75	24	3.1	392
	情報工	10	292	243	35	6.9	425
	機械工	10	204	153	57	2.6	381
薬	薬	10	206	156	23	6.7	413
	生命創薬科	10	135	100	22	4.5	399
理	数	10	107	91	24	3.7	404
	物理	10	102	79	20	3.9	386
	情報科	10	140	114	25	4.5	403
	応用生物科	10	208	167	36	4.6	387
工	建築	10	169	138	34	4.0	397
	先端化	10	150	110	33	3.3	373
	電気電子情報工	13	171	136	23	5.9	397
	経営工	10	89	66	25	2.6	384
	機械工	10	227	177	42	4.2	381
	土木工	10	129	92	30	3.0	361
先進工	電子システム工	10	119	95	24	3.9	397
	マテリアル創成工	10	135	107	11	9.7	410
	生命システム工	10	184	142	30	4.7	399
経営	経営	12	189	160	43	3.7	390
	ビジネスエコノミクス	15	147	122	39	3.1	392
	国際デザイン経営	5	55	46	16	2.8	378
合計		295	4,476	3,430	831	―	―

（配点） 500点満点（大学入学共通テスト200点＋東京理科大学独自試験300点）。

●グローバル方式入試（英語の資格・検定試験＋東京理科大学独自試験）

学部・学科		募集人員	志願者数	受験者数	合格者数	競争率	合格最低点
理第一部	数	5	72	65	13	5.0	310
	物理	5	62	53	13	4.0	274
	化	5	60	54	17	3.1	251
	応用数	5	105	101	18	5.6	305
	応用物理	5	39	36	11	3.2	261
	応用化	5	46	35	9	3.8	252
工	建築	5	75	72	15	4.8	276
	工業化	5	39	34	11	3.0	255
	電気工	5	62	57	9	6.3	289
	情報工	5	114	100	15	6.6	281
	機械工	5	67	56	11	5.0	274
薬	薬	5	60	52	10	5.2	265
	生命創薬科	5	39	35	11	3.1	250
理工	数	5	106	101	24	4.2	292
	物理	5	58	56	18	3.1	247
	情報科	5	82	76	9	8.4	276
	応用生物科	5	61	53	15	3.5	253
	建築	5	80	75	12	6.2	270
	先端化	5	61	54	17	3.1	241
	電気電子情報工	7	126	114	16	7.1	270
	経営工	5	49	43	12	3.5	255
	機械工	5	73	66	18	3.6	258
	土木工	5	72	68	12	5.6	243
先進工	電子システム工	5	65	59	18	3.2	249
	マテリアル創成工	5	34	29	6	4.8	261
	生命システム工	5	82	76	12	6.3	271
経営	経営	12	112	103	23	4.4	281
	ビジネスエコノミクス	8	106	100	20	5.0	285
	国際デザイン経営	15	63	58	33	1.7	220
合計		167	2,070	1,881	428	―	―

（配点）　325 点満点（東京理科大学独自試験 300 点＋英語の資格・検定試験 25 点）。

2021 年度 入試状況

●B 方式入試（東京理科大学独自試験）

学部・学科		募集人員	志願者数	受験者数	合格者数	競争率	合格最低点
理第一部	数	49	858	827	247	3.3	185
	物理	49	1,247	1,180	423	2.7	187
	化	49	1,020	972	344	2.8	＊234
	応用数	49	570	544	191	2.8	183
	応用物理	49	664	634	311	2.0	144
	応用化	49	1,240	1,187	447	2.6	＊181
工	建築	46	1,199	1,144	290	3.9	197
	工業化	46	643	610	271	2.2	177
	電気工	46	1,190	1,120	380	2.9	188
	情報工	46	2,389	2,264	375	6.0	211
	機械工	46	1,769	1,671	494	3.3	197
薬	薬	40	934	841	252	3.3	175
	生命創薬科	40	603	560	224	2.5	166
理工	数	49	702	683	340	2.0	＊＊279
	物理	49	1,083	1,048	409	2.5	220
	情報科	49	1,410	1,360	433	3.1	228
	応用生物科	49	900	854	355	2.4	212
	建築	49	798	762	250	3.0	213
	先端化	49	636	614	296	2.0	196
	電気電子情報工	67	1,413	1,338	626	2.1	202
	経営工	49	902	871	301	2.8	221
	機械工	49	1,417	1,350	474	2.8	214
	土木工	49	782	755	418	1.8	187
先進工	電子システム工	49	1,233	1,182	198	5.9	212
	マテリアル創成工	49	1,280	1,235	357	3.4	199
	生命システム工	49	1,288	1,239	390	3.1	194
経営	経営	72	1,093	1,063	312	3.4	＃299
	ビジネスエコノミクス	73	1,091	1,059	321	3.2	221
	国際デザイン経営	32	499	485	64	7.5	＃＃307
理第二部	数	64	254	215	123	1.7	123
	物理	64	238	185	122	1.5	110
	化	69	188	152	112	1.3	101
合計		1,633	31,533	30,004	10,150	—	—

（備考） 合格者数・合格最低点には追加合格者を含む。

（配点） 試験各教科 100 点満点，3 教科計 300 点満点。ただし，以下を除く。

- 理学部第一部化学科・応用化学科（＊）は 350 点満点（化学 150 点，他教科各 100 点）。
- 理工学部数学科（＊＊）は 400 点満点（数学 200 点，他教科各 100 点）。
- 経営学部経営学科（＃）は 400 点満点（高得点の 2 科目をそれぞれ 1.5 倍に換算，残り 1 科目 100 点）。
- 経営学部国際デザイン経営学科（＃＃）は 400 点満点（英語 200 点，他教科各 100 点）。

●C方式入試（大学入学共通テスト＋東京理科大学独自試験）

学部・学科		募集人員	志願者数	受験者数	合格者数	競争率	合格最低点
理第一部	数	10	131	91	26	3.5	369
	物理	10	126	81	12	6.7	391
	化	10	129	87	30	2.9	371
	応用数	10	64	42	25	1.6	319
	応用物理	10	76	53	19	2.7	360
	応用化	10	130	87	20	4.3	385
工	建築	10	130	94	25	3.7	390
	工業化	10	91	65	26	2.5	369
	電気工	10	90	64	21	3.0	383
	情報工	10	216	165	30	5.5	405
	機械工	10	142	92	30	3.0	382
薬	薬	10	163	112	16	7.0	391
	生命創薬科	10	114	75	18	4.1	376
理工	数	10	74	57	27	2.1	339
	物理	10	78	60	19	3.1	376
	情報科	10	135	105	17	6.1	401
	応用生物科	10	139	104	36	2.8	361
	建築	10	83	57	24	2.3	358
	先端化	10	72	50	19	2.6	359
	電気電子情報工	13	107	79	19	4.1	373
	経営工	10	96	70	21	3.3	375
	機械工	10	136	87	32	2.7	358
	土木工	10	65	33	13	2.5	352
先進工	電子システム工	10	138	113	14	8.0	387
	マテリアル創成工	10	123	67	14	4.7	366
	生命システム工	10	164	116	33	3.5	374
経営	経営	12	87	63	26	2.4	337
	ビジネスエコノミクス	15	110	78	23	3.3	366
	国際デザイン経営	5	37	26	7	3.7	369
合計		295	3,246	2,273	642	—	—

（配点）　500点満点（大学入学共通テスト200点＋東京理科大学独自試験300点）。

●グローバル方式入試（英語の資格・検定試験＋東京理科大学独自試験）

学部・学科		募集人員	志願者数	受験者数	合格者数	競争率	合格最低点
理第一部	数	5	57	52	11	4.7	243
	物理	5	60	52	8	6.5	252
	化	5	57	49	15	3.2	246
	応用数	5	89	80	16	5.0	208
	応用物理	5	37	34	11	3.0	233
	応用化	5	71	64	10	6.4	261
工	建築	5	85	77	10	7.7	253
	工業化	5	52	44	12	3.6	245
	電気工	5	50	44	13	3.3	229
	情報工	5	119	101	14	7.2	256
	機械工	5	61	51	11	4.6	252
薬	薬	5	46	35	6	5.8	255
	生命創薬科	5	48	41	13	3.1	251
理工	数	5	46	46	23	2.0	185
	物理	5	38	37	8	4.6	232
	情報科	5	59	53	8	6.6	250
	応用生物科	5	51	45	14	3.2	228
	建築	5	56	50	15	3.3	227
	先端化	5	30	29	7	4.1	238
	電気電子情報工	7	57	53	13	4.0	209
	経営工	5	57	51	13	3.9	251
	機械工	5	65	55	15	3.6	218
	土木工	5	59	52	9	5.7	244
先進工	電子システム工	5	105	99	12	8.2	238
	マテリアル創成工	5	68	62	8	7.7	244
	生命システム工	5	99	88	19	4.6	232
経営	経営	12	84	74	13	5.6	206
	ビジネスエコノミクス	8	143	130	30	4.3	215
	国際デザイン経営	15	86	79	20	3.9	203
合計		167	1,935	1,727	377	—	—

（配点）　325 点満点（東京理科大学独自試験 300 点＋英語の資格・検定試験 25 点）。

2020年度　入試状況

●B方式入試（東京理科大学独自試験）

学部・学科		募集人員	志願者数	受験者数	合格者数	競争率	合格最低点
理第一部	数	49	887	852	238	3.5	180
	物理	49	1,418	1,361	376	3.6	207
	化	49	1,073	1,008	291	3.4	＊221
	応用数	49	688	665	186	3.5	176
	応用物理	49	751	717	285	2.5	180
	応用化	49	1,470	1,403	390	3.5	＊250
工	建築	46	1,413	1,317	285	4.6	208
	工業化	46	656	617	264	2.3	181
	電気工	46	1,729	1,638	329	4.9	209
	情報工	46	2,158	2,014	418	4.8	213
	機械工	46	2,213	2,080	444	4.6	213
薬	薬	40	1,028	935	262	3.5	212
	生命創薬科	40	688	646	237	2.7	203
理工	数	49	911	879	311	2.8	＊＊262
	物理	49	1,215	1,170	411	2.8	187
	情報科	49	1,567	1,492	366	4.0	218
	応用生物科	49	1,228	1,174	393	2.9	202
	建築	49	1,044	991	214	4.6	217
	先端化	49	1,059	1,005	292	3.4	206
	電気電子情報工	67	1,623	1,542	493	3.1	208
	経営工	49	1,064	1,026	270	3.8	208
	機械工	49	1,766	1,688	470	3.5	216
	土木工	49	995	946	322	2.9	198
基礎工	電子応用工	49	794	769	211	3.6	204
	材料工	49	1,138	1,097	263	4.1	207
	生物工	49	775	739	295	2.5	196
経営	経営	132	1,755	1,695	328	5.1	＃262
	ビジネスエコノミクス	62	1,054	1,022	139	7.3	217
理第二部	数	64	310	259	113	2.2	167
	物理	64	304	273	138	1.9	162
	化	69	231	200	131	1.5	148
合計		1,650	35,005	33,220	9,165	―	―

（備考）　合格者数・合格最低点には補欠合格者を含む。

（配点）　試験各教科100点満点，3教科計300点満点。ただし，以下を除く。

- 理学部第一部化学科・応用化学科（＊）は350点満点（化学150点，他教科各100点）。
- 理工学部数学科（＊＊）は400点満点（数学200点，他教科各100点）。
- 経営学部経営学科（＃）は350点満点（英語150点，他教科各100点）。

●C方式入試（大学入試センター試験＋東京理科大学独自試験）

学部・学科		募集人員	志願者数	受験者数	合格者数	競争率	合格最低点
理第一部	数	10	90	72	18	4.0	384
	物理	10	132	102	14	7.2	410
	化	10	110	86	27	3.1	381
	応用数	10	88	68	25	2.7	379
	応用物理	10	60	47	18	2.6	376
	応用化	10	161	117	34	3.4	390
工	建築	10	146	112	26	4.3	401
	工業化	10	75	53	20	2.6	371
	電気工	10	184	142	37	3.8	393
	情報工	10	205	152	30	5.0	404
	機械工	10	210	159	40	3.9	390
薬	薬	10	182	133	20	6.6	396
	生命創薬科	10	106	83	24	3.4	379
理	数	10	79	68	19	3.5	378
	物理	10	84	60	10	6.0	392
	情報科	10	115	81	22	3.6	385
	応用生物科	10	173	125	35	3.5	366
工	建築	10	113	91	24	3.7	398
	先端化	10	90	72	20	3.6	371
	電気電子情報工	13	91	65	16	4.0	374
	経営工	10	96	79	20	3.9	369
	機械工	10	145	118	25	4.7	390
	土木工	10	69	54	12	4.5	387
基礎工	電子応用工	10	115	87	24	3.6	377
	材料工	10	165	132	10	13.2	395
	生物工	10	120	97	32	3.0	358
経営	経営	24	208	172	25	6.8	387
	ビジネスエコノミクス	13	181	148	23	6.4	383
合計		300	3,593	2,775	650	—	—

（配点） 500点満点（大学入試センター試験200点＋東京理科大学独自試験300点）。

●グローバル方式入試（英語の資格・検定試験＋東京理科大学独自試験）

学部	学科	募集人員	志願者数	受験者数	合格者数	競争率	合格最低点
理第一部	数	5	56	52	7	7.4	270
	物理	5	66	61	7	8.7	269
	化	5	58	50	13	3.8	235
	応用数	5	68	63	17	3.7	236
	応用物理	5	37	34	9	3.7	253
	応用化	5	69	59	12	4.9	238
工	建築	5	79	74	10	7.4	253
	工業化	5	44	40	12	3.3	213
	電気工	5	107	100	15	6.6	250
	情報工	5	91	76	12	6.3	254
	機械工	5	80	75	10	7.5	266
薬	薬	5	59	45	8	5.6	242
	生命創薬科	5	43	37	9	4.1	221
理工	数	5	33	31	8	3.8	234
	物理	5	38	33	7	4.7	246
	情報科	5	50	46	7	6.5	242
	応用生物科	5	78	68	13	5.2	224
	建築	5	68	61	9	6.7	252
	先端化	5	45	40	9	4.4	230
	電気電子情報工	7	62	52	15	3.4	233
	経営工	5	50	43	10	4.3	228
	機械工	5	65	57	11	5.1	251
	土木工	5	76	71	14	5.0	222
基礎工	電子応用工	5	94	88	21	4.1	227
	材料工	5	76	68	5	13.6	239
	生物工	5	60	53	13	4.0	217
経営	経営	12	177	162	12	13.5	236
	ビジネスエコノミクス	7	110	104	20	5.2	228
合計		151	1,939	1,743	315	—	—

（配点）　320点満点（東京理科大学独自試験300点＋英語の資格・検定試験20点）。

募集要項（出願書類）の入手方法

◎一般選抜（A方式・B方式・C方式・グローバル方式・S方式）

Web出願サイトより出願を行います。募集要項は大学ホームページよりダウンロードしてください（11月中旬公開予定）。

◎学校推薦型選抜・総合型選抜

Web出願サイトより出願を行います。募集要項は7月上旬頃，大学ホームページで公開。

〔Web出願の手順〕
Web出願サイトより出願情報を入力
⇨入学検定料等を納入⇨出願書類を郵送⇨完了

◎上記入学試験以外（帰国生入学者選抜や編入学など）

Web出願には対応していません。願書（紙媒体）に記入し，郵送により出願します。募集要項は大学ホームページから入手してください。

問い合わせ先

東京理科大学　入試課
〒162-8601　東京都新宿区神楽坂1-3
TEL 03-5228-7437　FAX 03-5228-7444
ホームページ　https://www.tus.ac.jp/

気になること、聞いてみました！

在学生メッセージ

大学ってどんなところ？ 大学生活ってどんな感じ？
ちょっと気になることを，在学生に聞いてみました。

以下の内容は 2020～2022 年度入学生のアンケート回答に基づくものです。ここで触れられている内容は今後変更となる場合もありますのでご注意ください。

メッセージを書いてくれた先輩 ［創域理工学部］K.N. さん ［理学部第一部］A.Y. さん ［理学部第二部］M.A. さん

大学生になったと実感！

自由度が高まったと感じています。バイト，部活，勉強など自分のやりたいことが好きなようにできます。高校時代と比べて良い意味でも悪い意味でも周りからの干渉がなくなったので，自分のやりたいことができます。逆に，何もしないと何も始まらないと思います。友達作りや自分のやりたいことを自分で取捨選択して考えて行動することで，充実した大学生活を送ることができるのではないでしょうか。自分自身，こういった環境に身を置くことができるのはとてもありがたいことだと思っており，有意義なものになるよう自分から動くようにしています。（A.Y. さん／理〈一部〉）

大学生になって，高校よりも良くも悪くも自由になったと実感しています。高校生までは，時間割が決まっていて学校の外に出ることはなかったと思いますが，大学生は授業と授業の間にお出かけをしたり，ご飯を食べたりすることもできますし，授業が始まる前に遊んでそのまま大学に行くこともあります。アルバイトを始めたとき，専門書を購入したとき，大学生になったと実感します。また，講義ごとに教室が変わり自分たちが移動

する点も高校とは異なる点だと思います。(M.A. さん／理〈二部〉)

所属する建築学科に関する専門科目が新しく加わって，とても楽しいです。さらに OB の方をはじめとした，現在業界の第一線で働いていらっしゃる専門職の方の講演が授業の一環で週に 1 回あります。そのほかの先生も業界で有名な方です。(K.N. さん／創域理工)

この授業がおもしろい！

1 年生の前期に取っていた教職概論という授業が好きでした。この授業は教職を取りたいと思っている学生向けの授業です。教授の話を聞いたり個人で演習したりする授業が多いですが，この授業は教授の話を聞いた後にグループワークがありました。志の高い人たちとの話し合いは刺激的で毎回楽しみにしていました。後半にはクラス全体での発表もあり，たくさんの意見を聞くことができる充実した授業でした。(A.Y. さん／理〈一部〉)

大学の学びで困ったこと＆対処法

高校と比べて圧倒的に授業の数が多いので，テスト勉強がとても大変です。私の場合，1 年生前期の対面での期末テストは 12 科目もありました。テスト期間は長く大変でしたが，先輩や同期から過去問題をもらい，それを重点的に対策しました。同学科の先輩とのつながりは大切にするべきです。人脈の広さがテストの点数に影響してきます。(A.Y. さん／理〈一部〉)

数学や物理でわからないことがあったときは，SNS でつながっている学科の友人に助けを求めたり，高校時代の頭のよかった友人に質問したりします。他の教科の課題の量もかなり多めなので，早めに対処することが一番大事です。(K.N. さん／創域理工)

部活・サークル活動

部活は弓道部，サークルは「ちびらぼ」という子供たちに向けて科学実験教室を行うボランティアサークルに所属しています。弓道部は週に 3 回あり忙しいほうだと思いますが，他学部の人たちや先輩と知り合うことができて楽しいです。部活やサークルに入ることは，知り合いの幅を広げることもできるのでおすすめです。どのキャンパスで主に活動しているのか，インカレなのかなど，体験入部などを通してよく調べて選ぶといいと思います。（A.Y. さん／理〈一部〉）

交友関係は？

初めは SNS で同じ学部・学科の人を見つけてつながりをもちました。授業が始まるにつれて対面で出会った友達と一緒にいることが増えました。勉強をしていくうえでも，大学生活を楽しむうえでも友達の存在は大きく感じます。皆さんに気の合う友達ができることを祈っています。（M.A. さん／理〈二部〉）

いま「これ」を頑張っています

勉強，部活，バイトです。正直大変で毎日忙しいですが，充実していて楽しいです。自分の知らなかった世界が広がった気がします。実験レポートや課題が多く，いつ何をするか計画立てて進めています。自分はどうしたいかを日々考えて動いています。（A.Y. さん／理〈一部〉）

おススメ・お気に入りスポット

私は理学部なので神楽坂キャンパスに通っています。キャンパスの周りにはたくさんのカフェやおしゃれなお店があり，空きコマや放課後にふらっと立ち寄れるのがいいと思います。東京理科大学には「知るカフェ」というカフェがあり，ドリンクが無料で飲めるスペースがあります。勉強している学生が多くいて，私もよくそこで友達と課題をしています。(A.Y. さん／理〈一部〉)

入学してよかった！

勤勉な友達や熱心な先生方と出会い，毎日が充実しており，東京理科大学に入学してよかったと心から思っています。理科大というと単位や留年，実力主義という言葉が頭に浮かぶ人，勉強ばかりで大変だと思っている人もいると思います。しかし，勉強に集中できる環境が整っており，先生方のサポートは手厚く，勉強にも大学生活にも本気になることができます。また，教員養成にも力を入れており，この点も入学してよかったと思っている点です。(M.A. さん／理〈二部〉)

TREND & STEPS

傾向と対策

科目ごとに問題の「傾向」を分析し，具体的にどのような「対策」をすればよいか紹介しています。まずは出題内容をまとめた分析表を見て，試験の概要を把握しましょう。

注 意

「傾向と対策」で示している，出題科目・出題範囲・試験時間等については，2024 年度までに実施された入試の内容に基づいています。2025 年度入試の選抜方法については，各大学が発表する学生募集要項を必ずご確認ください。

英　語

年度	番号	項　目	内　容
2024 ●	〔1〕	読　解	同意表現，空所補充，内容真偽
	〔2〕	読　解	同意表現，空所補充，主題，内容真偽
	〔3〕	文法・語彙	誤り指摘
	〔4〕	文法・語彙	空所補充
2023 ●	〔1〕	読　解	同意表現，空所補充，内容説明，内容真偽
	〔2〕	読　解	同意表現，空所補充，主題，内容真偽
	〔3〕	文法・語彙	誤り指摘
	〔4〕	文法・語彙	空所補充
2022 ●	〔1〕	読　解	同意表現，空所補充，主題，内容真偽
	〔2〕	読　解	同意表現，空所補充，内容真偽
	〔3〕	文法・語彙	誤り指摘
	〔4〕	文法・語彙	空所補充

（注）　●印は全問，◑印は一部マークシート方式採用であることを表す。

読解英文の主題

年度	番号	主　題
2024	〔1〕	食品に含まれる重金属
	〔2〕	コンゴウインコの保護
2023	〔1〕	標準英語
	〔2〕	昆虫の減少と害虫の増加
2022	〔1〕	気候の変化と災害
	〔2〕	マクドナルドの成功

傾向　英文の正確な内容把握力と文法・語彙力が問われる

01 出題形式は？

試験時間は 80 分で，大問数は 4 題。大問構成は読解問題 2 題と文法・語彙問題 2 題である。総解答個数は 55～65 個程度で，すべて選択式（マークシート式）。2024 年度の場合，満点 100％に対する大問の配点比率は，読解では〔1〕が 33％，〔2〕が 37％，文法・語彙では〔3〕が 10％，〔4〕が 20％となっている。

02 出題内容はどうか？

読解問題において，語彙に関しては，最も近い意味の語句を選ばせる形で語句の意味が問われる。空所補充はイディオムを問うもの，語法を問うもの，文脈把握力を問うものがある。また，主題を選ばせる問題も頻出である。内容真偽は各段落の内容を問うものが多い。文法・語彙問題において，誤り指摘に関する問題では名詞の単複や，動詞の形といった文法・語法上の誤りが問われる。短文の空所補充はイディオムを問うものが中心である。

03 難易度は？

読解問題の英文は標準的な長さで，多様な設問形式に対応する力が求められる。文法・語彙問題は確実に得点したいレベルのものが大半だが，やや難の選択肢が見られることもある。誤り指摘に関しては，英文を読んで大意がつかめてしまい，かえって誤りに気づきにくくなる可能性もある。全体の難易度は標準レベル。2024 年度のような大問構成であれば，文法・語彙問題は 10～15 分程度で終わらせたい。そうすれば，読解問題 1 題につき 30～35 分はかけることができ，しっかりと読む時間ができるだろう。

対策

01 読解力を養う

英文を読解するのに英語の語彙・文法の知識は欠かせないが，入試で出題される英文の多くは言語・環境問題・経済問題・生態系・健康問題など，人類にとって身近な現代社会の動向を扱ったもので，単語・熟語・文法テストという感覚だけでは内容が十分理解できない。対策として，日頃から新聞などにも目を通して現代の大きな出来事について知っておくことが必要である。長文を読むのが遅いという人は，英語を英語のまま理解できるようになることを目指し，１つの英文を何度も丁寧に読むことから始めるとよい。『大学入試 ぐんぐん読める英語長文』シリーズ（教学社）など，英文構造の解説が丁寧な問題集に取り組むのも効果的である。また，内容を理解した英文を繰り返し音読することも知識の定着と速読力をつけるのに役立つ。

02 文法力をつける

文法の誤り指摘を苦手とする人は多い。英語の誤りが見つけられない大きな理由は，英語を大まかに「和訳」して考えることにある。たとえば，an apple も apples も the apples も英語はそれぞれ異なる内容を表しているにもかかわらず，「和訳」はすべて同じ「リンゴ」になってしまう。また went と have gone と had gone をなんとなく「和訳」しても，英語が本来もっているそれぞれの時間概念の違いを理解することはできない。安直に日本語に置き換えて英文を読むのではなく，日本語では表現されない名詞の単複や動詞の時制，そして接続詞と前置詞といった文法項目を標準的な参考書・問題集でしっかり学んだうえで，各項目を「点検」する気持ちで取り組むことが大事である。参考書・問題集としては，受験生が間違えやすいポイントを網羅した総合英文法書『大学入試 すぐわかる英文法』（教学社）などを手元に置いて，調べながら学習すると効果アップにつながるだろう。

東京理科大「英語」におすすめの参考書

Check!

✓『大学入試 ぐんぐん読める英語長文』シリーズ（教学社）

✓『大学入試 すぐわかる英文法』（教学社）

数　学

年度		番号	項　目	内　容
2024	Ⅰ・Ⅱ・Ａ・Ｂ ◑	〔１〕	小 問 ２ 問	(1)平面ベクトル　(2)定積分で表された関数の最大・最小
		〔２〕	確　　率	正六角形の頂点を結んでできる三角形・四角形と確率
		〔３〕	図形と方程式	２つの円の共通接線
	Ⅰ・Ⅱ・Ⅲ・Ａ・Ｂ	〔１〕	確　　率	２つの袋から玉を取り出すときの確率，条件付き確率
		〔２〕	数列，極限	無限等比級数
		〔３〕	ベクトル，２次関数	空間ベクトル，線分の長さの最小値
2023	Ⅰ・Ⅱ・Ａ・Ｂ ◑	〔１〕	集合と論理	集合の要素の個数
		〔２〕	微・積分法	３次関数の極値，３次関数のグラフと直線で囲まれた部分の面積
		〔３〕	小 問 ４ 問	(1)分数型の漸化式　(2)対数方程式　(3)条件付き確率　(4)相関係数
	Ⅰ・Ⅱ・Ⅲ・Ａ・Ｂ	〔１〕	確　　率	排反事象の確率，条件付き確率
		〔２〕	高次方程式，微分法	４次方程式が異なる３つの実数解をもつための条件，４次関数の最小値
		〔３〕	微・積分法	関数が極大値をもつための条件
2022	Ⅰ・Ⅱ・Ａ・Ｂ ◑	〔１〕	集合と論理	集合の要素の個数，必要条件と十分条件
		〔２〕	データの分析	採点基準変更前後の平均値と分散，共分散
		〔３〕	小 問 ４ 問	(1)微・積分法　(2)整数問題　(3)確率　(4)三角比
	Ⅰ・Ⅱ・Ⅲ・Ａ・Ｂ	〔１〕	確　　率	２つの袋から玉を取り出すときの確率
		〔２〕	整数の性質	分数式の値が自然数となるための条件
		〔３〕	複素数平面	４次方程式を用いて $\sin 144°$ の値を求める

（注）●印は全問，◑印は一部マークシート方式採用であることを表す。

出題範囲の変更

2025年度入試より，数学は新教育課程での実施となります。詳細については，大学から発表される募集要項等で必ずご確認ください（以下は本書編集時点の情報）。

2024年度（旧教育課程）	2025年度（新教育課程）
数学Ⅰ・Ⅱ・A・B（数列，ベクトル）	数学Ⅰ・Ⅱ・A（図形の性質，場合の数と確率）・B（数列，統計的な推測）・C（ベクトル）
数学Ⅰ・Ⅱ・Ⅲ・A・B（数列，ベクトル）	数学Ⅰ・Ⅱ・Ⅲ・A（図形の性質，場合の数と確率）・B（数列，統計的な推測）・C（ベクトル，平面上の曲線と複素数平面）

旧教育課程履修者への経過措置

2025年度入試に限り，新教育課程と旧教育課程の共通範囲から出題する。

傾向　基礎力の熟達を幅広く試す

01　出題形式は？

数学Ⅰ・Ⅱ・A・B：試験時間60分。大問3題の出題。2023・2024年度は，2題がマークシート式，1題が記述式による解答である。2022年度は，2題がマークシート式で，1題は記述式+マークシート式であった。2022・2023年度は求めた数値をマークするのではなく，解答群から正解のものを選ぶ形式の設問もあった。過去にはグラフの図示問題も出題されている。

数学Ⅰ・Ⅱ・Ⅲ・A・B：試験時間80分。ビジネスエコノミクス学科にのみ選択科目として課されており，大問3題の出題。全問記述式となっており，過去には証明問題やグラフの図示問題も出題されている。

02 出題内容はどうか？

例年，特定の分野が頻出ということはなく，幅広い知識を問う出題が続いている。苦手分野をなくして，どのような分野の出題にも対応できるよう準備をしておく必要がある。

03 難易度は？

試験時間内に解くためには，速くて正確な計算力が要求される。基本的な事項の上に注意深さと論理的な力も問われており，系統立てて要領よく問題を解く訓練が必要である。また，文字を多く含む抽象的な問題もみられる。実戦的な備えとしては，基本問題を短時間で解いて，じっくり考えることが必要な問題に時間をかける，といった見通しを立てた取り組みが求められる。

対策

01 基本事項の整理・理解

基本的な知識を問う問題が多いので，教科書の例題・章末問題，参考書(『大学への数学　1対1対応の演習』シリーズ（東京出版）等）の例題などを繰り返し解いて，基礎学力を充実させておこう。1つの問題について何通りかの別解で解く訓練も効果的である。

02 要点を押さえた確実な計算力の養成

限られた時間内で正答を導くには，正しい方針を立て，要点をきちんと押さえた上ですばやく計算を進めることが必要である。要領のよい確実な計算力を養うために，時間を計って集中して解く練習を行うこと。

03 図形の知識の応用をはかる

標準的な問題を確実に解けるようにし，その上で，他分野への応用を試みること。図形の知識を用いれば簡単に解くことができる問題もある。また，ベクトルの図形への応用力をしっかり身につけておこう。

東京理科大「数学」におすすめの参考書

Check!

✓『大学への数学 1対1対応の演習』シリーズ（東京出版）

国　語

年度	番号	種類	類別	内　容	出　典
2024 ◑	〔1〕	現代文	評論	内容説明，空所補充，語意，文章の構成，内容真偽	「歓待と戦争の教育学」 矢野智司
	〔2〕	現代文	評論	慣用句，指示内容，空所補充，内容説明，語意，箇所指摘	「鳥獣害」 祖田修
	〔3〕	国語常識		読み，熟語	
2023 ◑	〔1〕	現代文	評論	空所補充，内容説明，箇所指摘，内容真偽	「階級都市」 橋本健二
	〔2〕	現代文	評論	内容説明，空所補充，語意，内容真偽	「計算する生命」森田真生
	〔3〕	国語常識		慣用句，文学史	
2022 ◑	〔1〕	現代文	評論	空所補充，箇所指摘，語意，内容説明，文章の構成，内容真偽，書き取り	「ライフサイクルの哲学」 西平直
	〔2〕	現代文	評論	空所補充，内容説明，箇所指摘，内容真偽	「音楽の危機」 岡田暁生
	〔3〕	国語常識		四字熟語，文学史	

（注）　●印は全問，◑印は一部マークシート方式採用であることを表す。

傾向　長文読解の方法を身につけよう　設問の特徴をしっかりとつかもう

01　出題形式は？

評論２題と知識問題の３題構成である。解答形式はマークシート式による選択式と記述式の併用で，試験時間は80分。2024年度の配点は〔１〕50点，〔２〕40点，〔３〕10点であった。

02 出題内容はどうか？

現代文では評論から出題されている。内容は社会学・経済学・文化論・科学と幅広い。特に〔1〕の文章量は非常に多く，B５判の問題冊子で10ページを超える長文も出題されており，設問も多い。語意や書き取りなどの基礎的な問題に加え，内容説明の設問では記述・論述型の出題も複数みられる。また，文章内容と図表との関係を示す設問も出題されている。

国語常識の大問は，選択式の慣用句や四字熟語，漢字，文学史などの設問となっている。

03 難易度は？

問題文が長文であるが，設問は標準的なものが多く，難易度としては標準的といえる。時間配分は，〔1〕に十分時間を取れるようにしたい。45～50分はみておくとよいだろう。〔3〕は先に済ませてしまうとよい。四字熟語や慣用句，文学史の難易度もやや高く，教科書レベルの知識では難しいものもある。

対策

01 読解力の養成

限られた時間内で文章量の多い評論２題を解くために，文章の展開・構成，そして要旨を迅速に把握する読解力が必要である。文章の中での話題（トピック）の変化を常に押さえつつ，要点箇所に傍線を引いて内容把握に努めながら読み進めていくこと。ある程度の読書習慣がある方が，長文読解の負担感を軽減できるので，標準レベルの新書を読んでおくことをすすめる。またその際に，部分ごとで書きこみ・メモを行う習慣を身につけるとさらによい。『現代文 標準問題精講』（旺文社）などで記述型の練習も重ねておきたい。

02 問題演習

選択式・記述式にこだわらず，多くの問題に取り組み，演習量を増やすことを心がけたい。問題集としては，標準レベルからハイレベルまで対応している『体系現代文』（教学社）をすすめたい。他の問題文にも応用できる読み方・解き方のルールが多数掲載されているので，実戦力を養うことができるだろう。

03 知識問題

慣用句や四字熟語，漢字，文学史については，『頻度順 入試漢字の総練習』（三省堂）や『原色 新日本文学史』（文英堂）などを日頃から読み込んでおくこと。また辞書を引いて知識の補充を心がけておこう。書き取りに関しては「○○の反対語」といった指示が出されることがあり，単純知識としてではなく，類義語・対義語などの〈関係〉を踏まえた上でセットで理解することが重要である。『大学入試 国語頻出問題 1200』（いいずな書店）などを用いて日頃から学習しておきたい。

文学史は，国語便覧でも大きく扱われないような作品名，作者名が選択肢にあるかもしれないが，まずわかるものから解いていき，残りは消去法で考えるとよいだろう。

東京理科大「国語」におすすめの参考書 Check!

- ✓『体系現代文』（教学社）
- ✓『現代文 標準問題精講』（旺文社）
- ✓『頻度順 入試漢字の総練習』（三省堂）
- ✓『原色 新日本文学史』（文英堂）
- ✓『大学入試 国語頻出問題1200』（いいずな書店）

2024年度

問題と解答

B方式

問題編

▶試験科目・配点

学　科	教　科	科　　　目	配　点
経営	外国語	コミュニケーション英語Ⅰ・Ⅱ・Ⅲ，英語表現Ⅰ・Ⅱ	100点※
	数　学	数学Ⅰ・Ⅱ・A・B	100点※
	国　語	国語総合・現代文B	100点※
国際デザイン経営	外国語	コミュニケーション英語Ⅰ・Ⅱ・Ⅲ，英語表現Ⅰ・Ⅱ	200点
	数　学	数学Ⅰ・Ⅱ・A・B	100点
	国　語	国語総合・現代文B	100点
ビジネスエコノミクス	外国語	コミュニケーション英語Ⅰ・Ⅱ・Ⅲ，英語表現Ⅰ・Ⅱ	100点
	数　学	数学Ⅰ・Ⅱ・A・B	100点
	数学・国　語	「数学Ⅰ・Ⅱ・Ⅲ・A・B」，「国語総合・現代文B」から1科目選択	100点

▶備　考

※経営学科は，受験した3科目のうち，高得点の2科目はそれぞれの得点を1.5倍に換算。その上で，残り1科目の得点を加え，計400点満点とする。

- 英語はリスニングおよびスピーキングを課さない。
- 数学Bは「数列」「ベクトル」から出題。
- 国語総合は古文・漢文を除く近代以降の文章。

英　語

（80分）

1 次の英文を読んで以下の問いに答えなさい。＊印をつけた語句には下に［注］があります。

（経営学科・ビジネスエコノミクス学科は33点，国際デザイン経営学科は66点）

著作権の都合上，省略。

Dark Chocolate Isn't the Only Food With Heavy Metals. Here's How to Protect Yourself, TIME on December 22, 2022 by Tara Law

著作権の都合上，省略。

著作権の都合上，省略。

［注］

Consumer Reports 「コンシューマー・レポート」(製品の品質をテストし結果を公表する米国の月刊誌；1936 年創刊)

strike fear into 「(人・心に)恐怖を抱かせる」

heavy metal 「重金属」 lead 「鉛」 cadmium 「カドミウム」

ounce 「オンス」(1オンスは約 28 グラム)

upper threshold 「(人体に影響を及ぼし始める)摂取上限値」

public-health 「公衆衛生の」 label 「(注意書きなどの)ラベルをはる」

exposure 「(危険などに身を)さらされること」

Centers for Disease Control and Prevention 「(米国)疾病管理予防センター」

central nervous system 「中枢神経系」

blood concentration 「血中濃度」

μg/L 「1リットルあたりのマイクログラム」(1μg/L は 0.001mg/L)

anemia 「貧血」 staple food 「必需食料品」

moderation 「節度，節制」

FDA 「(米国)食品医薬品局」(Food and Drug Administration の略)

mercury 「水銀」 arsenic 「ヒ素」

runoff 「流出物，(地中に吸収されずに流れる)雨水，(化学物質などの)液体」

municipal waste 「都市廃棄物」 crust 「地殻」

fixate 「(異常に)注意を向ける」

Total Diet Study 「トータル・ダイエット・スタディ」(食品に含まれるカル

シウムや鉄などの栄養素や，ヒ素や鉛などの食品混入物質に関してFDAが行う査定）

transparency 「透明性，（行政などの）情報公開度」

harp 「くどくど言う」 flavonol 「フラボノール」(植物色素の1つ)

(1) 下線部(a)～(j)の各語(句)と最も近い意味の語(句)をそれぞれ1～4から一つ選び，その番号を**解答用マークシート**にマークしなさい。

(a) detected

1 analyzed 2 overlooked

3 preserved 4 spotted

(b) accumulates

1 builds up 2 drops off

3 falls apart 4 works out

(c) inevitable

1 accessible 2 indigestible

3 preventable 4 unavoidable

(d) potential

1 demand 2 ignorance

3 possibility 4 recognition

(e) absorb

1 fill up 2 keep off

3 live on 4 take in

(f) trace

1 adequate 2 fixed

3 sizable 4 tiny

(g) disclose

1 abandon 2 neglect

3 reveal 4 withdraw

(h) figure out

1 advertise 2 conceal

3 respect　　4 solve

(i) promote

1 cure　　2 deteriorate

3 enhance　　4 infect

(j) counteract

1 heighten　　2 manifest

3 offset　　4 secure

(2) 文中の空所(1)〜(5)を本文の内容に合うように埋めるのに，最も適切な語をそれぞれ1〜4から一つ選び，その番号を**解答用マークシート**にマークしなさい。

(1) 1 as　2 in　3 to　4 with

(2) 1 at　2 of　3 to　4 with

(3) 1 for　2 in　3 on　4 to

(4) 1 by　2 for　3 on　4 with

(5) 1 for　2 from　3 in　4 to

(3) 文中の空所[X]と[Y]を本文の内容に合うように埋めるのに，最も適切な語(句)をそれぞれ1〜4から一つ選び，その番号を**解答用マークシート**にマークしなさい。

[X] 1 above all　　2 however

3 on the contrary　　4 therefore

[Y] 1 both　　2 either

3 only　　4 seldom

(4) 本文の内容に最も近い文を**A〜E群**の1〜4からそれぞれ一つ選び，その番号を**解答用マークシート**にマークしなさい。

A群

1 According to *Consumer Reports*, 23 out of 28 dark chocolate bars they tested contained lead and cadmium, heavy metals that heighten health

risks.

2 An ounce of lead and cadmium is the daily upper limit for an adult, and intake above it is warned against by public-health officials in California.

3 Public-health officials in California keep consumers well informed of the safety of dark chocolate bars, which is guaranteed by the strictest standard.

4 The discovery of lead and cadmium in dark chocolate bars is, experts claim, a part of the larger issue of heavy metals in foods and insufficient testing and announcing.

B群

1 As stated by the CDC, lead is safe in a small amount but, when stored in the body, it can harm the central nervous system as well as organ systems.

2 Cadmium exposure poses an immediate risk to the stomach and kidneys, and patients, both children and adults, should seek urgent medical attention.

3 Exposure to lead is dangerous for children because of their body size and immaturity, but adults can resist it and do not suffer from memory loss or anemia.

4 Some metals such as lead and cadmium do not bring any benefits for the body while others such as iron are important for health, according to the CDC.

C群

1 Robert Wright advises children and adults against eating dark chocolate bars even in small amounts.

2 Robert Wright believes that heavy metals are found in almost all foods because they exist in the ground and enter into the food supply.

3 Since 1996, when using lead in gasoline was ruled out in the U.S., its soil has been free of lead.

4 Some chocolate companies fall behind in sales because their chocolate bars have more heavy metals than their competitors'.

D群

1 Companies observed the demands of the FDA to make visible on packages the types and quantities of heavy metals in their manufactured products.

2 Mercury goes into fish as a result of human activities including burning fuel and toxic waste, not from natural causes such as volcanic explosions.

3 One reason for Katarzyna Kordas' opposition to paying too much attention to lead and cadmium in dark chocolate is that many other foods probably contain a small amount of heavy metals as well.

4 The FDA has notified people that mercury in fish and arsenic in rice are more dangerous than lead and cadmium in dark chocolate bars.

E群

1 According to Robert Wright, heavy metals enter the body only through foods, so having a healthy diet eliminates the risk of exposure to them.

2 Katarzyna Kordas recommends a diet that comprises diversified foods because it reduces the chance of absorbing one type of heavy metal too much.

3 Robert Wright claims that when zinc and copper are scarce in the body, lead and cadmium fill their roles to keep the body strong.

4 The CDC advises children to eat foods abundant in calcium, iron, and vitamin C so that they can be smarter.

2 次の英文を読んで以下の問いに答えなさい。＊印をつけた語句には下に［注］があります。

（経営学科・ビジネスエコノミクス学科は37点，国際デザイン経営学科は74点）

LA MOSQUITIA*, HONDURAS — It's 4:30 in the morning. Behind a pine forest, the sun begins to lighten the sky with bright and warm tones, accompanied by the squawks* of a small group of *apu pauni*, as the Indigenous* Miskito people call the scarlet macaw*. The colorful feathered creatures, the country's national bird, groom* each other as they wait for Anayda Pantin Lopez who has dedicated the last 12 years (1) protecting them.

"I do it with lots of love because they are like my children," says Pantin. "I give them rice with beans, yucca, and plantain. When we can, we buy bird food."

The Miskitos live in La Mosquitia on the northeast corner of Honduras, which has the largest wilderness area in Central America and is the only place in the country where scarlet macaws fly freely. Pantin and her husband, Santiago Lacuth Montoya, live in a small village called Mabita, where most of its inhabitants protect these exotic birds and the rest of the wildlife surrounding them. Twice a day, she prepares food for 40 to 60 macaws that come to her village for feedings. Pantin also cares for several other birds at a rescue center where birds <u>retrieved</u>(a) from poachers*, or chicks* removed from their nests, are taken (2) care until they can fly freely again.

Years ago, her husband supported the family by planting beans, plantain, and yucca and by selling macaw eggs and fledglings* as pets — not realizing it would have a detrimental* impact (3) the bird population. When he learned the number of macaws was drastically declining, Lacuth decided to become a guardian of their nests. He confronted other poachers and tried to convince them to follow in his footsteps. "They threatened me, but I <u>held on to</u>(b) my thoughts to convince everyone to stop poaching the chicks," says the community leader. "For many years the macaws helped me by selling them to be able to buy food for my family. Now it was my turn to help them."

Before 1990, the hunting and sale of wild species was legal and thousands of macaws disappeared, placing some of the animals (4) risk of extinction.

The macaws who breed in this part of Honduras have a unique habit: they nest in towering(c) pine trees. Elsewhere — from Mexico to parts of the Brazilian Amazon — these birds generally nest in tropical broadleaf forests where trees shed their leaves seasonally.

Héctor Portillo began visiting La Mosquitia more than 20 years ago to study the species. By 2010, his research determined(d) that the scarlet macaw population had dwindled* to 100 birds, compared (5) 500 in 2005.

Portillo's work drew(e) the attention of international organizations, such as the One Earth Conservation based in New York, which provided funds for a program to monitor and strengthen the macaw population with the support of Indigenous residents. Former poachers were paid about $10 per day to help care for the macaws and Pantin was tapped* to serve as the community's project director.

"[As an organization] we are all over the Americas, but the Mabita project is one of the most compelling* we know because of the commitment of Pantin and Lacuth, and the entire community," says LoraKim Joyner, founder of One Earth Conservation. During the first patrols, Lacuth and his brother recovered seven baby macaws, which he then took home to be cared for by his wife. Pantin immediately took on the role of cook, nurse, and surrogate* mother while the birds learned how to fly. "She makes them live," Lacuth says. "Not everyone can do that." Despite having their own family to feed, including six children and other young relatives, the couple opted(f) to share some of their crops with the birds. "It is vital to take care of them," Pantin says. "Sometimes food is scarce(g), but we always do our best so that they have something to eat."

Between November and May of each year, macaws lay between two and four eggs. The chicks are born with their eyes sealed shut and sparsely feathered. During their first 10 weeks, both parents care for the chicks, feeding them four to six times a day. The young take between 40 to 45 days to reach their maximum size, and 10 to 16 weeks to fly and learn how to feed themselves.

Mabita's inhabitants didn't know the harmful impact of extracting baby macaws from their natural environment. "In this region we don't see much money. Before 2010, the only way to get it was by selling the macaws," says Lacuth, the former poacher turned conservationist. "[X] they were disappearing, I decided, together with the community, to protect them. The macaws helped me survive, and now it's my turn to help them."

Other Mabita residents joined Lacuth and Pantin's effort, switching from extracting the chicks from their nests to climbing trees to help <u>conduct</u>(h) biological research. Residents learned how to handle the chicks, how to measure them, weigh them, and document the information for later analysis.

"I liked having parrots in my house as pets, but Dr. LoraKim explained to us about the importance of these birds for nature and why they should be free," says Celia Lacoth, the community's only teacher.

In 2014, additional funds came from the United States Fish and Wildlife Service (USFWS) and England's Darwin Foundation also stepped (6) to support the conservation and community <u>engagement</u>(i) efforts. These resources helped to systematize the documentation process and mark trees with macaw nests using GPS* points. The protection and monitoring coverage area grew from some 37,000 acres in 2010 to nearly 990,000 acres today. "[Y] this, we have been able to learn about the conservation status* of biodiversity* in almost the entire Mosquitia region," says Portillo.

Since the project began, the scarlet macaw population has grown from 500 to more than 800. However, there is concern that the progress made thus far will suffer a setback*: funding for the community involvement program ended in June 2022.

But other programs are underway to help <u>keep track of</u>(j) the animals. A center was built to teach visitors about the macaws and the Honduran government has pledged* to create a "green battalion*" within the army to keep poachers away, ward off drug traffickers*, and prevent illegal logging that would harm where the birds nest.

Meanwhile, members of the Miskito community have vowed to continue to protect the country's national bird.

"Now we have seen that the number of birds has increased," says Pantin. "But that does not change our goal, which is to continue caring for them so that our children and grandchildren have the opportunity to enjoy everything that nature gives us."

［注］

La Mosquitia 「ラ・モスキーティア」(ホンジュラスおよびニカラグアのカリブ海沿岸地帯)

squawk 「(鳥などが)ギャーギャー鳴く声」

indigenous 「(ある土地・国に)固有の，現地の」

macaw 「コンゴウインコ」(熱帯アメリカに生息する大型インコ)

groom 「毛づくろいをする」　poacher 「密猟者」

chick 「ひな」　fledgling 「羽の生えたての若鳥」

detrimental 「有害な」

dwindle 「(数・量などが)だんだん小さくなる」

tap 「(人を)選ぶ，指名する」　compelling 「注目せざるを得ない」

surrogate 「代理の」　GPS 「全地球測位システム」

status 「(現時点における)状態」　biodiversity 「生物の多様性」

setback 「挫折，後退」　pledge 「かたく約束する」

battalion 「(目的を持って組織された)集団，大隊」

drug trafficker 「麻薬売買人」

(1) 下線部(a)〜(j)の各語(句)と最も近い意味の語(句)をそれぞれ1〜4から一つ選び，その番号を**解答用マークシート**にマークしなさい。

(a) retrieved

1 kept away　2 left out
3 put on　4 taken back

(b) held on to

1 abandoned　2 diverted
3 retained　4 stimulated

(c) towering

1 dim　2 tall
3 thin　4 vivid

(d) determined

1 agreed　2 concluded
3 rejected　4 suspected

(e) drew

1 attracted　2 directed
3 escaped　4 paid

(f) opted

1 ceased　2 chose
3 refused　4 requested

(g) scarce

1 abundant　2 appropriate
3 frequent　4 insufficient

(h) conduct

1 carry out　2 catch up
3 pull down　4 put off

(i) engagement

1 amendment　2 competition
3 investment　4 participation

(j) keep track of

1 expand　2 interrupt

3 mobilize　4 observe

(2) 文中の空所(1)～(6)を本文の内容に合うように埋めるのに，最も適切な語をそれぞれ1～4から一つ選び，その番号を**解答用マークシート**にマークしなさい。

(1)	1 from	2 off	3 on	4 to
(2)	1 at	2 by	3 for	4 of
(3)	1 from	2 in	3 on	4 with
(4)	1 at	2 by	3 in	4 to
(5)	1 as	2 for	3 on	4 to
(6)	1 by	2 down	3 in	4 out

(3) 文中の空所[X]と[Y]を本文の内容に合うように埋めるのに，最も適切な語(句)をそれぞれ1～4から一つ選び，その番号を**解答用マークシート**にマークしなさい。

[X] 1 Despite the fact that　2 Except that

3 Not that　4 Seeing that

[Y] 1 Contrary to　2 In spite of

3 Just in time of　4 Thanks to

(4) 本文のタイトルとして最も適切なものを1～4から一つ選び，その番号を**解答用マークシート**にマークしなさい。

1 Colorful feathered macaws are Honduras's national bird: 'I liked having parrots in my house as pets'

2 Poverty multiplies poachers: 'In this region we don't see much money'

3 The Indigenous Miskito people are learning how to feed macaws: 'Not everyone can do that'

4 This bird's protectors are its former hunters: 'It was my turn to help

them'

(5) 本文の内容に最も近い文をA～F群の1～4からそれぞれ一つ選び，その番号を解答用マークシートにマークしなさい。

A群

1 Owing to the effort of the Honduras government, scarlet macaws can be seen flying smoothly and easily in the entire country.

2 Pantin and Lacuth can never afford to buy bird food, so they mainly feed *apu pauni* with grain they harvest.

3 Pantin and Lacuth, together with other Mabita villagers, play a part in the activities of keeping scarlet macaws and other wildlife from harm.

4 The Miskito people, who live in La Mosquitia, Honduras, have protected their national birds generation after generation.

B群

1 Even after 1990, when the hunting and sales of wild animals were banned in Honduras, macaws have been captured by the thousand and are now on the verge of extinction.

2 It was when his business of planting beans, plantain, and yucca failed that Lacuth became a conservationist.

3 Lacuth, worrying about the macaws' survival, made a great effort to persuade poachers to stop poaching and protect them.

4 Lacuth sold macaw eggs and baby macaws to support his family even though he was aware that it would do more harm than good.

C群

1 LoraKim Joyner specifies the Mabita project as the only project that monitors the macaw population in all over the Americas.

2 Macaws in La Mosquitia, as well as those in Mexico and the Amazon, build nests in urban areas.

3 Poachers of macaw chicks have to pay around $10 as a fine, and the collected money is used to promote the community's project.

4 The scarlet macaw population in La Mosquitia shrank to one-fifth between 2005 and 2010, according to Héctor Portillo's research.

D群

1 It takes 40 to 45 days for macaw chicks to grow to an adult size that allows them to find food by themselves.

2 Lacuth and his brother rescued seven baby macaws on their first patrols in the conservation program and Pantin looked after them until they could fly.

3 Lacuth retrieved baby macaws and took them home because Pantin and their children had long wanted to have them as pets.

4 Macaw chicks are born almost featherless with their eyes wide-open, and eat food four to six times a day.

E群

1 Dr Joyner's talk about how vital it was for macaws to fly freely in the sky did not impress any Mabita inhabitants who kept them as pets.

2 Mabita villagers not only feed macaw chicks but also contribute to biological research by measuring and weighing them and recording the information.

3 Persuaded by some residents of Mabita, Lacuth stopped poaching macaw chicks and started to conserve the species.

4 Resources from the USFWS and England's Darwin Foundation meant the enlargement of La Mosquitia from 37, 000 to 990, 000 acres.

F群

1 Pantin put an end to her work of protecting macaws in June 2022, when the community project was dissolved.

2 Pantin's aim is not just to increase the number of macaws, but to ensure that they will survive in the lifetimes of her children, grandchildren, and later generations.

3 The green battalion fighting against poachers or drug traffickers has for decades worked for the Honduran government.

4 Despite all the efforts of Mabita residents, the scarlet macaw population has not increased greatly, so they are all inclined to change their mind.

3 以下の各文は下線部1～4のどれか一つに文法・語法上の誤りがあります。その箇所を選び，その番号を**解答用マークシート**にマークしなさい。
(経営学科・ビジネスエコノミクス学科は10点，国際デザイン経営学科は20点)

(1) Science has come a long way <u>in helping</u>(1) us understand the world, but it's important to remember that <u>what we call</u>(2) "truth" is always subject <u>to change</u>(3) as new information <u>brings</u>(4) to light.

(2) It <u>hardly</u>(1) escaped the customers' notice that although there were a large number of food trucks offering multi-ethnic foods, there <u>appearing</u>(2) to be not one <u>whose</u>(3) food was authentic enough <u>to suit</u>(4) "the African Food Festival."

(3) It's true that grammar and spelling rules exist for <u>written</u>(1) communication, but not <u>any</u>(2) of them are as hard and fast rules as <u>expected</u>(3), often with exceptions and regional variations <u>found</u>(4).

(4) It wasn't <u>until</u>(1) I was in my twenties that I realized my Western culture <u>had put</u>(2) a lot of emphasis on academic achievement and career success, and that I had acquired those values <u>when</u>(3) even realizing <u>it</u>(4).

(5) More often than not[1], authors of books begin by pointing out that more books have been written[2] on the subject they take up than on[3] any other related subject, and then go on giving[4] their opinion on the merits of their books.

4 次の各文の(　　)にそれぞれ1～4から最も適切な語(句)を選び，その番号を解答用マークシートにマークしなさい。

(経営学科・ビジネスエコノミクス学科は20点，国際デザイン経営学科は40点)

(1) I always wanted to be a director, so when I got a chance to work on a movie set I (　　) myself into my job wholeheartedly.

1 behaved　　2 enjoyed　　3 forced　　4 threw

(2) You should (　　) the rest of this pasta sauce before you buy another jar.

1 ease up　　2 fix up　　3 make up　　4 use up

(3) The biggest question is whether the ruling party will shut down in three years' time the new gas-fired power plants, break those contracts with natural gas companies, and (　　) employees.

1 add up　　2 hire away　　3 lay off　　4 put aside

(4) The impression was that the government had produced a happy compromise which would enable them to (　　) the claim of miners on strike without total loss of face.

1 apply to　　2 confine to　　3 lead to　　4 yield to

(5) As a large manufacturing company we (　　) developing cutting-edge

technologies and full commitment to customer satisfaction through our excellent customer support.

1 get rid of
2 find fault with
3 put up with
4 take pride in

(6) Mary is always trustworthy and was at the bank from the very beginning, so she was one of the key firsthand witnesses to the bank robbery. You can certainly ( ) for what happened.

1 ease her mind
2 have her way
3 open her heart
4 take her word

(7) It can't be that time already! I need to go quickly to the corner store. Can you please ( ) on Jimmy for a while?

1 give a hand
2 keep an eye
3 lend an ear
4 make a face

(8) Buying a new car this year is ( ). We need to focus on paying off our existing debt first.

1 out of necessity
2 out of stock
3 out of the question
4 out of your mind

(9) My friend invited me to join the jogging group. They run every Sunday morning. It's not ( ), though. I would rather run at my own pace in my free time.

1 a pain in the neck
2 a tempest in a teapot
3 my cup of tea
4 my line of work

(10) This is very much a case of "( )." Of course online teaching is wonderful. But it is silly to teach most courses online. We have to make the most of face-to-face communication in the classroom.

1 A friend in need is a friend indeed

2 Speech is silver, silence is golden

3 Throwing the baby out with the bathwater

4 Time and tide wait for no man

数　学

◀数学Ⅰ・Ⅱ・A・B▶

(60 分)

1 文章中の ア から ネ までに当てはまる 0 から 9 までの数を求めて，**解答用マークシート**の指定された欄にマークしなさい。ただし，□ は 1 桁(けた)，□□ は 2 桁(けた)の数であり，分数は既約分数として表しなさい。 (40 点)

(1) △ABC の ∠A，∠C の二等分線が辺 BC，辺 AB と交わる点をそれぞれ D，E とし，AD と CE の交点を M とする。辺 AB，辺 BC，辺 CA の長さはそれぞれ 3，6，7 である。△AEM の面積を S_1，△ACM の面積を S_2 とおくと，

$$\frac{S_1}{S_2} = \frac{\boxed{ア}}{\boxed{イウ}}$$

である。また，

$$\overrightarrow{AD} = \frac{\boxed{エ}\,\overrightarrow{AB} + \boxed{オ}\,\overrightarrow{AC}}{\boxed{カキ}}, \quad \overrightarrow{AM} = \frac{\boxed{ク}\,\overrightarrow{AB} + \boxed{ケ}\,\overrightarrow{AC}}{\boxed{コサ}}$$

である。

(2) 関数 $f(x)$ を

$$f(x) = \int_1^x t(t-3)\,dt$$

と定める。

(a) x が実数全体を動くとき，

- $x = \boxed{シ}$ のときに $f(x)$ は極小値 $-\dfrac{\boxed{スセ}}{\boxed{ソ}}$ をとる。

- $x =$ [タ] のときに $f(x)$ は極大値 $\dfrac{[チ]}{[ツ]}$ をとる。

(b) $s > -\dfrac{3}{2}$ として，$-\dfrac{3}{2} \leqq x \leqq s$ の範囲を x が動くとき，

$$f\left(-\frac{3}{2}\right) = -\frac{[テト]}{[ナ]}$$

より，関数 $f(x)$ の最大値と最小値との差が $\dfrac{9}{2}$ となるような s の範囲は，[ニ] $\leqq$ $s \leqq \dfrac{[ヌ]}{[ネ]}$ である。

2 文章中の [ア] から [タ] までに当てはまる 0 から 9 までの数を求めて，**解答用マークシート**の指定された欄にマークしなさい。ただし，[ ] は 1 桁(けた)，[|] は 2 桁(けた)の数であり，分数は既約分数として表しなさい。 (30 点)

半径 1 の円に内接する正六角形 ABCDEF を考える。

(1) 正六角形の頂点 A，B，C，D，E，F について，次の操作を行う。

> 手順 1
>
> アルファベット A，B，C，D，E，F それぞれが書かれた 6 つの球が入った袋から，3 つの球を同時に取り出す。
>
> 手順 2
>
> 取り出された球に書かれた 3 つのアルファベットの頂点を結んでできる三角形の面積を S_1 とおく。

手順 1 から 2 までの操作を行うとき，

- $S_1 = \frac{\sqrt{3}}{4}$ である確率は $\frac{\boxed{ア}}{\boxed{イ}\boxed{ウ}}$ である。

- $S_1 = \frac{\sqrt{3}}{2}$ である確率は $\frac{\boxed{エ}}{\boxed{オ}}$ である。

(2) 正六角形の頂点 A, B, C, D, E, F について，次の操作を行う。

手順 1
アルファベット A, B, C, D, E, F それぞれが書かれた 6 つの球が入った袋から，3 つの球を同時に取り出す。

手順 2
取り出された球に書かれた 3 つのアルファベットの頂点を結んでできる三角形の面積を S_1 とおく。その後，取り出した球をすべて袋に戻す。

手順 3
アルファベット A, B, C, D, E, F それぞれが書かれた 6 つの球が入った袋から，4 つの球を同時に取り出す。

手順 4
取り出された球に書かれた 4 つのアルファベットの頂点を結んでできる四角形の面積を S_2 とおく。

手順 1 から 4 までの操作を行うとき，

- $S_1 = S_2$ である確率は $\frac{\boxed{カ}}{\boxed{キ}\boxed{ク}}$ である。

- $S_1 < S_2$ である確率は $\frac{\boxed{ケ}\boxed{コ}}{\boxed{サ}\boxed{シ}}$ である。

- $S_2 < 2S_1$ である確率は $\frac{\boxed{ス}\boxed{セ}}{\boxed{ソ}\boxed{タ}}$ である。

3　この問題の解答は**解答用紙の 3 の解答欄**に記入しなさい。　(30 点)

2 つの正の実数 a, r に対して，次の 2 つの円を考える。

円 A　$x^2+y^2=5$

円 B　$(x-a)^2+(y-a)^2=r^2$

このとき，次の問に答えよ。

(1)　$0<r<\sqrt{5}$ とする。円 A と円 B が 2 点で交わるときの a のとり得る範囲を，r を用いて表せ。

(2)　点 $(5,5)$ から円 A に引いた接線の方程式を求めよ。

(3)　$0<a<5$ とする。点 $(5,5)$ を通る円 A のいずれの接線も，点 $(5,5)$ を通る円 B の接線であるとき，r と a の間に成り立つ関係式を求めよ。

◀数学Ⅰ・Ⅱ・Ⅲ・A・B▶

(80分)

1 この問題の解答は **1** の解答用紙に記入しなさい。

(40点)

赤玉が5個, 青玉が3個, 黄玉が2個入っているタイプAの袋と, 赤玉が1個, 青玉が4個, 黄玉が5個入っているタイプBの袋がある。次の問いに答えなさい。

(1)

(a) タイプAの袋から3個の玉を同時に取り出すとき, それらが赤玉1個, 青玉2個となる確率を既約分数で求めなさい。

(b) タイプAの袋から2個, タイプBの袋から3個の玉を同時に取り出すとき, それらが赤玉1個, 青玉3個, 黄玉1個となる確率を既約分数で求めなさい。

(2) タイプAの袋が2袋, タイプBの袋が3袋あり, 袋のタイプは見分けがつかないとする。5つの袋から1つの袋を選び, その袋から玉を4個同時に取り出したとき, それらが赤玉1個, 青玉2個, 黄玉1個であったとする。このとき, その袋がタイプAである条件付き確率を既約分数で求めなさい。

2

この問題の解答は 2 の**解答用紙**に記入しなさい。

(30 点)

c, d を正の定数とし, 数列 $\{a_n\}$ を初項 1, 公比 $1+c$ の等比数列とする。次の問いに答えなさい。

(1)　第 m 項 a_m が初項の 2 倍以上となる m の値の範囲を c を用いて表しなさい。

(2)　$S_n = \displaystyle\sum_{k=1}^{n} \frac{a_k}{(1+d)^k}$ を求めなさい。

(3)　数列 $\{S_n\}$ が収束するための必要十分条件を述べ, そのときの極限値を求めなさい。

3

この問題の解答は 3 の**解答用紙**に記入しなさい。

(30 点)

空間中の 4 点を A(1,0,0), B(0,2,0), C(0,0,3), P(1,1,1) とする。A,B,C を通る平面上に, $\left|\overrightarrow{\mathrm{AQ}}\right| = 1$ となる点 Q をとる。次の問いに答えなさい。

(1)　$\overrightarrow{\mathrm{AQ}} = s\,\overrightarrow{\mathrm{AB}} + t\,\overrightarrow{\mathrm{AC}}$ とするとき, 実数 s, t の満たすべき条件を求めなさい。

(2)　線分 PQ の長さの最小値を求めなさい。

（Ⅰ）青□才
（Ⅰの選択肢）ア　似　イ　煮　ウ　丹　エ　児　オ　二

（Ⅱ）□源郷
（Ⅱの選択肢）ア　唐　イ　桃　ウ　東　エ　等　オ　島

（Ⅲ）金□塔
（Ⅲの選択肢）ア　字　イ　時　ウ　寺　エ　示　オ　慈

（Ⅳ）短兵□
（Ⅳの選択肢）ア　休　イ　級　ウ　急　エ　窮　オ　救

（Ⅴ）長広□
（Ⅴの選択肢）ア　折　イ　切　ウ　絶　エ　説　オ　舌

三

次の設問に答えなさい。（10点）

問一 次に掲げる（Ⅰ）～（Ⅴ）の傍線部と同じ読み方をする文字を含む言葉を、選択肢**ア**～**オ**の中からそれぞれ一つ選んで、その記号を**解答用マークシート**にマークしなさい。

（Ⅰ）常夏　**（Ⅰの選択肢）**　**ア** 恒常　**イ** 常世　**ウ** 常設　**エ** 常陸　**オ** 常々

（Ⅱ）華厳　**（Ⅱの選択肢）**　**ア** 荘厳　**イ** 謹厳　**ウ** 厳守　**エ** 戒厳　**オ** 威厳

（Ⅲ）紺青　**（Ⅲの選択肢）**　**ア** 青史　**イ** 青磁　**ウ** 群青　**エ** 青銅　**オ** 青梅

（Ⅳ）遊山　**（Ⅳの選択肢）**　**ア** 豪遊　**イ** 遊行　**ウ** 遊泳　**エ** 遊牧　**オ** 遊興

（Ⅴ）福音　**（Ⅴの選択肢）**　**ア** 音曲　**イ** 羽音　**ウ** 物音　**エ** 子音　**オ** 音色

問二 次に掲げる（Ⅰ）～（Ⅴ）の三字熟語の□部分にあたる漢字を、選択肢**ア**～**オ**の中からそれぞれ一つ選んで、その記号を**解答用マークシート**にマークしなさい。

問十 傍線部（8）「重大なトリック」とあるが、それはなぜ必要であったのか、本文中で述べられていることの説明としてもっとも適切なものを、選択肢**ア**〜**オ**の中から一つ選んで、その記号を**解答用マークシート**にマークしなさい。

ア 人が、植物はもちろん魚や獣肉無しに、健康に生きていくことは困難だと信じさせるため。

イ 人間や動物と同じく生命をもつ植物を、殺生をさける対象にしないようにするため。

ウ 不殺生に、生き物を殺してはいけないというだけでなく、傷つけない、無抵抗などの意味ももたせるため。

エ 仏教では、肉食そのものは禁止されていないが、みだりに殺生することを戒めるため。

オ 穀食によって、人間に煩悩を生じさせ、仏性の根本である大慈悲の心を失わせるため。

問十一 傍線部（9）「この思想が、広く日本にも普及することになった」とあるが、それが普及する際には、どのような考え方がもとになったと筆者は捉えているのか、**解答用紙**に詳しく説明しなさい。

エ　自由かつ競争原理に基づく市場において経済活動の発展を強く促していくという、近代資本主義社会を支える考え方の一つとなった。

オ　自然の権利、動物の権利を主張するディープ・エコロジーの思想に対して、自然淘汰の観点から一定の歯止めをかけることにつながった。

問七　傍線部（5）「異端」とは**反対**の意味を表す語としてもっとも適切なものを、選択肢**ア**〜**オ**の中から一つ選んで、その記号を**解答用マークシート**にマークしなさい。

ア　排斥
イ　模倣
ウ　崇拝
エ　同類
オ　正統

問八　傍線部（6）「ダーウィンの、〝人間中心主義からの脱出〟」とあるが、これはどのようなことを意味しているのか、人間と動物との関係性に注目して、**解答用紙**に説明しなさい。

問九　傍線部（7）「東洋には対照的な思想がある」とあるが、西洋における東洋思想への反応はどのようなものであったか、筆者の考えを述べている箇所を、本文中より句読点を含め二十五字以上三十字以内で**解答用紙**に抜き出しなさい。

オ　動物たちを大切に扱おうとする姿勢は、自明のことであったから。

問五　空欄［（B）］に当てはまる言葉としてもっとも適切なものを、選択肢ア〜オの中から一つ選んで、その記号を解答用マークシートにマークしなさい。

ア　方法論
イ　理想論
ウ　機械論
エ　唯物論
オ　原則論

問六　傍線部（4）「ダーウィンの進化論」が、近代における経済活動の中で果たした役割について、本文ではどのように説明しているか。もっとも適切なものを、選択肢ア〜オの中から一つ選んで、その記号を解答用マークシートにマークしなさい。

ア　一九世紀の社会における近代工業化の進展を背景に、人間にその故郷である自然環境のなかで、動物たちとともに安住する道をもたらした。

イ　胎児は、人間の進化の過程を繰り返すという仮説を根拠とし、近代工業化社会における競争と自然淘汰を正当化しようとした。

ウ　人類と高等類猿との差が、高等類猿と下等類猿との差よりも小さいことを証明し、資本主義社会において科学技術の優越性に対する理解を深めた。

オ 欠点

問二 傍線部（2）「そうした違い」とは、どのような違いを指すか、**解答用紙**に説明しなさい。

問三 空欄［A］に当てはまる言葉としてもっとも適切なものを、選択肢**ア**〜**オ**の中から一つ選んで、その記号を**解答用マークシート**にマークしなさい。

ア 絶対的
イ 経済的
ウ 方法的
エ 技術的
オ 総合的

問四 傍線部（3）「動物に意識があるかという問いは、ほとんど発言すべきでない禁断の言葉だった」とあるが、それはなぜか、選択肢**ア**〜**オ**の中からもっとも適切なものを一つ選んで、その記号を**解答用マークシート**にマークしなさい。

ア 人間の内部に精神や魂、知性が内包されていることを否定することになるから。
イ 人間中心主義的な考え方を否定することにつながるから。
ウ 動植物は、物質の延長・運動の次元のみで説明しうるから。
エ 近代工業化社会の二面性と向き合うことになるから。

を受ける者は、これ以上肉食をやめるべきである、肉食は、仏性の根本である大慈悲の心を失わせる、などとしているのである（『放生問答』）。そして(9)この思想が、広く日本にも普及することになった。

この肉食をやめよとの理由は、人は人として生まれてきたが、次の世には猫や魚に生まれ変わるという、流転してやまない輪廻転生の世界に求められている。『放生問答』によれば、人はいま、人間であっても、次の世には他のどの生き物に生まれ変わるかわからない。また再び人と生まれ変わっても、誰を父母とするかもわからない。これがインドに起こり、中国、日本に伝わった、人の魂は死後も存続すると考える霊魂不滅と輪廻転生の思想である。

日本でも、すでに平安後期の『本朝文粋（ほんちょうもんずい）』には、輪廻の世界が示されている。このような輪廻転生の思想は、神―人―動物―植物のあいだには厳然たる違いと階層があるとする西洋では見られない。東洋では、人は獣ともなり魚ともなって転生しつつ、霊魂は巡りめぐって永遠なのである。

こうして、日本を代表する宗教となった仏教は、既存の神道とも融合し、日本独自の神仏混淆の世界を形成していった。

（祖田修（そだおさむ）氏『鳥獣害』〈二〇一六年刊〉に基づく。ただし、原文の一部を変更してある。）

問一　傍線部（1）慣用句「正鵠を射ている」における「正鵠」と同じ意味を表す語としてもっとも適切なものを、選択肢**ア**～**オ**の中から一つ選んで、その記号を**解答用マークシート**にマークしなさい。

ア　観点
イ　要点
ウ　美点
エ　利点

した東洋の鳥獣観とは、何を意味し、どのような背景があるのであろうか。日本を代表する宗教といえば、やはり仏教、それも神仏混淆としての仏教である。現在も日本の多くの家庭、とりわけ農村の家庭には、仏壇と神棚の両方があって、柏手を打って神に祈り、仏に手を合わせる。

仏教は、インドに起こり、シルクロードを経て中国に伝わり、六世紀ごろ日本に伝来したとされている。それは、人間の煩悩から生まれる尽きせぬ苦悩と向き合い、そこから人々を救い出し、絶対的自由の境地に達する道を示そうとしたものと理解される。ただ仏教といっても、長いあいだに多くの宗派が生まれ、その教義にはさまざまな相違もある。そこでは、不殺生、輪廻転生、放生、供養といった思想や行為が、キーワードとして浮かび上がってくる。

不殺生は、生き物を殺してはいけないというだけでなく、傷つけない、無抵抗などの意味ももつという。原實によれば、古代インドの段階では「欲するままに、必要でもないのに、みだりに空しく」などの形容をつけて殺生を語るとき、その真の意味が浮かび上がるという。つまり肉食そのものは禁止していないが、みだりに殺生することを戒めているというのである（『不殺生考』）。

しかしその後、ヒンドゥー教の民衆への影響力が強まるなか、「涅槃経」や「楞伽経」などに見られるように、四〜六世紀には大乗経典の多くも、肉食をさける方向へ動いていく。しかし人は、植物はもちろん魚や獣肉無しに、健康に生きていくことはむずかしい。動物を人間と同じ生命あるものと見るなら、植物もまた同じく生命をもつ。

岡田真美子によると、インド仏教の段階でも、動物も植物も同じとみる考え方は存在していたとされる。そうであれば、穀食肯定・肉食否定の前提として、「植物は動物と違い意識がなく、無（非）情のもので、食しても無慈悲ではない」という(8)重大なトリックが必要だったのである（『動物たちの生と死』）。

中国に入った仏教における不殺生と肉食忌避の思想は、大乗菩薩戒の基本聖典として重視された「梵網経」では、仏の教え西洋人たちが東洋のありようを紹介してきた。はたして東洋思想は、西洋においてどのように位置づけられてきたのであろうか。

シンガーやリンゼイのような動物解放を主張する人々は、しばしば仏教やヒンドゥー教を不殺生に徹している宗教思想として紹介する。シンガーはドイツの哲学者ショーペンハウアーを取り上げ、「ショーペンハウアーは東洋思想の西洋への紹介において、影響力のある人物であった。そしていくつかの文章で、彼は西洋の哲学と宗教で広く行なわれている、動物に対する『胸が悪くなるほど粗野な』態度を、仏教徒およびヒンドゥー教徒の態度と対比させている。彼の表現法は鋭く、軽蔑的なものであって、今日においてもなお適切な、西洋の態度についての多くの鋭い批判がみられる」（『動物の解放』）と述べている。

トマスは「まるで動物の生命の方が人間のそれより重大でもあるかのように」というオヴィントンの言を引いて、東西の違いを浮き立たせている。ジャイナ教徒や仏教徒、ヒンドゥー教徒が、動物たちの命を崇(あが)めるさまは、まるで「《不可解な愚行》と、一七世紀の観察者の目に映ったわけである。西洋にも似たような考え方の遺風がのこっていたが、これもまた非難の的となった」（『人間と自然界』）。またエコロジストのドゥグラツィアは、「インドの伝統は、いずれも何らかの形で『アヒンサ』（不殺生を意味するサンスクリット語）の教義を受け入れる。それはあらゆる生き物を傷つけないことと、あらゆる生命への畏敬を唱道する。これらの伝統はまた、輪廻(りんね)転生への信仰を共有している」（『動物の権利』）と述べた。

このように早くから東洋の思想は西洋に伝えられ、まじめに、また場合によっては軽蔑をもって受け止められてきたのである。はたして東洋とりわけ日本においては、鳥獣たちとどう向き合ってきたのか。

私の会った少なくない農業者は、現在でもイノシシにせよ、シカにせよ、その捕殺にあたって「殺したくない」という気持ちになるという。農業を守るためとはいえ、動物たち、とりわけサルなどに銃を向けるには大きな決心が必要であった。そうは人間以上に発達している点も多々あるとしている（『人間の由来』）。

これらは事実上、人間は動物たちより一段上位にあるとしてきたキリスト教世界にとっては(5)異端であり、大きな論争が起こった。

生物倫理学者であるアルンハルトは、こうした(6)ダーウィンの、〝人間中心主義からの脱出〟に賛成し、人間にその故郷である自然環境のなかで、動物たちとともに安住する道を探るよう求め、次のように述べている。

「ダーウィニアンの〝自然の権利〟思想は、自然のなかにおける人間の位置を理解する一つの道を提供した。……私たちは動物のなかでも、ユニークな種であるが、象徴的な言説、実際的な熟慮、概念的思考など、突出した人間の特権は、他の動物たちと同じ精巧なパワーを共有している。……自然界が私たちのために創られていないとしても、私たちは自然界のために創られている。……私たちは自然から生まれ、そこが私たちの故郷なのである」。ここでは、自然界は人間のためにあるとする長いあいだの西洋の思想を、根底から否定するものとなっている。

ダーウィンの進化論は、競争と自然淘汰(とうた)を柱としていたが、それは同時に、自由で競争的な市場を舞台として経済活動を推進する、近代資本主義社会の思想的な支柱の一つとなったことは、多くの人が指摘するところである。しかし、その資本主義の爛熟期(らんじゅくき)に、人間や動植物を生かしている生態環境を危機に陥れた人間活動や科学技術のあり方に対し、大きな不安と批判が提示されることとなった。

そのもっとも急進的なものの一つが、自然の権利、動物の権利を主張するディープ・エコロジーの思想であった。それはダーウィンの自然観を源流としているのである。市場原理を中心とする近代社会の推進と、それに対する批判的思想の両方に、それぞれの仕方でかかわることとなったダーウィンの思想は、まことに奇(く)しき運命を担っていたといわざるを得ない。

西欧の人間中心主義的な動物観、自然観に対し、(7)東洋には対照的な思想があると見られる場合が多く、断片的ながら多くの本と同様に、同じ屋根の下で人と牛が生活していたのである。

一九七七年の夏、私が訪れたドイツ・ミュンヘンの郊外にある数百年続くハウスホーファー家の農場では、居間に続く廊下の先は、ドア一枚を隔てて牛舎となり、牛舎の前は牧場が広がっていた。そして同家の人が「来い、来い」と声をかけると、牛たちはいっせいに駆け寄ってきた。この一家から土産にもらった特製の食器には、彼らの先祖たちと牛が、まるで家族のように親しむ姿が描かれていた。神学者や科学者が説くのとは異なり、家畜や野生動物に直接かかわる人々の現場では、動物の情感をも十分に認識し、思いやりつつ、より大切に扱われていたといえよう。

だがそれらは、決してキリスト教の人間中心主義を覆すものとはならなかった。そうした傾向を論理的に叙述し、根底から覆したのは、人間と動物の同等性を指摘した、ほかならぬダーウィンであった。

(4)ダーウィンの進化論から考えれば、人間は神によって特別な道を通って生まれてきたものではなく、他の動物たちと同じく、長い進化の跡を経て、共通の祖先から枝わかれを繰り返し、いまのような人間となったといえる。彼はこのことを、一八五九年の『種の起源』に続いて、一八七一年に膨大な著作『人間の由来』を著し、立証しようとした。彼は人間の胎児が他の脊椎動物のそれと区別できないほど類似しており、やがてサルに似てきた後、人間の形を現わして生まれてくるのだと、図を描いて説明する。その当否は別として、母親のお腹(なか)のなかにいる胎児は、人間の進化の過程を繰り返すという暗黙の「個体発生=系統発生」を前提にして、議論を進めている。

こうして人類は、他の動物と等しく、人種間の微小な差異をともないながらも人類へと進化し、いま存在していると説く。また「人類と高等猿類との差は、高等猿類と下等猿類の差より少ない」こと、精神作用においても「その差異は程度の多少にすぎず、それらの心性は別種のものではない」とする。さらに人間がみずからに固有のものだと誇りにしている「愛、記憶、注意、好奇心、模倣、その他種々の感覚、直覚、情緒、才能等」において、多少の差はあれ、動物もみなもっており、なかにさらにデカルトは「どれほど人間が動物を殺して食べても、なんら罪に問われない」と主張することで、人間の優越性を正当化している、という（『動物の解放』）。イギリスの地理学者のペッパーによれば、それはまさにデカルト主義であり、人間の動物に対する行為を黙認し、神にすべての責任をゆだね、人間を「自然の王にして占有者」たる位置にとどめようとするものであった。これらの点から、イギリスの社会史家のフェリはデカルト哲学を、キリスト教の教える人間の特権をもっとも高く掲げ、「人間に〈すべての〉権利を与え、動物を含め自然には〈いかなる〉権利も与えない人間中心主義の完全な見本」（『エコロジーの新秩序』）だと書いている。

近代工業化社会は、キリスト教の自然観、動物観にどっぷりと身を浸しながら、しかし他方で神学的な世界、中世的な「魔法の庭」（M・ウェーバー）から抜け出し、科学の解き明かす事実の世界へ進もうとする二面性をもっていたといえよう。

二〇世紀前半までの動物学者にとって(3)「動物に意識があるかという問いは、ほとんど発言すべきでない禁断の言葉だった」（『動物の心』）。しかし、じつは先に述べた怒濤（どとう）のような人間中心主義的な流れのなかにも、それを否定する考え方、それとは異なる動物観や自然観をもつ人々や地域もあった。一五世紀から一九世紀のあいだに書かれた説教や冊子などのなかには、人間中心主義を否定し、動物たちを大切に扱おうとする叙述が多く含まれているという（『人間と自然界』）。ボイヤーも、とくに一七～一八世紀には、「動物の権利」、「自然の権利」論につながる人たちが存在し、急激に増えていたと書いている。

トマスによれば、農学者ジョン・ウォーリッジは、植物にさえも感性を認め、一六七七年に「栄養を与え、保護してくれるものになびき、危害をくわえるものを避け、除去しようとする、植物のなかのある種の知覚力」を検証したが、（B）的な立場の人からは拒否されたという。

しかし、とりわけ農業者は、家畜が人間の言葉を理解できないとは、まったく思っていなかったという。地域によっては日は、植物は動物のために、動物は人間のために、家畜は働くために、また野生動物は狩りの獲物として存在する、といった容赦のない人間中心の世界が構想されている。ここには神に似せて創造された人間と、人間に奉仕すべき動物・植物の位置関係が明確に示されている。

トマスは、それは「世界でも類のない」ような「驚くほど人間中心主義的な宗教」であり、しかも結果的に、『新約聖書』の教義のほうが実際より人間中心主義的なものになってしまったといってよいかもしれない、としている（『人間と自然界』）。

こうして野生の獣あるいは育成した家畜の肉を食べることは牧畜民としての現実であり、神の名において許されていることだったのである。

西洋で育まれ、近代社会の発展を推し進めた科学技術の思想もまた、動物たちへの思いやりの情は薄かった。ベーコンは自然支配の旗を高く掲げ、具体的な事実から自然を正確にとらえ、征服し、利用することをめざした。「知は力なり」とし、近代工業社会への道を開いた人間が、この世界にいなければ、他のものは目的や意味を失う。人間こそ世界の中心で、それを支配する存在だと主張したのである（『ノヴム・オルガヌム』）。

それに続くデカルトは、動植物を含む自然は人間と異なり、単なる物質としてとらえられ、精神もなく、生命もなく、物質の延長・運動の次元のみで説明しうる機械的な存在だとする。

「思惟（しい）する主体」、「理性を持つ人間」を、 **(A)** 優位の存在としたことの帰結である。人間も機械であるがその内部には精神や魂、知性を内包するのに対し、動物はそれをもたないので自動機械にすぎないというのである（『方法序説』）。その延長上で、グランなどは、打たれた犬の身もだえや悲鳴はオルガンの音と同じで、痛みの表現ではなく、感覚作用に発するものではないとまで断言している。

界――近代イギリスにおける自然観の変遷』は、ヨーロッパにおける包括的で具体的な人間と動植物の関係史を描き出している。

そのトマスによれば、とりわけ一五～一六世紀の中世イギリスでは、「世界は人間のために創られ、他の動植物は人間の欲求や必要に服従すべきだ、という既成観念が古くからあり、この臆断をなんら反省しようともせず、大多数の人々はその上にたって行動していた」と書いている。

その原点となったのが、古代ギリシャのアリストテレスの考え方であるという。自然界は四つの階層的な存在からなり、下位にあるものから順に、①鉱物―生命のないもっとも不完全なもの、②植物―生命はあるが栄養機能のみをもつもの、③動物―栄養機能のほか感覚的なものを有するもの、④そして最高位に、思考能力をもつ人間が位置する。

人間と同じく、植物も動物も生き物には違いない。人間は植物と共通の栄養的なもの、動物と共通の感覚的なものをもつ。しかし人間だけが神に似せて創られ、独自の知性的ないし理性的なものを有する。つまり人は自分がいま赤い色を見ているということを自覚し、客観的に自己の存在を意識するのだという（『デ・アニマ』）。デカルトのいう「われ思う、故にわれあり」である。それは、人間の優位を語り、人間より下位にある動植物、鉱物を思いのままに利用し支配することを公然と認める思想であった。その学説がトマス・アクィナスの『神学大全』など中世スコラ哲学によって継承され、ユダヤ教やキリスト教と融合したといわれる。

中世神学者や知識人は、アリストテレスのほか、人間の自然支配を容認することを基礎づけた『旧約聖書』（創世記一章）の、次のような天地創造に関するくだりを引用する。

「神が言った。『われらの像に、われらに似せて、人を作ろう。そしてこれに海の魚、空の鳥、家畜、すべての野（獣）と、地を這（は）うすべてのものとを従わせよう』」。自然は何一つ無駄なものは作らない。すべてはその存在理由をもつ。そこで

二

次の文章を読んで、後の設問に答えなさい。（40点）

西洋の食あるいは食文化について書かれた日本の著作を見ると、長崎福三（ながさきふくぞう）の『肉食文化と魚食文化』、筑波常治（つくばひさはる）の『米食・肉食の文明』などでは、日本の食文化と比較対照しつつ、ほとんどが肉食文化の典型として描き出されている。その対比は西洋の「肉とパン」あるいは「ジャガイモと肉」に対し、日本の「米と魚」として象徴的に語られている。(1)それはほぼ正鵠（せいこく）を射ているといってよいであろう。ただし西洋も東洋も、古くは狩猟、採集、漁撈（ぎょろう）の長い時代を経てきたことは疑いがない。人類は牧畜や穀作を本格化するまでは、山海に育つ動植物を採取して生きてきたのである。ただその気候風土の差異によって、野獣の狩猟に重きがあるか、植物の採集に重心を置くか、あるいはまたより多く河海の漁に頼るかといった違いがあったにすぎない。

しかしやがて人は、牛やヒツジを手なずけ、引き連れて放牧するか、囲い込み、家畜化して育てた。他方では、食べて放置した植物の種子が身近に芽を吹き出すのを見て、大事に育成（半栽培）するなど、それぞれに牧畜あるいは栽培といった農耕定住的な生活様式を確立していったと考えられる。その際、酷暑の地域か極寒の地域か、それとも温暖な地域か、多雨の地域か乾燥的な地域か、山岳地域か沿海地域かなど、それぞれの風土に適した作目に力を入れ、米や麦、ジャガイモ、トウモロコシ、牛や豚、魚や鳥など、各地域独自の主食、副食を選択し、生産方式（農法）を創造し、食文化を形成してきたといえよう。

(2)そうした違いは当然に、それぞれの地域で異なった多様な鳥獣観、自然観を生み出したのである。

先進諸国の高度成長とその矛盾、とりわけ環境問題が深刻化するにつれて、人間と自然の関係、そして人間や動物、植物との関係について考察するおびただしい書物が、欧米や日本で刊行されている。そのなかでも、キース・トマスの『人間と自然

ウ　二つ目のパート　a　三つ目のパート　e
エ　二つ目のパート　b　三つ目のパート　e
オ　二つ目のパート　c　三つ目のパート　f
カ　二つ目のパート　d　三つ目のパート　f
キ　二つ目のパート　c　三つ目のパート　g
ク　二つ目のパート　d　三つ目のパート　g

問十三　次の文章（Ⅰ）〜（Ⅲ）のうち、本文の内容に合うものを○とし、本文の内容に合わないものを×として、その記号をそれぞれ**解答用マークシート**にマークしなさい。

（Ⅰ）　これまでに教育・介護・福祉・看護・医療など、人間への援助に関わる職業領域では、美名の下に感情労働が強いられてきた。

（Ⅱ）　医療施設や高齢者の介護施設などにおいては、ケアする人とケアされる人との間に、贈与交換を積み重ねてきた歴史がある。

（Ⅲ）　私たちは、個別的人格性を宿す手作りの物のうちに、作り手の生をみることができるため、手作りの物にたいして特別の感情を抱くことになる。

ウ　貨幣は商品交換領域のサークルを回りつづける。

エ　貨幣はサービスのような人間の実践を商品交換領域に結び合わせる。

オ　貨幣は抽象力をもっているため、価値の毀損を繰り返しながら物や事へと変身する。

問十一　傍線部(9)「『時間を与える』という在り方が、ケアを貨幣に還元できなくしている」とあるが、なぜ、ケアという行為は貨幣に還元できないのか、筆者の考えとしてもっとも適切なものを選択肢**ア**〜**オ**の中から一つ選んで、その記号を**解答用マークシート**にマークしなさい。

ア　ケアされる人は、ケアする人の行為が報酬として賃金を受け取る仕事であることを十分に理解していないから。

イ　ケアされる人は、大量生産された製品のうちに、労働者の命が結晶化されている事態を見てとることが困難だから。

ウ　ケアされる人は、ケアする人の労働時間には回収しきれない過剰な贈与を受け取ることになるから。

エ　ケアされる人は、役割機能に収まりきらない、過剰な身体を生きているから。

オ　ケアされる人は、サービスを貨幣と交換するため、負い目を感じる必要がないから。

問十二　本文は、大きく分けると三つのパートから成り立っている。二つ目のパートが始まる箇所と三つ目のパートが始まる箇所を、本文中に示した a 〜 g の中からそれぞれ探し、もっとも適切な組み合わせを、選択肢**ア**〜**ク**の中から一つ選んで、その記号を**解答用マークシート**にマークしなさい。

ア　二つ目のパート a　三つ目のパート d

イ　二つ目のパート b　三つ目のパート d

エ　有限性
オ　相互性

問八　傍線部（**6**）「なぜ職業としてのケアの理解では、互酬性が中心におかれてきたのか」について、ケアを職業としている人たちに共通する経験を踏まえて、筆者はその理由をどのように捉えているか、**解答用紙**に記入しなさい。

問九　傍線部（**7**）「多義的」の意味としてもっとも適切なものを選択肢**ア**〜**オ**の中から一つ選んで、その記号を**解答用マークシート**にマークしなさい。

ア　多くの義務を持っていること
イ　多くの正義を持っていること
ウ　多くの意味を持っていること
エ　多くの可能性を持っていること
オ　多くの選択肢を持っていること

問十　傍線部（**8**）「貨幣」について、本文ではどのように捉えられているか、**不適切なもの**を選択肢**ア**〜**オ**の中から一つ選んで、その記号を**解答用マークシート**にマークしなさい。

ア　貨幣は物と物、事象と事象の間に、共約可能性を生み出す価値尺度を与える。
イ　貨幣はさまざまな異なる質の事物を同じ次元に置きかえる強力な力をもっている。

い。

問五　空欄 ① 、 ② 、 ③ に当てはまる接続詞としてもっとも適切な組み合わせはどれか、選択肢**ア**～**オ**の中から一つ選んで、その記号を**解答用マークシート**にマークしなさい。

ア　①　つまり　②　さらに　③　そして
イ　①　しかし　②　つまり　③　もっとも
ウ　①　たとえば　②　ところで　③　けれども
エ　①　さらに　②　たとえば　③　ところで
オ　①　そして　②　もっとも　③　たとえば

問六　傍線部（5）「この時間の不可逆性に人間の実践のもつ特徴がある」とあるが、「時間の不可逆性」に着目することで、筆者はケアの本質をどのようなものと捉えているのか、**解答用紙**に記入しなさい。

問七　空欄 （A） に当てはまる言葉としてもっとも適切なものを、選択肢**ア**～**オ**の中から一つ選んで、その記号を**解答用マークシート**にマークしなさい。

ア　異質性
イ　可能性
ウ　固有性

問二　傍線部（**2**）「ケアの『与える』ことにたいして、貨幣で返礼することはできない」とあるが、筆者はなぜそのように考えているのか、**不適切なもの**を選択肢**ア**～**オ**の中から一つ選んで、その記号を**解答用マークシート**にマークしなさい。

ア　人の親切をサービスに変えてしまうことになるから

イ　人の親切にたいする負い目が解消されることになるから

ウ　親切な行ないをした者の尊厳を傷つけることになるから

エ　親切な行ないをした者を「召使い」に貶めることになるから

オ　親切な行ないをした者の行為の無償性を損なうことになるから

問三　傍線部（**3**）「ケアを職業とする領域」について筆者はどのように捉えているか、もっとも適切なものを選択肢**ア**～**オ**の中から一つ選んで、その記号を**解答用マークシート**にマークしなさい。

ア　「サービス」の対価として貨幣との直接的な等価交換が実現している。

イ　「サービス」に代わる所定の関わり方が必須である。

ウ　経済効率主義的な「サービス」を提供している。

エ　他者への匿名的な「サービス」が重視されている。

オ　「サービス」にとどまらない倫理性を求められる。

問四　傍線部（**4**）「この絵本には贈与という出来事の不思議な性格が生き生きと描かれている」とあるが、ここで描かれている贈与の性格と、本文中に示されている「クラ交易」の特徴とを比較して、両者の違いを二点、**解答用紙**に説明しなさこのケアする人からは、精神でもなく肉体でもなく、人格の宿る生きた手が差しのべられる。目の前の身体として生きている、「多くの誰か」の海から浮かびあがり固有性をもったこの人が、この私のために手を差しだしケアするということは、生きている「時間を与える」ことにほかならない。そこで、ケアされる人は、たとえその行為が報酬として賃金を受けとる仕事であることを十分に承知してはいても、ケアする人の労働時間には回収しきれない過剰な「時間を与える」という贈与を受け取ることになる。

（矢野智司（やのさとじ）氏『歓待と戦争の教育学』〈二〇一九年刊〉に基づく。ただし、原文の一部を変更してある。）

＊「バーンアウト」　何かひとつの事柄に集中・没頭していた人が、身体的・精神的な疲労などの影響によって急激に意欲を失い、社会にも適応できなくなってしまう状態のこと。

問一　傍線部（1）「専心」に関する本文の説明の中に含まれるものとして、**不適切なもの**を選択肢**ア**～**オ**の中から一つ選んで、その記号を**解答用マークシート**にマークしなさい。

ア　自己を放棄すること
イ　我を忘れて他者や状況に身を投ずること
ウ　自己と他者との境界線を失うこと
エ　自己を常に省みること
オ　ある行為に全身全霊で打ちこむこと

をした者をチップを受けとる「召使い」に貶(おとし)めることになり、その結果、親切な行ないをした者の行為の無償性のみか、尊厳を大きく損なうのだ。同様のことは、ケアについてもいえる。だからこそケアの専門家として人と関わる人（ケアする人）にとっては、そのことを目的としているわけではないが、相手（ケアされる人）からの感謝の言葉か笑顔かそれにかわるなんらかの応答が不可欠なのだ。このことがケアする人の経験からみた互酬性の重要性の理由である。

g あらためて問おう。それでは「ケアされる人」において貨幣に還元できないものとはいったい何だろうか。人が他者に専心して関わるときに、いったい何が起こるのか。それはすでに述べたように「時間を与える」という贈与である。ケアは、ケアする人がケアされる人にたいして、その身でもって相手に「時間を与える」ことである。ケアするとは、他の誰でもない「この私」が身をもってケアされる人と向かいあうことである。このようにして、ケアの中心をなす(9)「時間を与える」という在り方が、ケアを貨幣に還元できなくしているのだ。

しかし、このように考えても、職業として教育や介護や医療に関わる者は、工場で製品を作る労働者と同様、その労働時間に値する報酬と交換しており、しかもその報酬である賃金はケアを受ける者から直接的あるいは間接的に得ているのだから、先に述べた意味での「時間を与える」ことにはならないのではないかと思われるかもしれない。

たしかに、事実としてはその通りであるが、生きられた事実はそうではない。私たちは工場製品を商品として購入するとき、その製品のうちに工場労働者の生きた労働の痕跡を、あるいは生きた時間の個別性を見いだすことはない。したがって、商品を貨幣と交換し購入することにどのような負い目もない。しかし、大量生産された製品のうちに、労働者の命が結晶化されている事態を見てとることは困難だが、個別的人格性を宿す手作りの物のうちには、作り手の生をみることができる。だからこそ私たちは手作りの物にたいして特別の感情を抱くことになる。まして、ケアの場面では、役割機能に収まりきらない、過剰な身体を生きる人がケアする人として現れる。

を、物と物とを、無限の連鎖ともいえるほど多重に多様に結びつけていくのだ。このように貨幣は、さまざまな人間の実践や物や事へと変身を繰り返しながら、それ自体の価値はなんら毀損されることはなく、商品交換領域のサークルを回りつづける。手元にある貨幣が、どれほど多くの人々の手によって受け渡されてきたのか、そしてどれほど異質なものを結びつけるために交換されてきたのかを想像するとき、貨幣の「非人格性」と「無色透明性」のもつ抽象力と媒介力の偉大さに感嘆を禁じえない。

このように、貨幣はさまざまな異なる質の事物を同じ次元に置きかえる強力な力をもっている。貨幣の歴史は、全体的社会事実としての贈与交換から市場交換を浮上させ拡張する一方で、殺人賠償金、奴隷売買、売買婚、持参金、売買春、買収、罰金、臓器売買、卵子や精子の売買、さらには感情労働にみられる感情の売買といったように、人格や人間の本質や尊厳に関わるものの譲渡の不可能性と可能性をめぐるせめぎあいの歴史でもあった。譲渡可能なものの出現によって、譲渡不可能なものの価値がその希少性ゆえにますます高まるだけでなく、新たに譲渡不可能なものが出現し、譲渡可能と不可能の境界線を挟んで、新たな価格と価値とが生みだされてきた。生と死の境界線の引き方がそうであるように、この境界線上の事象は宗教観や人間観、生命観と結びついて、その時代の固有の問題群を形づくっており、境界線の侵犯はいつもスキャンダラスな事件となる。本来、譲渡不可能な人格的次元の事柄まで貨幣によって交換されることは、人間の「本質」や「尊厳」を深く損なう可能性をもっている。

たとえば、人からの親切な行ないにたいして、その対価として貨幣で支払うことは、その親切という出来事の性格を根本から損なうことになる。「ありがとう」という感謝の言葉は、贈与交換として親切な行ないをした者への返礼となり、その行為を「親切な行為」として認識し受容したことを表し、なおかつその行ないの無償性を顕彰することになるのだが、このとき対価として貨幣を差しだすことは、人の「親切」を「サービス」（商品）に変えてしまうにとどまらず、さらには親切な行ないケアする人の側に職業的自覚や反省あるいは自己実現が促されることもあるかもしれない。職業的にケアに関わる優れた人には、必ずといってよいほど、自分が職業アイデンティティを明確にもつにいたる契機となった他者（生徒・患者・クライアント……）との出会いがあるものだし、ケアが結果としてケアする人の自己実現をも促すという指摘は重要でさえある。

しかし、ケアされる人のケアする人に対するお返しは、多くの場合において感謝の言葉とケアへの対価としての貨幣によるほかはない。通常の商品の売買では、貨幣による支払いで負い目はそのたびごとに解消されるが、人間関係における遣りとりには、身体に触れる―触れられるというケアには当たり前の事象一つとってみても、貨幣に還元できない人間的な身体の感触が付加されるところから、ケアされる人に負い目が消えることがない。ケアがたんにサービスに還元できるものであるのなら、対価として貨幣を支払うことで負い目はその場で消滅し決済されるのだが、この貨幣による等価交換として解消できないというケアの在り方が、「ありがたさ（有り難さ）」や「済まなさ（完済不可能）」という負い目を生み出してもいる。この負い目の問題は厄介な問題だが、人間的実践としてのケアの性格を考えるうえで重要な手がかりである。

(8)貨幣による等価交換では済まないことについて考えるためには、貨幣の抽象力について簡単に考察しておく必要がある。

[f] 貨幣は異なる物と物との間に共約可能性を生みだし交換を可能にする。貨幣が共約可能性を生みだすのは、このような物と物との間だけではない。人間の労働に対する対価として、すなわち賃金として貨幣が与えられることで、労働時間と賃金とが等価交換されてもいる。つまり人間の実践の成果物のみならず、教育・介護・看護・医療といった実践としての身体的関わりのプロセス全体もが、さらに人間の生きている時間もが、物と同様に抽象的な等価物としての貨幣を媒介にして交換されるのである。

このように貨幣は、異質性を乗りこえ、物と物との間に、事象と事象の間に、共約可能性を生みだす価値尺度となって物や事に価格を与え、同様に、サービスのような人間の実践をも商品交換領域に結び合わせる。貨幣は、人と人とを、人と物とともだち」の間に生起した贈与のリレーも、その背後に生起した無数の「誰か」による「誰か」への贈与のリレーに由来しているのである。そして、この贈与のリレーのただなかを走るランナーの一人であることを自覚するとき、「時間を与える」こともできるこの私は、過去からの負い目という重荷を背負って歩くラクダではなく、いつも気がつけばすでにロバの家に向けてカブをもって一目散に走りはじめているウサギなのである。

e

贈与と交換という観点から捉えたときのケアの基本原理は、純粋贈与として「時間を与える」ことに尽きると考えるが、それでは(6)なぜ職業としてのケアの理解では、互酬性が中心におかれてきたのか。その理由は、最初に述べた職業アイデンティティ構築の戦略的理由だけでなく、ケアを職業としている人たちに共通する経験と結びついているからではないだろうか。

このことを理解するために、まずケアされる人の経験からはじめよう。医療施設や高齢者の介護施設などをみると、そこではケアする人とケアされる人との間に、かつての地縁血縁による共同体のような贈与交換を積み重ねてきた歴史がないことは明らかである。地縁血縁による共同体では、ときによっては世代を越えた貸し借りの記憶や記録が残されており、その長期にわたる贈与交換の歴史を踏まえて、人と人との濃密な相互扶助の関係が営まれていた。交換する相手は共同体の仲間であり、その倫理もまた仲間との間において成立していた。それにたいして、施設では、ケアされる人からみるなら、自分が育てた恩があるわけでもないし、あるいは過去に何かを与えたわけでもない者によって（「してあげる」＝贈与）、偶然の巡り合わせで世話をされることになるのだ（「してもらう」＝受贈）。また将来において、自分がこのケアする人にお返しをできる可能性もない。贈与交換の歴史をもたない者同士が、そして将来において互いに贈与交換の関係を継続する可能性がない者同士が、偶然によって出会い、機能に限定されて関わりあうことになる。

もちろんつぶさに見れば、施設内での機能的関係といっても、人と人との交わりはいつも重層的・(7)多義的であって、ケアされる人とケアする人との関係もときには逆転することもあるだろうし、また結果として、ケアされる人との出会いによって、し「時間を与える」ことにほかならない。ところで、この「時間を与える」ということは、人間の［（A）］と直截（ちょくせつ）に関わっており、「時間を与える」ことは、自らの命を与えることである。私たちの命に時間的な制限がないのなら、「時間を与える」ことはたいした意味をもたないだろう。しかし、私たちは、いつ死ぬのかは知らないが、いつか死ぬことを知っている。だからこそ「時間を与える」ことは、価格にならない価値をもつ。

［d］あらためて考えてみると不思議なことなのだが、「時間を与える」私たちの命も、カブと同様、私たち自身が自分の力で生みだしたものではない。この私の存在は、私自身の選択によって、あるいは意図的な働きかけによって出現したものではない。この存在は親によって与えられた（贈与された）ものである。しかも、親、その親の親、そしてさらにその親の親の親、……とつづけていくと、いつかはその固有名すら知ることのできない連綿とつづく「多くの誰か」（他者）の存在に行きあたることになる。つまりこの私の存在は、私の知らない「多くの誰か」に負っていることになる。この私の存在は、「多くの誰か」から生まれた親によってもたらされ、そして、この私の生存は、この「多くの誰か」から生まれた親のケアによって可能となった。私は、すでに死者となった名前も顔もわからない「多くの誰か」を背後にもつ固有名をもった親によって、与えられた。この私という存在は、世界に「投げだされた」というより、「与えられた」というのが、人間存在の根本原理である。

「時間を与える」ケアとは、たんなる贈与ではなく、純粋贈与の一形態ということができる。生ける贈り物としての「犠牲」の対価はどこにも存在しないから、このようなケア＝純粋贈与は返済不能となる。均衡によって交換は終息するものだが、純粋贈与は不均衡を増殖させ、その不均衡から新たな贈与が生まれる。このようにして、有限な存在者たる人間が、「誰か」を気にかけ「時間を与える」ことによってケアを贈与すること、そしてそれを受贈した者はまた「時間を与える」者としてケアを贈与する。有限な時間を生きる者においてのみ可能でありまた意味をもつ「時間を与える」という贈与のリレーは、貨幣にみられるような循環の滞納や私的所有を不可能にし、つぎからつぎへとケア＝贈与が受け渡される。この「しんせつなすべての動物が他者からの気遣いを受けとり幸福な気分を抱いている。誰かが所有欲を働かせてカブを滞留しないかぎり、原理的にはこのカブはサークル内を何度でも回りつづける。もっとも、カブはいつかは腐敗し食物としての価値をもたなくなる。このことがこの贈与の運動を駆動してもいる。これがいつまでも価値を損なうことのない滞留可能な貨幣であれば、このような運動を駆動させはしなかっただろう。

C　このカブの価値が時間のなかで低減しいつか腐敗して無と化してしまうということをもとに、この贈与のリレーについてもう少し考えてみよう。この贈与のリレーは、空間的に見れば、どこまでも変わることのない円環運動であるが、時間はカブを腐敗させ、食物としての価値をゼロにする。そればかりか、時間はこの環のなかの動物たちを変容させ、最初のカブの循環がはじまったもとにもどることはけっしてない。(5)この時間の不可逆性に人間の実践のもつ特徴がある。

この話のなかで重要なポイントの一つは、「カブをもってきた」ことではなく、「カブをもってきた」ことにある。ケアの本質は、この「もってきた」というところにある。もし「カブ」の方に重点があるのなら、誰も実際にはカブを食べなかったわけだから、カブを必要としていなかったことになり、このカブの循環は無意味な循環に終わったということになる。しかし、比類なき喜びは、たとえ自分が必要としなかった物であっても、雪の日に気にかけてわざわざ自分のために「誰か」が「もってきてくれた」という事実からくる。わざわざ「もってきてくれた」ということは、ほかにも費やすことのできたはずの時間を、「この私」に「与えた」ということなのである。ここで贈与されたのは、たしかにカブではあるが、むしろケアという立場からみれば、目には見えない時間なのだ。

しかし、このことはなんら特殊な事態ではない。日常的になされているケアは、この「時間を与える」ということが、文字通りもっとも基本的であることを示している。離れて一人で暮らしている老いた親に会いに行く、友だちからの相談事に熱心に耳を傾ける、休日にボランティア活動に参加する、……どれもケアは日々の生活のなかで時間をさいて人のために専心没頭しかし、見方を変えれば、この絵本の世界での出来事は、閉じた共同体内部での贈与交換などではなく、共同体の外部からの純粋な贈与として捉えることができる。もともとウサギはカブを二つ見つけたのだ。この二つのカブが「誰か」からの贈り物であると考えるのは難しいことだろうか。その意味でいえば、ウサギに贈与を促したのは、外部からの「贈与の一撃」だったといえないだろうか。この最初の贈与を促す共同体の外から来る「贈与の一撃」＝過剰な力の一撃が重要である。それというのも、そのような贈与は仲間だから贈られたのではなく、したがって、見返りがあるから贈られたのでもない純粋な贈与だからである。このような純粋贈与に触れるとき、閉じたサークルの仲間の間の贈与交換をもとにした親切を超えた、生命全体への無条件の倫理の可能性が開かれる。

しかも、ウサギは「誰か」わからない者からカブを贈与されたのと同じように、ロバもヤギもシカもまた「誰か」わからない者から与えられている。クラ交易が、交易のパートナーと顔をつきあわせ儀礼的な交渉をまじえた交換であるのとは異なり、この動物たちはお互いに顔を合わせてはいない。たしかにウサギはロバにカブをあげたことを知っているが、ロバはそのことを知らない。したがって、ウサギはロバから直接に感謝の言葉をもらったり、お返しの品をもらったりはしていない。その意味では、ウサギはカブをただロバの家に運んでおいてきたにすぎない。ここには贈与交換を構成する受けとる義務もまたお返しの義務も生じてはいない。そしてまたウサギとロバの間に贈与の義務があるとはいいがたい。このように考えていくと、より正確にいうなら、ここには一般交換が成立しているのではない。この思考をさらに進めていくなら、この贈与のリレーは仲間の間での制度化された贈与交換などではなく、奇跡のような出来事として生起しているといえる。

そして、さらにこの物語にはもう一つ驚くべきことが描かれている。それは、カブは贈与されたのに、それぞれの登場人物の所有というレベルにおいては、なにも新たに増えているわけではないということだ。ウサギがプレゼントをはじめたときから最後にふたたびウサギのもとにもどってくるまで、所有ということでの変化は誰にも生じていない。それにもかかわらず、ブをおいて帰る。ロバがサツマイモを見つけて家にもどってくると、どういうわけか家にはカブが届けられている。ロバはこのカブがどこからきたのか不思議に思うが、雪が降る寒いときに、ヤギはきっとなにも食べるものがないのではないかと考え、このカブをヤギにもっていってあげることにする。このようにしてカブは、ロバからヤギ、そしてヤギからシカへとめぐり、最後にはシカからもとのウサギのところへともどってくる。例によって、ウサギの睡眠中にカブはウサギの家に残されるのだが、ウサギは「ともだちがわざわざもってきてくれたんだな」と思う。

これは中国の昔話がもとになっている絵本だが、人民解放軍で実際にあった出来事をモデルにしたという説もある。この物語のおもしろさは、カブがもとの持ち主のところにもどってくるところにある。そして、カブが友人たちの間を一周することで、それぞれが「誰か」から気にかけられていることを感じ、また「誰か」を気にかけていることを知る。ここには「与える」というケアの特徴を見ることができる。

［③］、この物語の終わり方は、この贈与の運動に限界があることを示しているようにも見える。それは人類学者のマリノフスキーが描いたニューギニアのトロブリアンド諸島におけるクラ交易のように、ウサギ→ロバ→ヤギ→シカ→ウサギという閉じた共同体のなかで、カブが回っていることである。その意味でいえば、この贈与のリレーは、仲間うちでのリレーであり、広い意味での交換なのではないか。レヴィ＝ストロースが婚姻をめぐる女性の交換の現象を鮮やかに定式化して見せたように、交換の形態には、A⇕Bのように二者の間で遣（や）りとりされる「限定交換」にかぎらず、A⇩B⇩C⇩D⇩A……といったように循環する交換の形態があり、それは「限定交換」にたいして「一般交換」と呼ばれている。クラ交易はその代表的なもので、時計回りにソウラヴァと呼ばれる首飾りが、そしてそれとは反対回りにムワリと呼ばれる腕輪が儀礼的に贈与されて島々を移動していくのである。そして、この雪の日に起こった贈与のリレーは、贈与ではなくクラ交易のような贈与交換のように見える。

② 一方での際限のない「献身」や「犠牲」を要請する精神主義的な言説と、他方での経済効率主義的な「サービス」という労働にすぎないという言説に対して、互酬性という性格を捉えることで、ケアに関わる職業が、一方での専門的な知識と技能とを必要とする労働としての在り方と、他方でのたんなる労働には回収できない倫理的な側面をもつことの両側面を捉えているのである。職業としてみたとき、ケアとは愛（純粋贈与）と貨幣（市場交換）の間に挟まれた互酬的な交換（贈与交換）である。

b 私たちは、「一杯のお茶を供する」という出来事をもとに、ケアは無心に「与える」という在り方に秘密があるのではないかと問うた。そのあとで、これまでのケア（ケアリング）の概念を検討したところ、ケアの概念で「与える」ということは論じられてはいるが、結局のところ互酬的な贈与交換として捉えられていることをみた。さらに職業としてのケアの概念では、「与える」という側面はむしろ否定的でさえあり、互酬性が強調されているのをみた。この認識の違いはどこからくるのだろうか。

　私たちは、毎日のようにさまざまな言葉や物や事を、与えたり、受けとったりしている。あまりに頻繁にそれを繰り返しているので、「与える」ということが実のところどのようなことなのかが、わからなくなっているのではないだろうか。このようなときには、またシンプルなケアの事例にもどるのが一番の近道である。ここでは中国の方軼羣（ファンイーチュン）の絵本『しんせつなともだち』をとりあげてみよう。優れた絵本には、人類に受け継がれてきた知恵と経験とが、巧みに描かれているものだが、(4)この絵本には贈与という出来事の不思議な性格が生き生きと描かれている。

　季節は冬である。雪がたくさん降り、食べるもののなくなったウサギは、食べ物を探しに出かける。そこでウサギはカブを二つ見つける。一つは自分が食べて、あとの一つを食べ物に困っているであろうロバのもとにもっていくことにする。しかし、ロバの家に行くと家は留守だった。ロバもまた雪のなか食べ物を探しに出かけていたのだ。そこでウサギはロバの家にカ教育・介護・福祉・看護・医療、このような人間への援助に関わる職業領域は、これまで「献身」や「愛」の名の下に、ケアする人にたいして感情をコントロールするよう過酷な「感情労働」が強いられてきた領域である。そのため看護師や教師は他の職業と比べバーンアウト*の割合が高い職業である。ケアの概念は、このような一方的な「与える」在り方としての自己理解への反省をもたらし、ケアされる人からの応答（返礼）という互酬性＝贈与交換への転換に大きな役割を果たしてきた。互酬性の概念に切りかえることで、「自己犠牲」や「献身」といった美名の下に隠されてきた労働条件の悪さを改善することができ、またケアする他者に対する全人格的な関与という責任論を、職業役割に関わる限定的な範囲内での責任に変えることもできた。

[①]、ケアの概念が専門家の間で受容された理由はこれだけではない。ケアの概念が互酬性と結びつくことで、他方で、経済主義的な「サービス」という概念とも差異化が可能となるからである。日本語で使用されるときのサービスとは、商品の一つの形態である。したがって、サービスでは対価として貨幣とのダイレクトな等価交換が実現する。商品であるためには、サービスは匿名の他者にたいして、一律にあらかじめ決められた所定の関わり方とならねばならない。そして、一時間あたりいくら、一日でいくらといったように価格が決まる。

それに対して、ケアを等価交換ではなく互酬性をもった贈与交換という概念で捉える場合では、ケアが相互的で人間的な関わりであることを表現することができる。そこでは、自分たちの仕事がたしかに報酬を得ることはまちがいないにしても、貨幣による等価交換に収まらないものであること、また匿名的な関わりでなく固有名をもった特異な人間に対し、一律の機械的な関わりではなく、その場に応じたタクトを発揮した全体的な関わりであることが示されている。とりわけ、ケアが特定の「誰か」に向けられる援助であることはケアの本質に関わることである。このようにしてケアに関わる職業は、「サービス」というカテゴリーでは回収しきれない、倫理性を求められる職業であることが明らかとなる。

ケアリングには、本来的に互酬性には回収することのできない贈与が孕まれていることは、ノディングズがケアリングの中核として「専心」というケアする人のケアされる人への関わり方をあげているところからも示すことができる（彼女はもう一つ「動機の転移」をあげており、これもまた他者への贈与に関わるのだが、ここでは専心について考えておこう）。ケアはケアされる人の福祉やよりよい状態の実現を目指して関わるのであり、それが実現されるためには、ケアする人のケアされる人に対する専心没頭を不可欠とする。専心とは、たんに作業において注意深く集中するといった意識による明確さではなく、自己と他者との境界線を失い、他者のうちに、そしてその状況のうちに、我を忘れて身を投ずることである。私たちは専心没頭しているときには、全身全霊でその行為に打ちこんでおり、そのとき自己を省みることはなく、その意味において、専心とは自己の放棄を意味するのだが、ケアにおける専心において自己の放棄は他者への純粋な贈与となり、それゆえ他者の無条件の受容となる。ノディングズが倫理的生のもとになると捉えた、喜びに満ちた「自然なケアリング」とは、そのはじまりにおいては、まちがいなく応答を求めるのではない純粋贈与と見なしてよいものである。

このようにケアリングの理論には、互酬的な交換に回収することのできない贈与の側面が描かれてもいるわけだが、ノディングズ自身がこの差異を区別せず、また互酬性を強調し、かつケアリングにおけるケアされる人の役割をも評価したこともあって、多くの研究者はケアリングを互酬性として理解している。どうして贈与は無視されたのだろうか。

a この問題を考えるとき、(3)ケアを職業とする領域を手がかりにすることは重要である。ケアの概念が、教育や保育、介護や福祉、あるいは看護や医療などの専門家の間で、自分たちの仕事の性格を理解し、職業倫理を形成し、職業アイデンティティを形成する中核的な概念となって久しい。たしかにこの概念は、人間の福祉や健康の回復や成長を目指して人間と関わる職種に共通する重要なポイントを言い当てている。ケアの概念が広く受容された背景には、こうした専門家たちの職業アイデンティティの構築という課題と結びついていたと考えられる。

例を考えてみよう。喉が渇いた人に、一杯のお茶を供するという例である。日常的な営みともいえるが、ときとして最上のもてなしともなりうるし、場合によっては、その人に生きる活力と喜びをもたらしたり、深い慰めと温かい癒しをもたらしもするだろう。「一杯のお茶を供する」ことは真性のケアの一つであるといってよい。この人のためにして「あげる」、「与える」というところに、ケアの中心があるといえないだろうか。

さらに思考実験をつづける。このときお茶を供された人が、「ありがとう」と感謝の言葉を口にする。それはお茶を差しだした人を嬉しくさせるだろう。それだけでなく、この客人はさらに貨幣を差しだしたと考えてみよう。そうすると、そのとき、場にそぐわない不作法な事態が出現することになるだろう。(2)ケアの「与える」ことにたいして、貨幣で返礼することはできないのだ。友人の親切な行ないにたいしてお金を支払うものがいないのと同じだ。誰もが知っているケアのこの性格に、ケアを職業としている人たちが直面している問題の根があるのではないだろうか。

ここでは、「与える」という出来事に焦点をあて、贈与と交換という観点から、ケアが「与える」ものとはいったい何か、ケアにおける互酬性とはどのようなことなのか、またケアを職業とするときその報酬はどのように理解すればよいのかについて考察し、「ケアの倫理」の新たな可能性を示したい。そしてケア本来の過剰で豊穣な力を解放したい。

ケアの概念はどのように定義されてきたのだろうか。ケア概念の普及に寄与した『ケアリング』（一九八四年）の著者ネル・ノディングズは、「ケアリング」の倫理学を「互酬性の倫理学」と定義している。ケアする人とケアされる人との「関係」を根本に据えて、ケアされる人の応答によってケアが完結すると捉える立場からみても、ノディングズはケアを互酬性として理解していることはまちがいない。ところが他方でノディングズは、「ケアする人」の特徴として、ガブリエル・マルセルの「随意性」という言葉を引いて、「わが身を贈与し役立てる気構え」と説明している。つまりここでノディングズは、ケアリングを互酬的な贈与交換としてではなく、一切の見返りを求めない純粋贈与として捉えている。

国語

（八〇分）

一

次の文章を読んで、後の設問に答えなさい。（50点）

「ケア」という言葉は、毎日のように目にし耳にする日常的な言葉になっている。この言葉は、「気遣う」「心配りをする」「心遣いをする」「いたわる」「手助けをする」から「育てる」「世話をする」「面倒をみる」、そして「教育をする」「介護をする」「看護をする」にいたるまで、広く使われていることからもわかるように、人が人にたいしてその人のために援助する多様な諸事象を言い表す言葉として機能している。

しかも、このケアの対象は人にかぎられてはいない。動物や植物といった生き物をも含み、さらには芸術家にとっての作品や研究者にとっての研究にいたるまで、その相手（対象）の成長や発展を願い、そのために専心(1)することのできるすべての事象にわたっている。「ケア」という言葉には、驚くほどの汎用性があるようだ。しかし、これほど意味内容が広範囲にわたってしまうと、この言葉が本来もっていた意味の喚起力が失われてしまうだけでなく、ケアの内実自体をも大変に貧しいものにしてしまっているように思われる。

それではこのケアをケアたらしめているものとはいったい何か。ここでは仮説的に提示しておこう。まずシンプルなケアの

解答編

英語

（注）　解答は，東京理科大学から提供のあった情報を掲載しています。

1 解答

(1)(a)－4　(b)－1　(c)－4　(d)－3　(e)－4
(f)－4　(g)－3　(h)－4　(i)－3　(j)－3

(2)(1)－4　(2)－3　(3)－1　(4)－2　(5)－3

(3)[X]－2　[Y]－1

(4)A群：4　B群：4　C群：2　D群：3　E群：2

全訳

《食品に含まれる重金属》

著作権の都合上，省略。

著作権の都合上，省略。

著作権の都合上，省略。

著作権の都合上，省略。

解説

(1)(a) detect の意味は「見つける」なので，答えは 4 である。spot「見つける」

(b) accumulate「蓄積する」なので，答えは 1 である。build up「増える」

(c) inevitable「不可避の」なので，答えは 4．unavoidable「避けられない」。

(d) potential「可能性」なので，答えは 3．possibility「可能性」。

(e) absorb「吸収する」なので，答えは 4．take in「取り込む」。

(f) trace はここでは「わずかな」の意なので，答えは 4．tiny「ごくわずかの」。さまざまな食品に含まれている重金属の量についての記述であることから推測して 4 の選択肢を選べるだろう。

(g) disclose「公開する」なので，答えは 3．reveal「明らかにする」。

(h) figure out「解決する」なので，答えは 4．solve「解決する」。

(i) promote「促進する」なので，答えは 3．enhance「高める」。

(j) counteract「和らげる」なので，答えは 3．offset「相殺する」。counteract の意味は counter-「～に反対に」，act「行動する」から予測できるが，3．offset を知らなくても 1．「高める」，2．「明らかにする」，4．「確実にする」という他の選択肢の意味から消去法で選びたい。

(2)(1) to begin with「そもそも」という熟語を作る問題。

(2) due to ～「～が原因で」という熟語を作る問題。間に in part「部分的に」が入って due と to が離れている点に注意。

⑶　call for ～「～を要求する」という熟語を知っているかを問う問題。本問においては call が名詞として使われており，call for ～「～に対する要求，～を求める声」となっている。

⑷　aim for ～「～をねらう」という熟語を作る問題。より具体的なものを対象に使う aim at ～「～をねらう」が思い浮かぶかもしれないが，選択肢に at がないので，方向を表す for を選ぶ。

⑸　be deficient in ～「～が不足している」という熟語を作る問題。この熟語自体は知らなくても，「～の点で」という範囲を限定する in の知識で解きたい。

⑶**［X］**　空所の前の第1段（A recent *Consumer* … protective standard available.）では，チョコレートバーに重金属が含まれているという問題が述べられているが，空所直後では，それはさらに大きな問題を知る小さな手段にすぎないとあるので，2．however「しかしながら」を選ぶ。

［Y］　後ろに make ～と and act ～があるので，1．both を選んで both *A* and *B*「*A* も *B* も両方」を作る。

⑷　**A群**：第2段第1・2文（Experts say, … in the dark.）より4．「ダークチョコレートバーの中に鉛とカドミウムが見つかったことは，食品に含まれる重金属や不十分な調査や公表という，より大きな問題の一部である，と専門家は主張している」が正解。

B群：第3段第1・2文（Some metals, … and Prevention (CDC).）より4．「CDC によれば，一部の金属，例えば鉛やカドミウムは体に何の利益ももたらさず，一方で鉄のような他の金属は健康に重要である」が正解。

C群：第5段第1文（Many heavy metals, …）および最終文（"There are measurable …）より2．「ロバート=ライトは，重金属は地中に存在し，食物供給に入り込むため，ほぼすべての食品に重金属が含まれている，と信じている」が正解。

D群：第7段第1・2文（There are two … many different foods.）より3．「カタジナ=コルダスがダークチョコレート中の鉛やカドミウムに注意を払いすぎることに反対する理由の一つは，おそらく他の多くの食品も同様に微量の重金属が含まれている可能性があるということだ」が正解。

E群：第10段全体（Kordas says that … any one metal."）より2．「カタジナ=コルダスは，多様な食品からなる食事を勧めている。なぜなら，それによって１種類の重金属を過度に吸収する可能性が低くなるからだ」が正解。

2 **解答** (1)(a)―４　(b)―３　(c)―２　(d)―２　(e)―１
(f)―２　(g)―４　(h)―１　(i)―４　(j)―４
(2)(1)―４　(2)―３　(3)―３　(4)―１　(5)―４　(6)―３
(3)[X]―４　[Y]―４
(4)―４
(5)A群：３　B群：３　C群：４　D群：２　E群：２　F群：２

全訳

《コンゴウインコの保護》

1 ホンジュラス，ラ・モスキーティア――午前４時30分。松の森の後ろで，太陽が明るく暖かい色合いで空を照らし始め，現地のミスキート族がアプパウニと呼ぶアカコンゴウインコの小さな群れがギャーギャー鳴く声が聞こえる。その国の国鳥である色鮮やかな羽毛のこの生き物たちは，この12年を彼らを守ることに捧げているアナイダ=パンティン=ロペスを待ちながら，お互いに毛づくろいをしている。

2 「私はそれをたくさんの愛情をもってやっています。なぜなら，彼らは私の子供のようなものだからです」とパンティンは言う。「私は米に豆，ユッカ，そしてプランテンをあげます。できるときには，鳥の餌も買います」

3 ミスキート族はホンジュラスの北東隅にあるラ・モスキーティアに住んでいるが，そこには中央アメリカで最大の原野があり，国内でアカコンゴウインコが自由に飛ぶ唯一の場所でもある。パンティンと夫のサンティアゴ=ラクス=モントーヤは，ほとんどの住人がこれらの異国情緒あふれる鳥とその周囲の野生動物を守っている小さな村，マビータに住んでいる。１日に２回，餌を求めて村にやって来る40羽から60羽のコンゴウインコのための食事を用意する。また，彼女は他にも，密猟者から回収された鳥や，巣から取り出されたひな鳥などを引き取って，再び自由に飛べるようになるまでの世話を提供する保護センターでも，数羽の鳥の世話をしている。

4 彼女の夫は昔，豆，プランテン，ユッカを育て，またコンゴウインコの卵と羽の生えたての若鳥をペットとして売って，家族を養っていた。当時はそれが個体数に有害な影響を与えるということに気付いていなかった。しかし，コンゴウインコの数が急激に減少していることを知り，ラクスは自分が巣を守る者になるのだと決意した。彼は他の密猟者に立ち向かい，彼らに自分の足跡に続くよう説得した。「彼らは私を脅迫したが，私はひなを密猟することをやめるようみんなを説得するという考えを持ち続けた」とコミュニティリーダーは語る。「長年の間，コンゴウインコを売ることで家族の食べ物を買うことができ，コンゴウインコは私を助けてくれた。今度は私がコンゴウインコを助ける番である」

5　1990年以前，野生動物の狩猟と販売は合法であり，何千羽ものコンゴウインコが消え，一部の動物は絶滅の危機に瀕した。

6　ホンジュラスのこの地域で繁殖するコンゴウインコは独特な習性を持っている。彼らは高い松の木に巣を作る。他の地域では，メキシコからブラジルのアマゾンの一部まで，これらの鳥は一般的に，葉を季節ごとに落とす熱帯の広葉樹林で巣を作る。

7　ヘクトル=ポルティーヨは20年以上前からラ・モスキーティアを訪れ，その種を研究している。2010年までに，彼の研究は，アカコンゴウインコの個体数が2005年の500羽から100羽に減少していることを明らかにした。

8　ポルティーヨの仕事は，ニューヨークに拠点を置くワン・アース・コンサベーションなど国際機関の注目を集め，ワン・アース・コンサベーションは先住民の協力を得てコンゴウインコの個体群を監視し強化するプログラムに資金を提供した。元密猟者は，コンゴウインコの世話に手を貸すことで1日約10ドルを支払われ，パンティンはコミュニティのプロジェクトディレクターとして指名された。

9　「[組織として］私たちはアメリカ全土に広がっているが，マビータプロジェクトはパンティンとラクス，およびコミュニティ全体の取り組みがあるため，私たちが知っている中で最も注目せざるを得ないものの一つである」とワン・アース・コンサベーションの創設者であるロラキム=ジョイナーは語る。最初のパトロールでは，ラクスと彼の兄弟が7羽のひなコンゴウインコを回収し，それを家に連れて帰って彼の妻が世話をした。パンティンはすぐに，鳥たちが飛ぶ方法を学ぶ間，料理人，看護師，母親代わりの役割を果たした。「彼女のおかげでそのひなたちは生きることができるのです」とラクスは言う。「誰もがそれをできるわけではありません」6人の子供や他のより幼い親族を含めて彼ら自身の家族を養う必要があるにもかかわらず，この夫婦は作物の一部を鳥に分け与えることを選んだ。「ひなたちを世話することはとても重要だ」とパンティンは言う。「時には食べ物が不足することもあるが，私たちはいつもひなたちが何か食べられるよう最善を尽くす」

10　毎年11月から5月までの間，コンゴウインコは2個から4個の卵を産む。ひな鳥は目を閉じて生まれ，まばらに羽が生えている。最初の10週間，両親ともにひなの面倒を見，1日に4回から6回餌を与える。ひな鳥は最大の大きさになるのに40日から45日かかり，飛び，自分で餌をとる方法を学ぶのに10週間から16週間かかる。

11　マビータの住民たちは，コンゴウインコのひなを自然環境から取り出すことの有害な影響を知らなかった。「この地域ではお金をあまり見かけません。2010年以前は，それを得る唯一の方法はコンゴウインコを売ることでした」と，保護主義者になった元密猟者のラクスは語る。「コンゴウインコが消えつつあるので，私はコミュニティと一緒にコンゴウインコを守ることに決めた。コンゴウインコは私が生き残るのを助けてくれた。今度は私が助ける番だ」

12　他のマビータの住民も，ラクスとパンティンの取り組みに加わり，ひな鳥を巣から取り出すことから，生物学的な研究を行うのを助けるために木に登ることに切り替えた。住民はひなの扱い方，測定の方法，計量の方法，そして後で分析するための情報を記録する方法を学んだ。

13　「私は家にオウムをペットとして飼っているのが好きだったが，ロラキム博士は自然にとってこれらの鳥がどれほど重要か，そしてなぜこれらの鳥が自由であるべきかについて私たちに説明してくれた」と，コミュニティの唯一の教師であるセリア=ラコスは語る。

14　2014年には，アメリカ合衆国魚類野生生物局（USFWS）から追加の資金が提供され，イギリスのダーウィン財団もまた，自然保護とコミュニティの関与の取り組みを支援するために間に入った。これらの資金は記録過程を体系化することや，全地球測位システムのポイントを使用してコンゴウインコの巣がある木をマークするのに役立った。保護と監視の範囲は2010年には約37,000エーカーだったのが，今日では990,000エーカー近くにまで拡大した。「このおかげで，モスキーティアのほぼ全域で生物多様性の保全状況について知ることができている」とポルティーヨは言う。

15　プロジェクトが始まって以来，アカコンゴウインコの個体数は500羽から800羽以上に増加した。しかしながら，2022年6月にコミュニティ参加プログラムへの資金提供が終了したことにより，これまでの進展が後退する懸念がある。

16　しかし，動物の追跡を助ける他のプログラムも進行中である。コンゴウインコについて訪問者に説明するための施設が建設され，また，ホンジュラス政府は密猟者を寄せ付けず，麻薬売買人を追い払い，鳥が巣を作る場所を害することになる違法伐採を防ぐために，軍内部に「緑の大隊」を創設することを固く約束している。

17　一方で，ミスキートのコミュニティメンバーはホンジュラスの国鳥を守り続けることを誓っている。

18　「今，鳥の数の増加を目の当たりにしているが，それは私たちの目標を変えるものではありません。その目標とは，自然が私たちに与えるものをすべて享受する機会を子供たちや孫たちが持てるように，鳥を世話し続けることです」とパンティンは述べている。

出典追記：Jorge Rodríguez, This bird's protectors are its former hunters: 'It was my turn to help them', National Geographic

解説

(1)(a)　retrieve「回収する」なので，答えは4である。take back「取り戻す」

(b)　hold on to ～「～を持ち続ける」なので，答えは3である。retain「持ち続ける」

(c)　towering「高くそびえる」なので，答えは2．tall「高い」。toweringという単語は知らなくても，tower「塔」からの類推で正解を導き出したい。

(d)　determine「(事実などを) 明らかにする，決定する」なので，答えは2である。conclude「結論付ける」

(e)　draw「引く」なので，答えは1である。attract「引き付ける」

(f)　opt「選ぶ」なので，答えは2である。choose「選ぶ」

(g)　scarce「不足して」なので，答えは4．insufficient「不十分な」。

(h) conduct「行う」なので，答えは1．carry out「実行する」。

(i) engagement「関与，参加」なので，答えは4．participation「参加」。

(j) keep track of～「～の経過を追う」なので，答えは4．observe「観察する」。

(2)(1) dedicate *A* to *B*「*A* を *B* に捧げる」という熟語の問題。

(2) 前後の文脈から，「世話のために」と考えて for を入れる。

(3) impact on～「～に対する影響」という熟語の問題。他にも effect や influence など「影響」という意味の単語は対象を表すのにこの on を使う。

(4) at risk「危険にさらされて」という熟語の問題。

(5) compared to～「～と比べると」という熟語の問題。なお，to の代わりに with を用いることもできる。

(6) step in「介入する，助けに入る」という熟語の問題。

(3) **[X]** 直後には「コンゴウインコが消えつつある」，その後ろの主節には「私はコミュニティと一緒にコンゴウインコを守ることに決めた」とあるので，Seeing that～「～なので」が最適。

[Y] 直後の this は前文の内容（管理されている地域が広がったこと）を指している。その後ろにはほぼ全域での保全状況が把握できていることが書かれているので，Thanks to～「～のおかげで」が最適。

(4) タイトル選択問題は本文全体の内容を含むものを選ぶ。本問では，もともとコンゴウインコを捕まえて生活していた現地の人々が，その個体数が減ったことに気付いて，保護することに舵を切ったという内容なので，4．「この鳥の守護者はかつてこの鳥を捕まえていた者だ――今度は私が彼らを助ける番だった」が最も適切。3は，後半の「誰もができるわけではない」の部分が本文の主旨ではないので，タイトルとしては4のほうが適切。

(5) **A群**：第3段第2～最終文（Pantin and her … fly freely again.）より3．「パンティンとラクスは，他のマビータの村人と一緒に，アカコンゴウインコや他の野生動物に危害が及ばないようにする活動に参加している」が正解。

B群：第4段第2～4文（When he learned … the community leader.）

より3.「ラクスはコンゴウインコの生存を心配し，密猟をやめて保護するよう密猟者を説得するために大きな努力をした」が正解。

C群：第7段第2文（By 2010, …）より4.「ヘクトル=ポルティーヨの研究によれば，2005年から2010年までの間に，ラ・モスキーティアのアカコンゴウインコの個体数は5分の1に減少した」が正解。

D群：第9段第2・3文（During the first … how to fly.）より2.「ラクスと彼の兄弟は，保全プログラムの最初のパトロールで7羽のコンゴウインコの赤ちゃんを救助し，パンティンはそれらの鳥が飛べるようになるまで面倒を見た」が正解。

E群：第12段（Other Mabita residents … for later analysis.）より2.「マビータの村人たちはコンゴウインコのひなに餌を与えるだけでなく，それらを計測し，重さを量り，情報を記録することで生物学の研究に貢献している」が正解。

F群：最終段（“Now we have … nature gives us.”）より2.「パンティンの目標は，単にコンゴウインコの数を増やすことだけでなく，彼女の子供たち，孫たち，そしてその先の世代にわたってコンゴウインコが生存することを確実にすることだ」が正解。

3 解答 (1)―4 (2)―2 (3)―2 (4)―3 (5)―4

解説

(1)「科学は私たちが世界を理解する助けとなるうえで大きく進歩してきたが，重要なのは，私たちが『真実』と呼ぶものは，新しい情報が明るみに出るにつれて変化する可能性が常にある，と覚えておくことだ」

brings は他動詞の「持って来る」なので，自動詞の comes「やって来る」に変える。come to light で「明るみに出る」。

(2)「マルチエスニックフードを提供する多くのフードトラックがあったにもかかわらず，『アフリカ食フェスティバル』にふさわしい本物の料理を提供しているものは一つもないようであるということに客たちはほぼ気付いていた」

文構造を正確に把握できているかを問う問題。主節のSがIt，Vがescaped，Oがthe customers’ notice。続くthat節の中の構造を見てみると，まず although から foods,までが副詞節を作っており，その次の there が that 節中の S，appearing が V になる。しかし appearing のように ing 形だと V になれないので，過去形の appeared に変える。

(3)「確かに文法やつづりの規則は文字を用いたコミュニケーションのために存在するが，それら全てが思われているほど厳格で堅固な規則であるわけではなく，しばしば例外や地域ごとの差が見られる」

not any を主語で使うことはできない。よって，any を all に変えて部分否定の文にすると文意も通る。

(4)「私は，自分が 20 代になって初めて，西洋文化が学業の成果とキャリアの成功に大きな重点を置いていること，そして自覚すらせずにそれらの価値観を身につけていたことに気付いた」

when は従位接続詞なので直後に SV が必要である。本問では後ろに SV ではなく動名詞が来ているので，when を何らかの前置詞に変える。文意からすると without を用いるのが適切。

(5)「しばしば，書籍の著者は自らの取り上げるテーマについて書かれた本が他の関連するテーマよりも多いことを指摘してから，次に自らの本の優れた点について意見を述べる」

go on *doing* は「〜し続ける」。本問では，文意からすると go on to *do*「続けて（次に）〜する」のほうが適切。

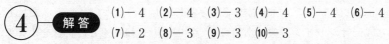

4 解答

(1)―4 (2)―4 (3)―3 (4)―4 (5)―4 (6)―4
(7)―2 (8)―3 (9)―3 (10)―3

解説

(1)「私は常に監督になりたかったので，映画のセットで働くチャンスが訪れたとき，私は心からその仕事に没頭した」

throw *oneself* into 〜「〜に没頭する」

(2)「別の瓶を買う前に，このパスタソースの残りを使い切るべきだ」

use up「使い切る」

(3)「最大の問題は，与党が 3 年後に新しいガス火力発電所を閉鎖し，天然ガス会社とのそれらの契約を破り，従業員を解雇するかどうかだ」

lay off「解雇する」

(4)「印象は，メンツを完全に失うことなしに，ストライキ中の鉱山労働者の要求に屈することを可能にする幸せな妥協案を政府が生み出していた，というものであった」

yield to ～「～に屈する」

(5)「大手製造会社として，最先端の技術の開発と，優れた顧客サポートを通じた顧客満足への全力の取り組みに誇りを持っている」

take pride in ～「～を誇りに思う」

(6)「メアリーはいつも信頼できるし，最初から銀行にいたので，銀行強盗の主要な直接の証人の一人だった。何が起こったのかについて，彼女の言葉を信じてもいいでしょう」

take *one's* word「～の言うことを信じる」

(7)「もうそんな時間か！　急いで角の店に行かないと。しばらくジミーの様子を見ていてくれますか？」

keep an eye on ～「～を見張る，目を離さない」

(8)「今年新しい車を買うことは考えられない。まずは既存の借金を清算することに焦点を当てる必要がある」

out of the question「不可能な」

(9)「友達がジョギンググループに参加するように誘ってくれた。彼らは毎週日曜日の朝に走る。でも，それは私の好みではない。むしろ，自分のペースで自由な時間に走りたいと思う」

one's cup of tea「～の好みに合うもの」

(10)「これはまさに『角を矯めて牛を殺してしまう』というケースだ。もちろん，オンライン授業は素晴らしい。しかし，ほとんどの科目をオンラインで教えるのは愚かだ。教室での対面コミュニケーションを最大限に活用する必要がある」

throw the baby out with the bathwater「赤ん坊を湯水と一緒に捨てる」とは「不要なものと一緒に大事なものを捨てる」という意味のことわざ。

講評

2023年度と同様，読解問題と文法・語彙問題が出題されている。設問数に大きな変化はなく，大問数は4題で，解答個数は62個。

大問**1**，大問**2**は読解問題で，同意表現，空所補充，主題，内容真偽など例年通りの出題である。基本的な語彙力，文法知識をもとに内容を正確に把握する力が求められている。大問1・大問2とも(1)の同意表現を選ばせる問題は大半が受験生の語彙力を問うものであったが，大問1(1)の(f) traceや大問2(1)の(c) toweringなどは受験生には難しく，前後関係から推測したり，消去法を活用したりする必要があったと思われる。(2)の空所補充も基本的には受験生の語彙力を問うものであったが，大問1(2)の(2)など，熟語を構成する一部分が離れているために熟語の問題だと気付きづらい問題もあった。大問1・大問2(3)の空所補充，大問2(4)のタイトル選択問題は，本文を丁寧に読み，内容や流れを理解できているかが問われた。大問1(4)と大問2(5)の内容真偽は，本文，選択肢ともに一つ一つ丁寧に意味を取らなければ正解できないやや難しい問題もあった。

大問**3**の誤り指摘問題は，難しめの問題もあったが，基本的には標準的な知識が問われており，しっかり正解していきたい。

大問**4**の空所補充問題は，ほとんどが語彙力を試すものであった。(10)はことわざを問う問題であったが，英語のことわざをいちいち覚えるというよりは，その場で類推したり，消去法を使ったりして正解したい。

やや難しい問題もあるが，全体的には標準レベルであった。

数 学

（注） 解答は，東京理科大学から提供のあった情報を掲載しています。

◀数学Ⅰ・Ⅱ・A・B▶

1 **解答** (1)**ア**. 3 **イウ**. 13 **エ**. 7 **オ**. 3 **カキ**. 10 **ク**. 7 **ケ**. 3 **コサ**. 16

(2)**シ**. 3 **スセ**. 10 **ソ**. 3 **タ**. 0 **チ**. 7 **ツ**. 6 **テト**. 10 **ナ**. 3 **ニ**. 0 **ヌ**. 9 **ネ**. 2

解説

《平面ベクトル，定積分で表された関数の最大・最小》

(1) 角の二等分線の定理により

$$\mathrm{AE}:\mathrm{BE}=\mathrm{CA}:\mathrm{CB}=7:6$$

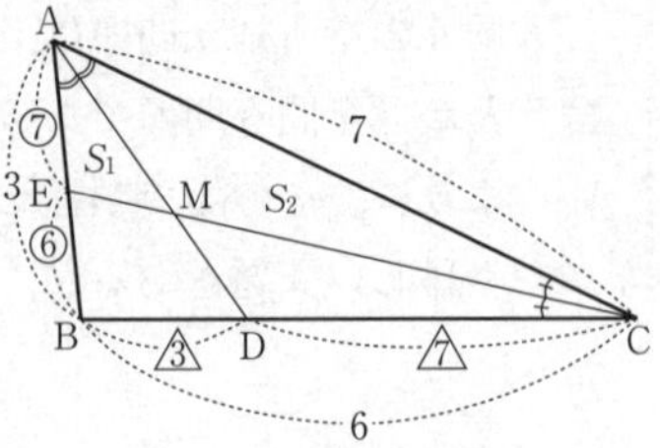

よって $\mathrm{AE}=\dfrac{7}{13}\mathrm{AB}=\dfrac{21}{13}$

また，∠EAM＝∠CAM であるから

$$\mathrm{EM}:\mathrm{CM}=\mathrm{AE}:\mathrm{AC}$$
$$=\frac{21}{13}:7$$
$$=3:13$$

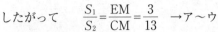

したがって $\dfrac{S_1}{S_2}=\dfrac{\mathrm{EM}}{\mathrm{CM}}=\dfrac{3}{13}$ →ア～ウ

同様に，BD：CD＝AB：AC＝3：7 であるから

$$\overrightarrow{\mathrm{AD}}=\frac{7\overrightarrow{\mathrm{AB}}+3\overrightarrow{\mathrm{AC}}}{3+7}=\frac{7\overrightarrow{\mathrm{AB}}+3\overrightarrow{\mathrm{AC}}}{10} \quad \text{→エ～キ}$$

また，EM：CM＝3：13 であるから

$$\overrightarrow{\mathrm{AM}}=\frac{13\overrightarrow{\mathrm{AE}}+3\overrightarrow{\mathrm{AC}}}{3+13}=\frac{13\left(\frac{7}{13}\overrightarrow{\mathrm{AB}}\right)+3\overrightarrow{\mathrm{AC}}}{16}$$

$$=\frac{7\overrightarrow{AB}+3\overrightarrow{AC}}{16}$$ →ク〜サ

(2)(a) $f(x)=\int_1^x t(t-3)\,dt$ ……①

①の両辺を x で微分すると

$$f'(x)=x(x-3)=x^2-3x$$

よって

$$f(x)=\frac{1}{3}x^3-\frac{3}{2}x^2+C \quad (C\text{は積分定数})$$

①より，$f(1)=0$ であるから

$$\frac{1}{3}\cdot1^3-\frac{3}{2}\cdot1^2+C=0 \iff C=\frac{7}{6}$$

したがって，$f(x)=\frac{1}{3}x^3-\frac{3}{2}x^2+\frac{7}{6}$ であり，$f(x)$ の増減表は右のようになるので

x	$\cdots$	0	$\cdots$	3	$\cdots$
$f'(x)$	$+$	0	$-$	0	$+$
$f(x)$	↗	$\frac{7}{6}$	↘	$-\frac{10}{3}$	↗

- $x=3$ のときに $f(x)$ は極小値 $-\frac{10}{3}$ をとる。 →シ〜ソ
- $x=0$ のときに $f(x)$ は極大値 $\frac{7}{6}$ をとる。 →タ〜ツ

(b) $f\left(-\frac{3}{2}\right)=\frac{1}{3}\left(-\frac{3}{2}\right)^3-\frac{3}{2}\left(-\frac{3}{2}\right)^2+\frac{7}{6}=-\frac{10}{3}$ →テ〜ナ

ここで，$f(x)$ の極値の差は $\frac{7}{6}-\left(-\frac{10}{3}\right)=\frac{9}{2}$ であり，$f(s)=\frac{7}{6}$ $(s>0)$ を満たす s の値を求めると

$$\frac{1}{3}s^3-\frac{3}{2}s^2+\frac{7}{6}=\frac{7}{6}$$

$$2s^3-9s^2=0$$

$$2s^2\left(s-\frac{9}{2}\right)=0$$

$s>0$ より　$s=\frac{9}{2}$

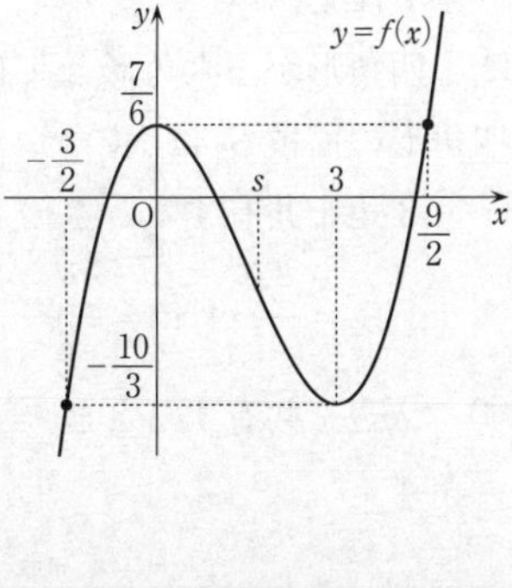

グラフより，条件を満たす s の値の範囲は

$$0\leqq s\leqq\frac{9}{2}$$ →ニ〜ネ

②　解答

(1)ア．3　イウ．10　エ．3　オ．5

(2)カ．1　キク．25　ケコ．24　サシ．25　スセ．17　ソタ．50

解説

《正六角形の頂点を結んでできる三角形・四角形と確率》

(1)　三角形が正六角形と共有する辺に注目すると，三角形の面積 S_1 は次の(i)〜(iii)に分類できる。

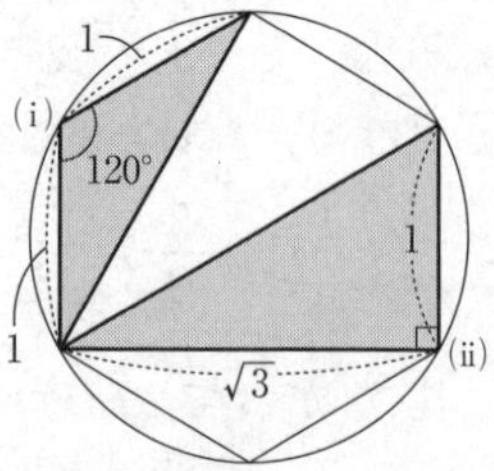

(i)　2辺を共有するとき

$$S_1=\frac{1}{2}\cdot 1\cdot 1\cdot \sin 120^\circ=\frac{\sqrt{3}}{4}$$

(ii)　1辺を共有するとき

$$S_1=\frac{1}{2}\cdot 1\cdot \sqrt{3}=\frac{\sqrt{3}}{2}$$

(iii)　辺を共有しないとき

$$S_1=\frac{\sqrt{3}}{4}\cdot(\sqrt{3})^2=\frac{3\sqrt{3}}{4}$$

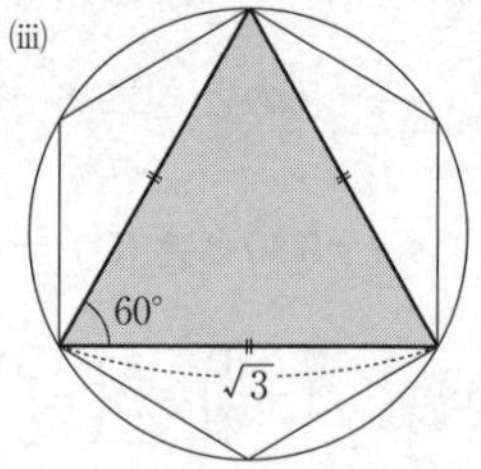

　ここで，(i)が起こる球の取り出し方は6通りで，球の取り出し方は全部で ${}_6C_3$ 通りあるので，

$S_1=\frac{\sqrt{3}}{4}$ となる確率は

$$\frac{6}{{}_6C_3}=\frac{3}{10}\quad \rightarrow ア〜ウ$$

　次に，(ii)が起こる球の取り出し方は　　$6\times 2=12$ 通り

　よって，$S_1=\frac{\sqrt{3}}{2}$ となる確率は

$$\frac{12}{{}_6C_3}=\frac{3}{5}\quad \rightarrow エ，オ$$

(2)　四角形が正六角形と共有する辺に注目すると，四角形の面積 S_2 は次の(i)，(ii)に分類できる。

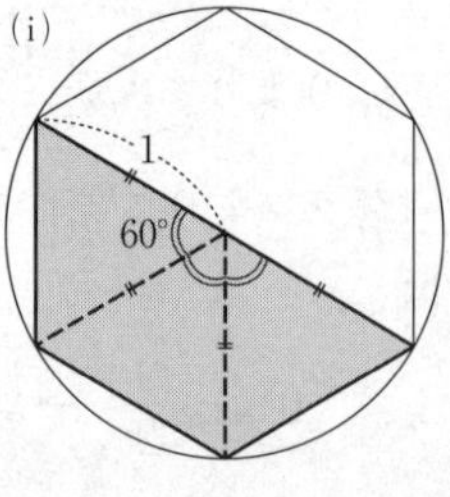

(i)　3辺を共有するとき

$$S_2=\frac{\sqrt{3}}{4}\cdot 1^2\cdot 3=\frac{3\sqrt{3}}{4}$$

(ii)　2辺を共有するとき

長方形になる場合と，長方形にならない場合があるが，いずれの場合であっても

$$S_2=2\cdot\left(\frac{1}{2}\cdot 1\cdot\sqrt{3}\right)=\sqrt{3}$$

(ii)

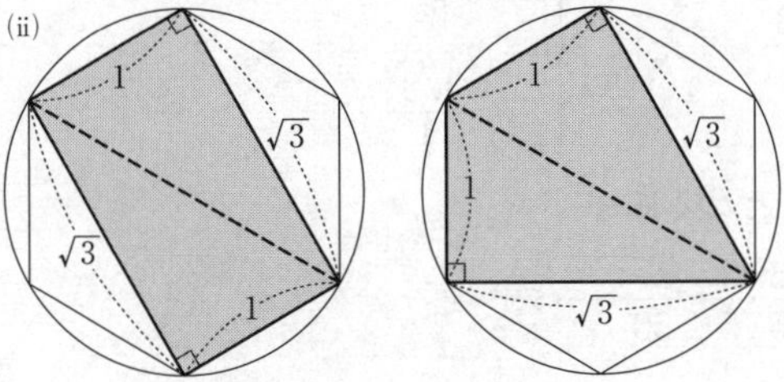

ここで，(i)が起こる球の取り出し方は6通りであり，球の取り出し方は全部で ${}_6C_4$ 通りあるので，$S_2=\frac{3\sqrt{3}}{4}$ となる確率は

$$\frac{6}{{}_6C_4}=\frac{2}{5}$$

次に，(ii)が起こる球の取り出し方は，長方形になる場合とそうでない場合に分けて考えて　　3+6=9 通り

よって，$S_2=\sqrt{3}$ となる確率は

$$\frac{9}{{}_6C_4}=\frac{3}{5}$$

また，(1)の(iii)が起こる球の取り出し方は2通りあるので，$S_1=\frac{3\sqrt{3}}{4}$ となる確率は

$$\frac{2}{{}_6C_3}=\frac{1}{10}$$

したがって，$S_1=S_2$ となるのは $S_1=S_2=\frac{3\sqrt{3}}{4}$ の場合であるから，$S_1=S_2$ となる確率は

$$\frac{1}{10}\cdot\frac{2}{5}=\frac{1}{25}$$　→カ～ク

$S_1\geqq S_2$ となるのは，$S_1=S_2=\frac{3\sqrt{3}}{4}$ のときであるから，$S_1\geqq S_2$ となる確率は $\frac{1}{25}$ である。余事象を考えると，求める確率は

$$1-\frac{1}{25}=\frac{24}{25} \quad \to ケ〜シ$$

$S_2<2S_1$ となるのは

$$S_1=\frac{3\sqrt{3}}{4} \quad または \quad \begin{cases} S_1=\dfrac{\sqrt{3}}{2} \\ S_2=\dfrac{3\sqrt{3}}{4} \end{cases}$$

から，$S_2<2S_1$ となる確率は

$$\frac{1}{10}\cdot 1+\frac{3}{5}\cdot\frac{2}{5}=\frac{17}{50} \quad \to ス〜タ$$

3 解答

(1) $\dfrac{\sqrt{10}-\sqrt{2}r}{2}<a<\dfrac{\sqrt{10}+\sqrt{2}r}{2}$

(2) $y=\dfrac{1}{2}x+\dfrac{5}{2}$，$y=2x-5$

(3) $\sqrt{5}r=5-a$

（導出過程の記述は省略）

解説

《2つの円の共通接線》

円 $x^2+y^2=r^2$ 上の点 $(\alpha,\ \beta)$ における接線の方程式は $\alpha x+\beta y=r^2$ であることは必ず覚えておくこと。また，(3)では「点と直線の距離の公式」を用いて関係式を導いたが，こちらも頻出事項である。

(1) 2円の中心間の距離を d とすると，$a>0$ より

$$d=\sqrt{a^2+a^2}=\sqrt{2}a$$

条件を満たすためには，$0<r<\sqrt{5}$ より

$$\sqrt{5}-r<d<\sqrt{5}+r$$

$$\sqrt{5}-r<\sqrt{2}a<\sqrt{5}+r$$

$$\frac{\sqrt{5}-r}{\sqrt{2}}<a<\frac{\sqrt{5}+r}{\sqrt{2}}$$

$$\frac{\sqrt{10}-\sqrt{2}r}{2}<a<\frac{\sqrt{10}+\sqrt{2}r}{2}$$

(2) 円 A 上の点 $(\alpha,\ \beta)$ における接線の方程式は

$\alpha x+\beta y=5$ （ただし $\alpha^2+\beta^2=5$ ……①）

と表せる。この接線が点（5, 5）を通るとき

$$5\alpha+5\beta=5 \iff \beta=1-\alpha \quad \cdots\cdots ②$$

①, ②より

$$\alpha^2+(1-\alpha)^2=5 \qquad \alpha^2-\alpha-2=0$$

$$(\alpha+1)(\alpha-2)=0 \qquad \therefore \quad \alpha=-1,\ 2$$

②に代入して　$(\alpha,\ \beta)=(-1,\ 2),\ (2,\ -1)$

よって，求める接線の方程式は

$$-x+2y=5,\ 2x-y=5$$

$$\therefore \quad y=\frac{1}{2}x+\frac{5}{2},\ y=2x-5$$

(3) (2)より，点（5, 5）を通る円 A の接線は

$$mx+ny=5 \quad (\text{ただし} \quad (m,\ n)=(-1,\ 2),\ (2,\ -1))$$

と表せる。この接線が円 B と接するためには

$$\frac{|ma+na-5|}{\sqrt{m^2+n^2}}=r \iff \frac{|(m+n)a-5|}{\sqrt{m^2+n^2}}=r$$

$(m,\ n)=(-1,\ 2),\ (2,\ -1)$ であるから

$$\frac{|a-5|}{\sqrt{5}}=r$$

$0<a<5$ より

$$\frac{-(a-5)}{\sqrt{5}}=r \qquad \sqrt{5}r=5-a$$

講評

例年通りの出題内容・難易度であり，標準的な問題集・過去問集をこなしていれば高得点が期待できる。ただし，計算量の多い問題もあるので，60分で完答するためにはかなりの計算力が求められる。なお，大問のうち **1**・**2** はマークシート式で，**3** は記述式である。**1**(1)は，角の二等分線とベクトルの絡んだ基本問題である。(2)は定積分で表された関数の極大・極小，最大・最小に関する問題であるが，3次関数に関する基本的な内容が問われている。**2** は，正六角形の頂点を結んでできる三角形・四角形と確率が絡んだ問題である。面積が条件として与えられて

いるが，正六角形との辺の共有に注目して場合を分けて考えるとよい。

3 は，２つの円に関する出題であるが，いずれも最頻出内容なので，公式を含めてしっかりと押さえておくこと。

◀数学Ⅰ・Ⅱ・Ⅲ・A・B▶

1 **解答** (1)(a) $\frac{1}{8}$ (b) $\frac{293}{2700}$

(2) $\frac{2}{5}$

（導出過程の記述は省略）

解説

《2つの袋から玉を取り出すときの確率，条件付き確率》

(1)では，タイプAの袋から取り出す玉について場合を分けることがポイントであり，2色の場合と単色（どちらも青）の場合があることに注意する。(2)では，X が起きたときに，Y が起こる（起こっていた）という条件付き確率が，$P_X(Y)=\frac{P(X\cap Y)}{P(X)}$ であることを用いる。

(1)(a) $\frac{{}_5C_1\cdot{}_3C_2}{{}_{10}C_3}=\frac{1}{8}$

(b) タイプAの袋から取り出す玉について，場合を分けて考える。

(i) 赤玉と青玉を1個ずつ取り出すとき

タイプBの袋からは青玉2個と黄玉1個を取り出せばよいので

$$\frac{{}_5C_1\cdot{}_3C_1}{{}_{10}C_2}\cdot\frac{{}_4C_2\cdot{}_5C_1}{{}_{10}C_3}$$

(ii) 赤玉と黄玉を1個ずつ取り出すとき

タイプBの袋からは青玉3個を取り出せばよいので

$$\frac{{}_5C_1\cdot{}_2C_1}{{}_{10}C_2}\cdot\frac{{}_4C_3}{{}_{10}C_3}$$

(iii) 青玉と黄玉を1個ずつ取り出すとき

タイプBの袋からは赤玉1個と青玉2個を取り出せばよいので

$$\frac{{}_3C_1\cdot{}_2C_1}{{}_{10}C_2}\cdot\frac{{}_4C_2}{{}_{10}C_3}$$

(iv) 青玉を2個取り出すとき

タイプBの袋からは赤玉と青玉と黄玉を1個ずつ取り出せばよいので

$$\frac{{}_3C_2}{{}_{10}C_2}\cdot\frac{{}_4C_1\cdot{}_5C_1}{{}_{10}C_3}$$

(i)～(iv)より，求める確率は

$$\frac{{}_5C_1\cdot{}_3C_1}{{}_{10}C_2}\cdot\frac{{}_4C_2\cdot{}_5C_1}{{}_{10}C_3}+\frac{{}_5C_1\cdot{}_2C_1}{{}_{10}C_2}\cdot\frac{{}_4C_3}{{}_{10}C_3}+\frac{{}_3C_1\cdot{}_2C_1}{{}_{10}C_2}\cdot\frac{{}_4C_2}{{}_{10}C_3}+\frac{{}_3C_2}{{}_{10}C_2}\cdot\frac{{}_4C_1\cdot{}_5C_1}{{}_{10}C_3}$$

$$=\frac{5\cdot3\cdot6\cdot5+5\cdot2\cdot4+3\cdot2\cdot6+3\cdot4\cdot5}{45\cdot120}$$

$$=\frac{293}{2700}$$

(2)　次のように事象 X，Y を定める。

X：赤玉１個，青玉２個，黄玉１個を選ぶ。

Y：タイプAの袋を選ぶ。

求める確率は $P_X(Y)$ であり

$$P(X\cap Y)=\frac{2}{5}\cdot\frac{{}_5C_1\cdot{}_3C_2\cdot{}_2C_1}{{}_{10}C_4}=\frac{2}{35}$$

また

$$P(X)=P(X\cap Y)+P(X\cap\overline{Y})=\frac{2}{35}+\frac{3}{5}\cdot\frac{{}_4C_2\cdot{}_5C_1}{{}_{10}C_4}=\frac{1}{7}$$

よって，求める確率は

$$P_X(Y)=\frac{P(X\cap Y)}{P(X)}=\frac{2}{35}\cdot7=\frac{2}{5}$$

2 ― 解答

(1) $\dfrac{\log 2}{\log(1+c)}+1\leqq m$

(2) $c\neq d$ のとき，$S_n=\dfrac{1}{d-c}-\dfrac{1}{(d-c)}\left(\dfrac{1+c}{1+d}\right)^n$

$c=d$ のとき，$S_n=\dfrac{n}{1+d}$

(3) $c<d$ が成立すれば，主題の極限は収束して $\displaystyle\lim_{n\to\infty}S_n=\frac{1}{d-c}$

（導出過程の記述は省略）

解説

《無限等比級数》

(2)では，等比数列の和を求める際に，公比 $\dfrac{1+c}{1+d}$ が1か否かで場合を分ける必要がある。(3)についても同様に，公比に注目して収束条件を考えればよい。

(1)　$a_m=1\cdot(1+c)^{m-1}$ であるから

$$(1+c)^{m-1}\geqq 2$$

両辺正より，自然対数を取ると

$$\log(1+c)^{m-1}\geqq\log 2$$

$$(m-1)\log(1+c)\geqq\log 2 \quad\cdots\cdots①$$

$c>0$ より $\log(1+c)>0$ であるから，①の両辺を $\log(1+c)$ で割ると

$$m-1\geqq\frac{\log 2}{\log(1+c)}$$

$$m\geqq\frac{\log 2}{\log(1+c)}+1$$

(2)

$$S_n=\sum_{k=1}^{n}\frac{a_k}{(1+d)^k}=\sum_{k=1}^{n}\frac{(1+c)^{k-1}}{(1+d)^k}$$

$$=\sum_{k=1}^{n}\frac{1}{1+d}\left(\frac{1+c}{1+d}\right)^{k-1}\quad\cdots\cdots②$$

(i)　$\dfrac{1+c}{1+d}=1$ つまり $c=d$ のとき

②より

$$S_n=\sum_{k=1}^{n}\frac{1}{1+d}=\frac{n}{1+d}$$

(ii)　$\dfrac{1+c}{1+d}\neq1$ つまり $c\neq d$ のとき

②より

$$S_n=\frac{\dfrac{1}{1+d}\left\{1-\left(\dfrac{1+c}{1+d}\right)^n\right\}}{1-\dfrac{1+c}{1+d}}=\frac{1}{d-c}\left\{1-\left(\frac{1+c}{1+d}\right)^n\right\}$$

(i), (ii)より

$c \neq d$ のとき，$S_n = \dfrac{1}{d-c} - \dfrac{1}{(d-c)}\left(\dfrac{1+c}{1+d}\right)^n$

$c = d$ のとき，$S_n = \dfrac{n}{1+d}$

(3)　(i)　$c=d$ のとき，$S_n = \dfrac{n}{1+d}$ であるから，$\{S_n\}$ は発散する。

(ii)　$c \neq d$ のとき，$S_n = \dfrac{1}{d-c}\left\{1 - \left(\dfrac{1+c}{1+d}\right)^n\right\}$ であるから，$\{S_n\}$ が収束するための必要十分条件は，$c>0$，$d>0$ より

$$\left|\frac{1+c}{1+d}\right| < 1 \iff c < d$$

このとき，極限値は

$$\lim_{n\to\infty} S_n = \lim_{n\to\infty} \frac{1}{d-c}\left\{1 - \left(\frac{1+c}{1+d}\right)^n\right\}$$

$$= \frac{1}{d-c}(1-0) = \frac{1}{d-c}$$

3　解答　**(1)** $5s^2+10t^2+2st=1$　**(2)** $\sqrt{3-\dfrac{2}{7}\sqrt{73}}$

（導出過程の記述は省略）

解説

《空間ベクトル，線分の長さの最小値》

(2)では，s，t の条件式が 2 次式であり，最小値を求める式に s，t の 1 次式が含まれることから，$-4s-6t=k$ とおいて，s（または t）の 2 次方程式が実数解をもつための条件を求める問題に帰着させる。

(1)　$\overrightarrow{AQ} = s\overrightarrow{AB} + t\overrightarrow{AC}$

$= s(-1,\ 2,\ 0) + t(-1,\ 0,\ 3)$

$= (-s-t,\ 2s,\ 3t)$

$|\overrightarrow{AQ}| = 1$ より $|\overrightarrow{AQ}|^2 = 1$ であるから

$(-s-t)^2 + (2s)^2 + (3t)^2 = 1$

$5s^2 + 10t^2 + 2st = 1$

(2)　$\overrightarrow{PQ} = \overrightarrow{AQ} - \overrightarrow{AP}$

$= (-s-t,\ 2s,\ 3t) - (0,\ 1,\ 1)$

$=(-s-t,\ 2s-1,\ 3t-1)$

よって

$$|\overrightarrow{PQ}|=\sqrt{(-s-t)^2+(2s-1)^2+(3t-1)^2}$$
$$=\sqrt{5s^2+2st+10t^2-4s-6t+2}$$

(1)より，$5s^2+2st+10t^2=1$ ……① であるから

$$|\overrightarrow{PQ}|=\sqrt{-4s-6t+3}$$

ここで，$-4s-6t=k$ とおくと

$$t=-\frac{4s+k}{6} \quad \cdots\cdots ②$$

①，②より

$$5s^2+2s\left(-\frac{4s+k}{6}\right)+10\left(-\frac{4s+k}{6}\right)^2=1$$

展開して s について整理すると

$$146s^2+34ks+5k^2-18=0 \quad \cdots\cdots ③$$

s の2次方程式③の判別式を D とすると，③をみたす実数 s が存在するためには

$$\frac{D}{4}\geqq 0 \iff (17k)^2-146\cdot(5k^2-18)\geqq 0$$
$$\iff k^2\leqq\frac{292}{49}$$
$$\iff -\frac{2\sqrt{73}}{7}\leqq k\leqq\frac{2\sqrt{73}}{7}$$

$$3-\frac{2\sqrt{73}}{7}\leqq k+3\leqq 3+\frac{2\sqrt{73}}{7}$$

ここで，$\dfrac{2\sqrt{73}}{7}<\dfrac{2\sqrt{81}}{7}=\dfrac{18}{7}<3$ より

$$3-\frac{2\sqrt{73}}{7}>0$$

$|\overrightarrow{PQ}|=\sqrt{k+3}$ であるから，求める最小値は $\sqrt{3-\dfrac{2}{7}\sqrt{73}}$

講評

例年通りの出題内容・難易度であり，発展的な問題集・過去問集をこなしていれば高得点が期待できる。**1** は，基本的な問題であり，適切に場合分けを行って数え上げればよい。**2** は，無限等比級数に関する出題であり，公比の条件に注目すれば難なく正答に至る。**3** は，誘導形式となっており，(2)については，２次方程式が実数解をもつための条件に帰着させてとり得る値の範囲を求めればよい。

講評

大問三題。構成は二〇二三年度と同じく、評論文二題と国語常識一題である。

一の評論は、人間にとって有限な「時間を与える」ケアの互酬的な贈与交換について論じた社会論からの出題。文章量は多いものの、具体例も用いた標準的な内容である。設問についても特別難解なものはなく、丁寧に読解すれば解ける問題である。ただし、傍線部からかなり離れた部分が答えになる問題もあるほか、記述問題も複数出題されており、すべての選択肢の正誤を判定させる内容真偽の問題もあるため、焦らずテンポよく解答していく必要がある。

二の評論は、洋の東西や時代によって異なる多様な鳥獣観、自然観の違いを論じた文化論からの出題。一の評論と比べると文章量は三分の二程度だが、それでも一般的な量よりは多く、哲学的・宗教的な思想にも触れており、慣れていない受験生は読解に時間がかかるだろう。ただし、こちらも設問には特別難解なものはなく、丁寧に読解すれば解ける問題である。こちらも複数の記述問題が出題されており、時間配分に注意が必要である。

三の国語常識は、問一が熟語の読み、問二が三字熟語の空所補充である。例年までとは異なり、どちらも熟語の知識を問う漢字の問題であった。ただし、文学史や慣用句の出題にも備えて、広く知識を身につけておく必要がある。

三 解答

問一 (Ⅰ)―イ (Ⅱ)―ア (Ⅲ)―ウ (Ⅳ)―イ (Ⅴ)―エ
問二 (Ⅰ)―オ (Ⅱ)―イ (Ⅲ)―ア (Ⅳ)―ウ (Ⅴ)―オ

解説

問一 (Ⅰ)「常夏」の読みは「とこなつ」。アは「こうじょう」、イは「とこよ」、ウは「じょうせつ」、エは「ひたち」、オは「つねづね」。

(Ⅱ)「華厳」の読みは「けごん」。アは「そうごん」、イは「きんげん」、ウは「げんしゅ」、エは「かいげん」、オは「いげん」。

(Ⅲ)「紺青」の読みは「こんじょう」。アは「せいし」、イは「せいじ」、ウは「ぐんじょう」、エは「せいどう」、オは「あおうめ」または「おうめ」。

(Ⅳ)「遊山」の読みは「ゆさん」。アは「ごうゆう」、イは「ゆぎょう」、ウは「ゆうえい」、エは「ゆうぼく」、オは「ゆうきょう」。

(Ⅴ)「福音」の読みは「ふくいん」。アは「おんぎょく」、イは「はおと」、ウは「ものおと」、エは「しいん」、オは「ねいろ」。

問二 (Ⅰ)「青二才」とは〝年が若く、まだ一人前になっていない男〟という意味。

(Ⅱ)「桃源郷」とは〝俗世間を離れた平和で長閑な理想郷〟という意味。

(Ⅲ)「金字塔」とは〝ピラミッド〟あるいは〝いつまでも値打ちのある大きな業績のたとえ〟という意味。

(Ⅳ)「短兵急」とは〝刀などの短い武器で敵に迫る様子〟から転じて〝性急、にわか〟という意味。

(Ⅴ)「長広舌」とは〝長々とした弁舌（話）〟という意味。

ある。一方、「ダーウィンの進化論」は、「動物」にも「精神」があるとして「人間と動物の同等性」を指摘するもので、「人間中心主義」を否定して覆す考え方である。これらをまとめればよい。

問九 「西洋における東洋思想への反応」に関する筆者の見解を本文中から抜き出す問題である。傍線部を含む一文の直後に「東洋思想は、西洋においてどのように位置づけられてきたのであろうか」という問題提起がなされ、それに続く二つの段落でその具体例が列挙され、「このように」という要約表現で始まる三つ後の段落に「東洋の思想は西洋に伝えられ、まじめに、また場合によっては軽蔑をもって受け止められてきたのである」とある。文末に断定表現を用いていることからもこれが筆者の主張であり、指定字数に合わせて抜き出せばよい。

問十 「重大なトリック」が必要であった理由を説明する問題である。傍線部を含む一文を確認すると、「重大なトリック」とは「殺食肯定・肉食否定の前提」となる「植物は動物と違い意識がなく、無（非）情のもので、食しても無慈悲ではない」という考え方である。仏教では「不殺生」の考え方から「肉食をさける」傾向があるが、人は動植物の摂取なしに「健康に生きていくこと」は難しいため、このトリックによって、〈植物の殺生〉を容認する必要があったのである。よって正答はイである。

問十一 「この思想」が「日本にも普及する」際に、もととなった考え方を説明する問題である。まず「この思想」とは傍線部の段落はじめに書かれている「仏教における不殺生と肉食忌避の思想」である。それが「日本」に「普及する」際の様子については、次の段落に「肉食をやめよとの理由」は「輪廻転生の世界に求められている」とある。また記述の際には同じ段落で「輪廻転生」と並立されている「霊魂不滅」にも言及したい。つまりは〈以前、人間であったかもしれないもの〉の「殺生」や「肉食」を「やめるべき」だと主張しているのである。

問四　「動物に意識があるか」について言及することを禁忌とした理由を説明する問題である。傍線部を含む一文を確認するとわかるように、それは「二〇世紀前半までの動物学者にとって」の禁忌である。傍線部（2）の次段落から空欄（A）の次段落にかけて述べられるように、当時の世相は「中世神学者や知識人」の「人間の自然支配を容認する」思想によって、「動植物を含む自然」を「精神」のない「単なる物質」で「人間に奉仕すべき」存在だとする「人間中心主義」に染まっていた。その中で「動物に意識があるか」と問うことはその思想に疑義を生じさせるものである。よってイが正答である。

問五　文脈によって適する語句を補充する問題である。空欄を含む一文を確認すると、空欄には「植物」に「栄養を与え、保護してくれるものになびき、危害をくわえるものを避け、除去しようとする」「ある種の知覚力」を認めることを拒否する人の立場を表す言葉が入るとわかる。それは「植物」に「精神」を認めない「人間中心主義」的な立場であり、空欄（A）の段落とその前段落に書かれる「デカルト」の「動植物を含む自然」を「精神もなく、生命もなく、物質の延長・運動の次元のみで説明しうる機械的な存在」だとする思想を是とする立場である。したがって、空欄には〈生命は物理化学的法則により説明しつくされる〉とする「機械論」が入る。よって正答はウである。

問六　「ダーウィンの進化論」が近代経済活動で果たした役割を説明する問題である。傍線部の五段落後に「競争と自然淘汰（とうた）」を柱とする「ダーウィンの進化論」は「自由で競争的な市場を舞台として経済活動を推進する、近代資本主義社会の思想的な支柱の一つとなった」と書かれている。よって正答はエである。

問七　「異端」とは〝学説・思想・宗教などが、正統とされるものからはずれていること〟という意味であり、その対義語にあたる言葉は「正統」である。よって正答はオである。

問八　傍線部の内容説明の問題である。設問に「人間と動物との関係性」を踏まえるよう指示があり、「ダーウィンの進化論」と「人間中心主義」のそれをそれぞれまとめる必要があるとわかる。「人間中心主義」についてはこれまでの問いでも見てきたように、「動物」には「精神」がないとして動物に対する「人間の優越性」を正当化する考え方で

要旨

人間は牧畜や栽培といった農耕定住的な生活様式を確立する中で、気候や地形によって異なる食文化や多様な鳥獣観、自然観を形成してきた。西洋では古代ギリシャ哲学に端を発するキリスト教の人間中心主義により、動植物を含む自然を人間に奉仕すべきものとしてきたが、人間と動物の同等性を指摘したダーウィンの進化論がそれを覆し、奇しくも近代資本主義社会を推進させた。一方、仏教徒やヒンドゥー教徒の多い東洋では、不殺生と肉食忌避の思想が根強い。それは霊魂不滅と輪廻転生の思想と相まって、広く日本にも普及し、日本独自の神仏混淆の世界を形成した。

解説

問一　「正鵠を射ている」という慣用句は〝物事の急所・要点を正しくおさえる〟という意味であり、「正鵠」の部分は〝物事の急所・要点〟を指すため、イが正答である。

問二　「そうした」という指示語の指す内容を説明する問題である。傍線部を含む一文を確認すると「そうした違い」は「異なった多様な鳥獣観、自然観を生み出した」ものである。それを踏まえて傍線部の前の段落を確認すると、「人」が「牧畜あるいは栽培といった農耕定住的な生活様式を確立して」いく際に、「地域」の「酷暑」、「極寒」、「温暖」、「多雨」、「乾燥」といった〈気候の差〉や、「山岳」か「沿海」かといった〈地形の差〉によって、得られる動植物に違いがあるため、自ずと「生産方式」や「食文化」にも違いが生じることがわかる。これらをまとめればよい。

問三　文脈によって適する語句を補充する問題である。空欄を含む一文を確認すると、空欄には他の動植物と比較した際の「思惟（しい）する主体」、「理性を持つ人間」の〈優位性〉を補完する言葉が入るとわかり、「帰結」という表現から、それは直前に書かれる「デカルト」の思想につながるものだとわかる。「動植物を含む自然」を「精神」も「生命」もない「単なる物質」だと主張した「デカルト」は、空欄の次の段落にあるように「人間を『自然の王にして占有者』たる位置にとどめよう」とした。つまり「デカルト」の考える「人間」は〈他と比較しえない存在〉である。よってアが正答である。

二

出典　祖田修『鳥獣害――動物たちと、どう向きあうか』〈第6章　人は動物たちと、どう向きあってきたか〉（岩波新書）

解答

問一　イ

問二　人が、各地域の風土に適した作目に力を入れ、独自の主食や副食を選択し、その生産方式を創造し、当地で牧畜あるいは栽培といった生活様式を確立してきたことによって形成された、地域間における食文化の違い。

問三　ア

問四　イ

問五　ウ

問六　エ

問七　オ

問八　これまで自然界を支配する優位的な存在とされてきた人間は、他の動物と同様に、長い進化を経て現在に至っており、人間固有のものとみなされていた「愛」や「感覚」といった感性も、動物もみなもち、なかには人間以上に発達している点も多々あることなどをもとに、人間と動物との同等性を指摘したことを意味する。

問九　まじめに、また場合によっては軽蔑をもって受け止められてきた

問十　イ

問十一　筆者は、仏教なかでも「梵網経（ぼんもう）」の「肉食は、仏性の根本である大慈悲の心を失わせる」という教義の背景にある、人の魂は死後も存続するという霊魂不滅の思想と、人は次の世には、獣や魚といった他のどの生き物に流転し生まれ変わるものかわからず、再び人と生まれ変わっても、誰を父母とするかもわからないという輪廻転生の思想がもとになったと捉えている。

「ときには逆転する」ものであり、受け手によって為し手の「職業的自覚や反省あるいは自己実現が促されることもある」とあるように、〈施設内での人間関係〉といっても様々な意味があるものなのである。よって正答はウである。

問十　本文中での「貨幣」の捉え方として不適切なものを選ぶ内容説明の問題である。「貨幣」については、傍線部を含む一文の次のⓕの段落から三段落で書かれるように、「異なる物と物との間に共約可能性を生みだし交換を可能にする」「抽象的な等価物」であり、「それ自体の価値はなんら毀損されることはなく、商品交換領域のサークルを回りつづける」ものである。よってこれに合致しないオが正答である。

問十一　他者に「時間を与える」という「ケア」の本質が「貨幣」への「還元」を不可能にしている理由を説明する問題である。問六・問七でも確認したように、「時間を与える」ことはすなわち「自らの命を与えること」である。その重さについては、最終段落で述べられている。「ケアされる人」は「ケアする人の労働時間には回収しきれない過剰な『時間を与える』という贈与を受け取る」のである。これに該当するウが正答。

問十二　本文の構成を問う問題である。第一段落から空欄②の段落までは「ケアの概念」について述べており、ⓑの段落からⓔの前段落までは〈純粋贈与と贈与のリレー〉について言及し、ⓔの段落から最終段落までは〈ケアの互酬性〉について論じている。とはいえ、厳密に分かれておらず、相互に乗り入れている部分もあるため、段落冒頭の書き出しに注目して分けるとよい。接続詞や指示語がある場合には前の段落と関連するが、ⓑとⓔの書き出しを見ると、一度それまでの内容をまとめた上で新たに問題提起をしている。よって正答はエである。

問十三　本文全体の内容との内容真偽の問題である。(Ⅰ)は空欄①の前の段落の内容と合致する。(Ⅲ)は最後から二つ目の段落の内容と合致する。一方、(Ⅱ)については傍線部(6)の次の段落の内容と合致しない。「贈与交換を積み重ねてきた歴史」を有するのは「かつての地縁血縁による共同体」であり、「ケアする人とケアされる人との間」にはそれはない。

「ケアの概念が専門家の間で受容された理由」が「これだけではない」としているため、逆接、順接、累加のいずれかが入る。次に空欄②については、空欄②の段落が直前の三つの段落をまとめているため、要約が入ると考えられる。この時点でイが正答の候補となり、最後に、空欄③の段落とその前の段落とが、譲歩逆接の関係になっていることから、イを正答と確定できる。

問六 「時間の不可逆性」が「人間」に及ぼす影響を鑑みながら「ケアの本質」について説明する問題である。これについては、傍線部の次の段落から四つの段落で言及されており、「ケア」とは「『時間を与える』ということ」だが、人間の命には「時間的な制限」があるため、過ぎた時間は元に戻らないという「時間」の性質を考えると、「有限な存在者たる人間」にとって「時間」は「自らの命」そのものであり、「価格にならない価値」を贈与していることになる。これをまとめればよい。

問七 文脈に合う語句を補充する問題である。空欄（A）を含む一文を確認すると、（A）には「『時間を与える』ということ」に「直截(ちょくせつ)に関わって」いる「人間」の性質を表す語句を補充すればよいとわかる。問六の〔解説〕でも述べたように、「時間の不可逆性」によって「時間」が人間の「命」そのものとなるのは、人間が「有限な存在者」であるからである。よって正答はエである。

問八 「ケアを職業としている人たちに共通する経験」を踏まえて、「職業としてのケアの理解」において「互酬性が中心におかれてきた」理由を説明する問題である。「互酬性」とは〈贈与に対して何らかの返礼を行うこと〉であり、「ケアする人の経験からみた互酬性の重要性の理由」については[g]の直前の段落に述べられている。「ケア」=「親切な行ない」に「対価として貨幣で支払うこと」は、その行為を「『サービス』（商品）」に変えるという点で「無償性」と「尊厳」を損なうものであり、「ケアする人」には「ケアされる人」からの「感謝の言葉か笑顔」のような「なんらかの応答」が必要である。このことをまとめればよい。

問九 「多義」とは〝多くの意味（をもつこと）〟という意味。傍線部の直後に「ケアされる人とケアする人との関係」は

問二　「ケアの『与える』こと」に「貨幣で返礼することはできない」理由として不適切なものを選ぶ理由説明の問題である。まず傍線部の直後に、〈ケアの返礼に貨幣を使えない〉のは「友人の親切な行ないにたいしてお金を支払うものがいないのと同じだ」とあることから、「ケア」は「親切な行ない」に読み替えられる。そして本文後半、ⓖの前の段落に、「親切な行ない」に「対価として貨幣を差しだすこと」は「人の『親切』を『サービス』（商品）に変えてしまう」（アに合致）うえに「親切な行ないをした者をチップを受けとる『召使い』に貶め」（エに合致）、その行為の「無償性」と「尊厳」を「大きく損なう」（ウ・オに合致）ことだとある。よってこれらに合致しないイが正答である。

問三　筆者の「ケアを職業とする領域」の捉え方を説明する問題である。筆者は第十一段落から第十三段落にかけて「サービス」と「ケア」との違いに言及している。「サービス」は「匿名の他者にたいして、一律にあらかじめ決められた所定の関わり」を持ち「貨幣とのダイレクトな等価交換」を可能とするが、「ケア」は「特定の『誰か』に向けられる援助」を本質とする「相互的で人間的な関わり」のある「互酬性をもった贈与交換」だと筆者は言う。そして「ケアに関わる職業」を「『サービス』というカテゴリーでは回収しきれない、倫理性を求められる職業」であると主張している。よって正答はオである。

問四　中国の絵本『しんせつなともだち』に描かれる「贈与」と「クラ交易」との相違点を説明する問題である。「クラ交易」の特徴については、空欄③で始まる段落とそれに続く二段落に書かれている。「クラ交易」は「閉じた共同体のなかで」行われる「循環する」「一般交換」の典型例であり、「交易のパートナーと顔をつきあわせ儀礼的な交渉をまじえた交換」である。一方、絵本に描かれる「贈与」については、空欄③で始まる段落の後の二段落にあるように、「共同体の外部からの純粋な贈与」＝「贈与の一撃」によって「最初の贈与」が起こり、「お互いに顔を合わせてはいない」ために、受領も返礼も求められないことがその特徴である。これらをまとめればよい。

問五　文脈に合う接続詞を補充する問題である。まず空欄①については、この後で、直前の二つの段落に書かれている

問七　エ

問八　互酬性が中心におかれてきたのは、ケアを職業として他者と関わる人にとっては、そのことを目的としているわけではないが、ケアされる側からの感謝の言葉や笑顔やそれにかわる何らかの応答が不可欠であるから。

問九　ウ

問十　オ

問十一　ウ

問十二　エ

問十三　(Ⅰ)—○　(Ⅱ)—×　(Ⅲ)—○

要旨

自己を放棄し他者のために専心没頭する「ケア」は互酬性のある贈与交換であり、自己犠牲や献身を強いる精神主義的な「感情労働」とも、貨幣と等価交換される経済効率主義的な「サービス」とも異なる。ケアとは不可逆的な「時間を与える」こと、つまり有限な存在者たる人間が自らの命を与えることである。ケアする人は労働時間の報酬として賃金を受け取るが、ケアされる人には貨幣に還元できない過剰な贈与を受け取る「負い目」があり、ケアという親切な行為の無償性と尊厳を担保するため、ケアする人への感謝の言葉や笑顔のような応答を求められる。

解説

問一　「専心」という言葉の本文中での意味として不適切なものを選ぶ内容説明の問題である。「専心」の定義は傍線部(2)の三つ後の段落で述べられている。「自己と他者との境界線を失い、他者のうちに、そしてその状況のうちに、我を忘れて身を投ずること」とあるのにイ・ウが合致する。また、「全身全霊でその行為に打ちこんでおり、そのとき自己を省みることはなく、その意味において、専心とは自己の放棄を意味する」とあるので、ア・オが合致し、エは合致しない。したがってエが正答である。

国語

（注）解答は、東京理科大学から提供のあった情報を掲載しています。

一

出典　矢野智司『歓待と戦争の教育学――国民教育と世界市民の形成』〈第7章　ケアの倫理と純粋贈与――ケアのマチュアリズムを讃えて〉（東京大学出版会）

解答

問一　エ

問二　イ

問三　オ

問四　•絵本『しんせつなともだち』の世界での出来事は、クラ交易が閉じた共同体の中での贈与交換であるのとは異なって、仲間意識や見返りによって贈られたのではない、共同体の外部からの純粋な贈与として捉えることができるという違い。

•絵本『しんせつなともだち』の動物たちは、クラ交易が交易のパートナーと顔をつきあわせ儀礼的な交渉をまじえた交換であるのとは異なって、お互いに顔を合わせておらず、受けとる義務もお返しの義務もなく、一般交換が成立しているのではないという違い。

問五　イ

問六　ケアの本質とは、人間が、他の事柄にも費やすことができたはずの、一度きりの戻ってこない時間を割いて、特定の「誰か」に与えることにあると捉えている。

////////////////////// · memo · //////////////////////

////////////////////// · memo · //////////////////////

//////////////////// · memo · ////////////////////

//////////////////// · memo · ////////////////////

//////////////////// ・memo・ ////////////////////

2023年度

問題と解答

■B方式

問題編

▶試験科目・配点

学科	教科	科目	配点
経営	外国語	コミュニケーション英語Ⅰ・Ⅱ・Ⅲ，英語表現Ⅰ・Ⅱ	100点※
	数学	数学Ⅰ・Ⅱ・A・B	100点※
	国語	国語総合・現代文B	100点※
国際デザイン経営	外国語	コミュニケーション英語Ⅰ・Ⅱ・Ⅲ，英語表現Ⅰ・Ⅱ	200点
	数学	数学Ⅰ・Ⅱ・A・B	100点
	国語	国語総合・現代文B	100点
ビジネスエコノミクス	外国語	コミュニケーション英語Ⅰ・Ⅱ・Ⅲ，英語表現Ⅰ・Ⅱ	100点
	数学	数学Ⅰ・Ⅱ・A・B	100点
	数学・国語	「数学Ⅰ・Ⅱ・Ⅲ・A・B」，「国語総合・現代文B」から1科目選択	100点

▶備考

※経営学科は，受験した3科目のうち，高得点の2科目はそれぞれの得点を1.5倍に換算，その上で，残り1科目の得点を加え，計400点満点とする。

- 英語はリスニングおよびスピーキングを課さない。
- 数学Bは「数列」「ベクトル」から出題。
- 国語総合は古文・漢文を除く近代以降の文章。

英語

(80分)

1　次の英文を読んで以下の問いに答えなさい。＊印をつけた語句には下に[注]があります。

(経営学科・ビジネスエコノミクス学科は36点，国際デザイン経営学科は72点)

Standard English* is the variety taught to children in schools, used in prestigious institutions such as the government, the law, the BBC*, and the language of the printed medium. It is a fixed* variety, intolerant of variation, and is used throughout the population of English users, irrespective (1) geography.

However accustomed we may be (2) this situation, it is an artificial one, since human language is naturally prone to variation and change. We can see <u>this</u>(X) if we consider only the spoken language, which exists in <u>numerous</u>(a) different dialects* spoken across Britain and the English-speaking world. These varieties of English vary (3) terms of their pronunciation (accent), grammar, and vocabulary. Standard English is simply one such dialect, albeit* one which has been <u>accorded</u>(b) a much higher social status than any other.

[Y] this, many people today insist that Standard English is <u>inherently</u>(c) superior. Such a view implies a misunderstanding of a standard language, which is simply an agreed norm* that is selected in order to facilitate* communication. We might compare Standard English (4) other modern standards, such as systems of currency, weights and measures, or voltage. No one system is inherently better than another; the benefit is derived from the <u>general</u>(d) adoption of an established set of norms.

Another useful analogy* is with the rules of the road. There is no reason why driving on the left (as in England) should be preferred over driving on the right-hand side (as on the continent and in the USA). The key reason to choose one over another is to <u>ensure</u>(e) that everyone is driving on the same side of the road.

The application of the adjective *standard* to refer to* language is first recorded in the eighteenth century, a development of its earlier use to refer to classical literature. A desire to associate English literature with the Classics* prompted* a wish to see the English language <u>achieve</u>(f) a standard form. This ambition was most clearly articulated* by Jonathan Swift*: 'But the English Tongue is not arrived to such a degree of Perfection, as to make us apprehend* any Thoughts of its Decay*; and if it were once refined* to a certain Standard, perhaps there might be Ways found out to fix it forever' (*A Proposal for Correcting, Improving and Ascertaining the English Tongue**, 1712). By the nineteenth century, the term Standard English referred specifically to a prestige variety, spoken only by the upper classes, yet viewed as a benchmark* against which the majority of native English speakers were measured and <u>accused of</u>(g) using their language incorrectly.

The identification of Standard English with the elite classes was overtly* drawn by H. C. Wyld, one of the most influential academic linguists of the first half of the twentieth century. Despite <u>embarking on</u>(h) his philological* career as a neutral observer, for whom one variety was just as valuable as another, Wyld's later work clearly identified Standard English as the <u>sole</u>(i) acceptable form of usage*: 'It may be called Good English, Well-bred English, Upper-class English.' These applications of the phrase Standard English reveal a <u>telling</u>(j) shift from the sense of standard signalling 'in general use' (as in the phrase 'standard issue*') (5) the sense of a level of quality (as in the phrase 'to a high standard').

From this we may discern that Standard English is a relatively recent phenomenon, which grew out of an eighteenth-century anxiety about the status of English, and which prompted a concern for the codification* and 'ascertaining', or fixing, of English. Before the eighteenth century, dialect variation was the norm, both in speech and in writing.

［注］

Standard English 「標準英語」 the BBC 「英国放送協会」
fixed 「固定した，不変の」 dialect 「(地域・社会)方言」
albeit 「(…である)けれども」 norm 「規範，模範」
facilitate 「容易にする」 analogy 「類似，類比」
refer to 「(…に)言及する」 Classics 「(古代ギリシア・ローマの)古典」
prompt 「誘発する」 articulate 「はっきりと言葉で述べる」
Jonathan Swift 「ジョナサン・スウィフト(1667-1745)」(アイルランド生まれの英国の作家；主著『ガリバー旅行記』)
apprehend 「((やや古))理解する，(危険などを)感知する」
decay 「衰え，退化」 refine 「洗練する，改良する」
A Proposal for Correcting, Improving and Ascertaining the English Tongue 「英語を正し，改良し，確実なものにするための提言」(引用された文章では主要な名詞の最初の文字は大文字で表記されています)
benchmark 「(価値判断などの)基準」 overtly 「公然と」
philological 「文献学の，言語学の」 usage 「言葉の使い方」
standard issue 「(軍人などに与えられる)標準装備」
codification 「(規則などの)成文化，体系化」

(1) 下線部(a)～(j)の各語(句)と最も近い意味の語(句)をそれぞれ1～4から一つ選び，その番号を**解答用マークシート**にマークしなさい。

(a) numerous

1 genuine　2 influential
3 many　4 rich

(b) accorded

1 contrasted　2 deprived
3 given　4 removed

出典追記：The English Language : A Very Short Introduction by Simon Horobin, Oxford University Press

(c) inherently

1 at large 2 by nature

3 in point 4 with luck

(d) general

1 detailed 2 partial

3 vague 4 widespread

(e) ensure

1 guarantee 2 idealize

3 oppose 4 synchronize

(f) achieve

1 abolish 2 attain

3 modify 4 monopolize

(g) accused of

1 accompanied with 2 blamed for

3 praised for 4 sympathized with

(h) embarking on

1 completing 2 excluding

3 sacrificing 4 starting

(i) sole

1 favoured 2 minimum

3 only 4 ordinary

(j) telling

1 diverse 2 ironical

3 significant 4 trivial

(2) 文中の空所(1)～(5)を本文の内容に合うように埋めるのに，最も適切な語をそれぞれ1～4から一つ選び，その番号を**解答用マークシート**にマークしなさい。

(1) 1 from 2 into 3 of 4 to

(2) 1 at 2 for 3 of 4 to

(3)	1 above	2 in	3 on	4 to
(4)	1 for	2 of	3 through	4 with
(5)	1 from	2 of	3 on	4 to

(3) 下線部(X)が指している内容として最も適切なものを1～4から一つ選び，その番号を**解答用マークシート**にマークしなさい。

1 Children learn Standard English at school.

2 Language is likely to vary.

3 Standard English is spoken in many different parts of the world.

4 Standard English is the best variety.

(4) 文中の空所[Y]を本文の内容に合うように埋めるのに，最も適切な語(句)を1～4から一つ選び，その番号を**解答用マークシート**にマークしなさい。

1 According to　　2 Because of

3 Despite　　4 On account of

(5) 本文の内容に最も近い文をA～E群の1～4からそれぞれ一つ選び，その番号を**解答用マークシート**にマークしなさい。

A群

1 Regional varieties of English are taught at school and used in national broadcasting.

2 Standard English is assumed to be an established variety of English which is unlikely to change and is used without regional restriction.

3 Standard English is used all over the world, and, because of this, it does not have any variations.

4 The use of Standard English is encouraged in broadcasting such as the BBC, but not in publications of newspapers and magazines.

B群

1 English dialects spoken in Britain and other English-speaking

communities differ in pronunciation, grammar, and vocabulary.

2 Many English speakers take pains to adjust their pronunciation to that of Standard English.

3 Standard English is much simpler than dialects of English in pronunciation, grammar, and vocabulary.

4 Written English has a high status because its varieties do not differ in spelling.

C群

1 For many reasons, driving on the left as in England is better than driving on the right as in the U.S.A.

2 Just as the metric system is fundamentally no better than other systems of measurement, Standard English is not superior to other dialects of English.

3 Language systems and systems of currency are similar in that one system is chosen among others by novelists and scholars.

4 One benefit of setting the standard for systems such as currency and weights is to accelerate competition among different systems.

D群

1 In the seventeenth century obtaining a standard form of English was much debated.

2 The adjective *standard* was used in the nineteenth century to describe the quality of English as a language.

3 The desire of Jonathan Swift was to set a norm of English, according to which English could be compared in social status with other modern languages.

4 The movement of standardizing English was followed by the movement of identifying English literature with the Classics.

E群

1 Before the eighteenth century, various dialects in written and spoken English were accepted as they were, and the attempt to standardize English was not made until the twentieth century.

2 H. C. Wyld's idea shows that Standard English was meant to be the variety of a high quality.

3 It is evident from what H. C. Wyld and Jonathan Swift said that the British elite were indifferent to the status of English.

4 Throughout his life, H. C. Wyld, a philologist, considered Standard English as precious as other variants of English.

2 次の英文を読んで以下の問いに答えなさい。＊印をつけた語句には下に[注]があります。

（経営学科・ビジネスエコノミクス学科は34点，国際デザイン経営学科は68点）

A scientific review* of insect numbers suggests that 40% of species are undergoing "dramatic rates of decline*" around the world. The study says that bees, ants and beetles are disappearing eight times faster than mammals, birds or reptiles. But researchers say that some species, such as houseflies and cockroaches*, are likely to <u>boom</u>(a). The general insect decline is being caused by intensive agriculture, pesticides* and climate change.

Insects make up the majority of creatures that live on land, and provide key <u>benefits</u>(b) to many other species, including humans. They provide food for birds, bats and small mammals; they pollinate* around 75% of the crops in the world; they <u>replenish</u>(c) soils and keep pest* numbers (1) check. Many other studies in recent years have shown that individual species of insects, such as bees, have suffered huge declines, particularly in developed economies. But this new paper takes a broader look. Published in the journal Biological

Conservation, it reviews 73 existing studies from around the world published over the past 13 years. The researchers found that declines in almost all regions may lead to the extinction of 40% of insects over the next few decades. One-third of insect species are classed as Endangered.

"The main factor is the loss of habitat(d), [X] agricultural practices, urbanisation and deforestation," lead author* Dr Francisco Sánchez-Bayo, from the University of Sydney, told BBC News. "Second is the increasing use of fertilisers and pesticides in agriculture worldwide and contamination with chemical pollutants of all kinds. Thirdly, we have biological factors, such as invasive* species and pathogens*; and fourthly, we have climate change, particularly in tropical areas where it is known to have a big impact."

Some of the highlights of study include the recent, rapid decline of flying insects in Germany, and the massive drop (2) numbers in tropical forests in Puerto Rico, linked to rising global temperatures. Other experts say the findings are "gravely sobering*". "It's not just about bees, or even about pollination and feeding ourselves — the declines also include dung beetles* that recycle waste and insects like dragonflies that start life in rivers and ponds," said Matt Shardlow from UK campaigners* Buglife. "It is becoming increasingly obvious our planet's ecology is breaking and there is a need for an intense and global effort to halt(e) and reverse these dreadful trends. Allowing the slow eradication* of insect life to continue is not a rational option."

The authors are concerned about the impact of insect decline up along the food chain*. With many species of birds, reptiles and fish depending on insects as their main food source, it's likely that these species may also be wiped out(f) as a result. While some of our most important insect species are in retreat, the review also finds that a small number of species are likely to be able to adapt to changing conditions and do well. "Fast-breeding pest insects will probably thrive(g) because of the warmer conditions, because many of their natural enemies, which breed more slowly, will disappear," said Prof Dave Goulson from the University of Sussex who was not involved in the review.

"It's quite plausible that we might end up (　3　) plagues* of small numbers of pest insects, but we will lose all the wonderful ones that we want, like bees and hoverflies and butterflies and dung beetles that do a great job of <u>disposing of</u>(h) animal waste."

Prof Goulson said that some tough, adaptable, generalist species — like houseflies and cockroaches — seem to be able to live comfortably in a human-made environment and have evolved resistance (　4　) pesticides. He added that while the overall message was <u>alarming</u>(i), there were things that people could do, such as making their gardens more insect friendly, not using pesticides and buying organic food. More research is also badly needed as 99% of the evidence for insect decline comes from Europe and North America (　5　) almost nothing from Africa or South America.

Ultimately, if huge numbers of insects disappear, they will be replaced but it will take a long, long time. "If you look at what happened in the major extinctions of the past, they spawned massive adaptive radiations* where the few species that <u>made it through</u>(j) adapted and occupied all the available niches* and evolved into new species," Prof Goulson told BBC News. "So give it a million years and I've no doubt there will be a whole diversity of new creatures that will have popped up* to replace the ones wiped out in the 20th and 21st centuries. "Not much consolation* for our children, I'm afraid."

［注］

review「再検討，再調査」　decline「(量・数などの)減少」

cockroach「ゴキブリ」　pesticide「殺虫剤，除草剤」

pollinate「(花・植物などに)授粉する」　pest「有害な(小)動物・虫」

lead author「筆頭著者」　invasive「(在来種を)侵食している」

pathogen「病原菌」　sobering「まじめにさせる」

dung beetle「食糞コガネムシ」

campaigner「(社会・政治などの)運動家」

eradication「根絶，撲滅」　food chain「食物連鎖」

出典追記：Global insect decline may see 'plague of pests', BBC News on February 11, 2019 by Matt McGrath plague 「(害虫などの)異常発生」

adaptive radiation 「適応放散」(多様な環境に適応するかたちで系統が分岐して多様化する進化の現象)

niche 「生態的地位，ニッチ」(生物群集中で特定の動植物の占める位置，または生態的役割)

pop up 「急に現れる」　consolation 「慰め」

(1) 下線部(a)～(j)の各語(句)と最も近い意味の語(句)をそれぞれ1～4から一つ選び，その番号を**解答用マークシート**にマークしなさい。

(a) boom

1 diminish　　2 evolve

3 proliferate　　4 roar

(b) benefits

1 advantages　　2 discomfort

3 finance　　4 risks

(c) replenish

1 harden　　2 renew

3 scrap　　4 waste

(d) habitat

1 atmosphere　　2 custom

3 food　　4 home

(e) halt

1 discontinue　　2 emphasize

3 participate　　4 strengthen

(f) wiped out

1 exterminated　　2 nourished

3 protected　　4 raised

(g) thrive

1 depart　　2 prosper

3 return　　4 stay

(h) disposing of

1 getting rid of　　2 making little of

3 putting up with　　4 running out of

(i) alarming

1 disappointing　　2 frightening

3 reassuring　　4 relaxing

(j) made it through

1 completed　　2 disguised

3 globalized　　4 survived

(2) 文中の空所(1)~(5)を本文の内容に合うように埋めるのに, 最も適切な語をそれぞれ1~4から一つ選び, その番号を**解答用マークシート**にマークしなさい。

(1)	1 at	2 in	3 of	4 on
(2)	1 at	2 in	3 on	4 with
(3)	1 at	2 of	3 to	4 with
(4)	1 of	2 on	3 to	4 with
(5)	1 at	2 from	3 of	4 with

(3) 文中の空所[X]を本文の内容に合うように埋めるのに, 最も適切な語句を1~4から一つ選び, その番号を**解答用マークシート**にマークしなさい。

1 contrary to　　2 due to

3 for the sake of　　4 in spite of

(4) 本文のタイトルとして最も適切なものを1~4から一つ選び, その番号を**解答用マークシート**にマークしなさい。

1 Cockroaches and dung beetles may thrive while others decline

2 Friendly insects will help sustain our planet's ecology

3 Global insect decline may see a 'plague of pests'

4 What disaster will climate change bring into the insect world?

(5) 本文の内容に最も近い文をA～E群の1～4からそれぞれ一つ選び，その番号を解答用マークシートにマークしなさい。

A群

1 A scientific study suggests that more than a third of insect species are disappearing because mammals, birds and reptiles prey on them.

2 Insects are essential for birds, bats and small mammals as food, but they give nothing but harm to humans.

3 Insects comprise the majority of creatures on land, and, according to scientific research, some insects are decreasing in number, while others will grow vigorously.

4 The decline rate in the number of houseflies and cockroaches is much higher than that of bees, ants and beetles.

B群

1 About thirty percent of the insect species which are at a risk of becoming extinct are bees and flying insects.

2 Birds and small mammals rely on insects for their food, and people also rely on them because about three quarters of pollination of the crops is done by insects.

3 Some insect species such as bees have undergone devastating declines in developing countries, but not in developed countries.

4 The researchers warn that 40% of insects have become extinct and more insects will become extinct in the near future.

C群

1 A campaigner from Buglife insists that there is enough global effort to tackle the problems of the decline of bees, the lack of pollination affected by the decline and possible food shortage caused by the lack.

2 Among primary reasons for insect declines are intensive agriculture, the use of chemicals to kill them and global warming.

3 Matt Shardlow is so optimistic about the future of the earth's ecology as to advise us not to worry too much.

4 One of the important findings of the recent study is that the decline of flying insects in Germany is caused by warm weather in Puerto Rico.

D群

1 According to Professor Goulson, insect species such as bees and hoverflies can resist harmful substances such as pesticides.

2 In spite of the general decline of insect species, pest insects will grow well because they are more adaptive to warmer environments and breed more quickly than their predators.

3 Professor Goulson insists that growing crops without using pesticides and buying organic vegetables are beneficial for healthy life.

4 Professor Goulson thinks it is probable that not only pest insects but also a lot of human-friendly insects will disappear in the end.

E群

1 It is expected by Professor Goulson that a diversity of new species will appear in our children's lifetimes even though a large number of insect species are dying out now.

2 Professor Goulson expects that extinctions of a lot of insect species will trigger the appearance of new insect species.

3 Professor Goulson warns us of massive insect declines because, once an insect species dies out, a similar one will never come into existence.

4 Recent studies investigate insect declines worldwide, both in developed and developing countries, only excluding some in Central America.

3　以下の各文は下線部1～4のどれか一つに文法・語法上の誤りがあります。その箇所を選び，その番号を**解答用マークシート**にマークしなさい。
（経営学科・ビジネスエコノミクス学科は10点，国際デザイン経営学科は20点）

(1) There is only one secret in writing a children's book, which <u>is to make</u>[1] a hero <u>experience</u>[2] adventures in such a way <u>which</u>[3] he appears courageous <u>enough for</u>[4] children to adore.

(2) The Japanese yen has declined to <u>its</u>[1] lowest level <u>against</u>[2] the US dollar <u>since</u>[3] August 1998, <u>prompted</u>[4] the government to weigh action.

(3) Now <u>that</u>[1] the library has been renovated and <u>has</u>[2] more books, we ask users to <u>fill in</u>[3] a questionnaire about the library, and we look forward to <u>hear</u>[4] their opinions.

(4) I think the question is <u>that</u>[1] fifty billion dollars <u>is enough</u>[2] for defense spending, and if we think <u>so</u>[3], we <u>need only get</u>[4] approval from the Parliament.

(5) No sooner <u>had</u>[1] the news of discovery of a new asteroid become known to the public <u>before</u>[2] the telephone in the observatory started <u>ringing</u>[3], and the chief astronomer was <u>scheduled for</u>[4] an official interview with the press.

4 次の各文の(　　)にそれぞれ1～4から最も適切な語(句)を選び，その番号を**解答用マークシート**にマークしなさい。
(経営学科・ビジネスエコノミクス学科は20点，国際デザイン経営学科は40点)

(1) There's good news for our company. The management has (　　) another idea that is sure to expand our business internationally.

1 broken up　　2 cleared off
3 cut down　　4 hit on

(2) Don't worry. It's not your fault. He (　　) his mind over such small matters from time to time.

1 does away with　　2 gives rise to
3 goes out of　　4 takes part in

(3) Humphrey (　　) when he heard the 9 o'clock news regarding the crash of the stock market. He immediately called his colleague in a panic.

1 fell out of his chair　　2 kept his fingers crossed
3 made himself at home　　4 was beside himself with joy

(4) I couldn't help but (　　) what destiny might bring my brother when he gave up his job and started an IT business with his friends.

1 call for　　2 look after　　3 put off　　4 think of

(5) We need the security guards to be on their highest alert (　　) during the G7 summit this summer.

1 at all costs　　2 for a change
3 out of place　　4 with open arms

(6) When elected, the new Mayor held a press conference and talked

(　　) about his project of encouraging young couples to move into the city and making the community more lively.

1 at length　2 for good　3 in nature　4 on average

(7) When my boss allowed me to go overseas to talk to our potential customers, I promised that I would keep him (　　) of any progress.

1 confirmed　2 deprived　3 informed　4 warned

(8) He was meant to come round and tell me his troubles. (　　) I was doing most of the talking. He just sat there very quietly.

1 As it were,　2 It turned out that

3 That being the case,　4 There was no knowing that

(9) After a slight pause, the president (　　) and calmly announced that she would step down and the board of directors would choose a new president.

1 cleared her throat　2 couldn't believe her ears

3 lived hand to mouth　4 lost her nerve

(10) I am not a person to (　　). I like to say what I have to say in as few words as possible.

1 beat around the bush　2 build a castle in the air

3 cry over spilt milk　4 kill two birds with one stone

数学

◀数学Ⅰ・Ⅱ・A・B▶

（60分）

1　文章中の ア から ス までに当てはまる 0 から 9 までの数を求めて，解答用マークシートの指定された欄にマークしなさい。ただし，□□ は 2 桁(けた)の数，□□□ は 3 桁(けた)の数である。（30点）

整数に対する次の条件を考える。

条件 A：5 の倍数である

条件 B：7 の倍数である

条件 C：11 の倍数である

(1)　1 以上 2023 以下の整数で，条件 A と条件 B のいずれも成り立つような数の個数は アイ である。

(2)　1 以上 2023 以下の整数で，条件 A は成り立つが，条件 B は成り立たないような数の個数は ウエオ である。

(3)　1 以上 2023 以下の整数で，条件 A と条件 B のいずれも成り立つが，条件 C が成り立たないような数の個数は カキ である。

(4)　1 以上 2023 以下の整数で，条件 A は成り立つが，条件 B と条件 C のいずれも成り立たないような数の個数は クケコ である。

(5)　整数に対する次の条件を考える。

条件 D：5 の倍数であるが，7 の倍数でない

条件 E：7 の倍数であるが，11 の倍数でない

条件 F：5 の倍数であるが，11 の倍数でない

1 以上 2023 以下の整数で，条件 D, 条件 E, 条件 F のうち少なくとも一つの条件が成り立つような数の個数は サ シ ス である。

2 この問題の解答は解答用紙の **2** の解答欄に記入しなさい。 (30 点)

a, b, c, d を実数とし，$f(x) = ax^3 + bx^2 + cx + d$ とおく。関数 $f(x)$ は $x = -1$ と $x = 1$ で極値をとり，曲線 $y = f(x)$ は 2 点 $\left(0, \frac{1}{2}\right), \left(\frac{1}{2}, 0\right)$ を通るとする。このとき，次の問に答えよ。

(1) a, b, c, d の値を求めよ。

(2) 関数 $f(x)$ の極大値と極小値の差の絶対値を求めよ。

(3) 2 点 $(-1, f(-1)), (1, f(1))$ を通る直線の方程式を $y = g(x)$ とする。$g(x)$ を求め，曲線 $y = f(x)$ と直線 $y = g(x)$ で囲まれた部分の面積 S を求めよ。

3 (**1**) から (**3**) までは，文章中の ア から ヌ までに当てはまる 0 から 9 までの数を求めて，**解答用マークシートの指定された欄にマーク**しなさい。ただし，□ は 1 桁(けた)の数，□□ は 2 桁(けた)の数，□□□□ は 4 桁(けた)の数であり，分数は既約分数として表しなさい。また，根号を含む解答では，根号の中に現れる自然数は最小になる形で答えなさい。(**4**) では，文章中の ネ から ハ までで，それぞれの解答群からあてはまるものを選んで，**解答用マークシートの指定された欄にマーク**しなさい。 (40 点)

(**1**) 次の漸化式によって定められる数列 $\{a_n\}$ がある。

$$a_1 = 1,\quad a_{n+1} = \frac{a_n + 4}{a_n + 1} \quad (n = 1, 2, 3, \cdots\cdots)$$

各 $n = 1, 2, 3, \cdots\cdots$ に対して，$b_n = \dfrac{a_n + 1}{a_n + 2}$ とおくと，

$$b_1 = \frac{\boxed{ア}}{\boxed{イ}},\quad b_{n+1} = -\frac{\boxed{ウ}}{\boxed{エ}}b_n + \boxed{オ} \quad (n = 1, 2, 3, \cdots\cdots)$$

が成り立つ。このことから，

$$a_n = -\frac{\boxed{カ} + \boxed{キ}(-3)^n}{\boxed{ク} - (-3)^n} \quad (n = 1, 2, 3, \cdots\cdots)$$

が成り立つ。

(**2**) 条件

$$16(\log_4 a)^3 - 9(\log_8 a)^2 - 52\log_{16} a - 30\log_{32} 2 = 0$$

を満たすような正の実数 a を求めると，$a = \dfrac{\boxed{ケ}}{\boxed{コ}},\ \dfrac{\sqrt{\boxed{サ}}}{\boxed{シ}},\ \boxed{ス}$ である。

(**3**) 工場 A，工場 B，工場 C で，ある製品が製造されている。工場 A，工場 B，工場 C で製造される製品の割合は 6 : 9 : 5 である。工場 A は 3 %，工場 B は 1 %，工場 C は 2 % の確率で，不良品を製造することがわかっている。取り出

した1つの製品が工場A，工場B，工場Cによって製造されたものであるという事象をそれぞれ A, B, C で表すこととして，この取り出した製品が不良品であるという事象を E とする。このとき，事象 E の確率 $P(E)$ は

$$P(E) = \frac{\boxed{セ}\boxed{ソ}}{\boxed{タ}\boxed{チ}\boxed{ツ}\boxed{テ}}$$

となる。製品全体の中から1個の製品を無作為に取り出すとする。取り出した製品が不良品であるという条件の下で，その製品が工場Aによって製造されたものである確率 $P_E(A)$ は

$$P_E(A) = \frac{\boxed{ト}\boxed{ナ}}{\boxed{ニ}\boxed{ヌ}}$$

となる。

(4) 47都道府県の幸福度の順位 x と経済指標の順位 y の変数の組を (x_i, y_i) $(i = 1, 2, \cdots\cdots, 47)$ で表す。幸福度と経済指標のいずれの順位においても，都道府県ごとに1から47までの順位が重複なく割り当てられるとして，次の問に答えよ。

(a) $f_i = y_i - x_i$ として，x と y の相関係数 r を，f_i を用いて表すと，$\boxed{ネ}$ である。

ネの解答群

⓪ $-1 + \dfrac{1}{8648}\displaystyle\sum_{i=1}^{47} f_i^2$　① $1 - \dfrac{1}{8648}\displaystyle\sum_{i=1}^{47} f_i^2$

② $-1 + \dfrac{1}{17296}\displaystyle\sum_{i=1}^{47} f_i^2$　③ $1 - \dfrac{1}{17296}\displaystyle\sum_{i=1}^{47} f_i^2$

④ $-1 + \dfrac{1}{34592}\displaystyle\sum_{i=1}^{47} f_i^2$　⑤ $1 - \dfrac{1}{34592}\displaystyle\sum_{i=1}^{47} f_i^2$

(b) $x_i = y_i$ $(i = 1, 2, \cdots\cdots, 45)$, $x_i \neq y_i$ $(i = 46, 47)$ のとき，r の最大値は $\boxed{ノ}$ であり，最小値は $\boxed{ハ}$ である。

ノ，ハの解答群

⓪ $-\frac{71}{94}$　① $\frac{71}{94}$　② $-\frac{165}{188}$　③ $\frac{165}{188}$

④ $-\frac{4323}{4324}$　⑤ $\frac{4323}{4324}$　⑥ $-\frac{8647}{8648}$　⑦ $\frac{8647}{8648}$

◀数学Ⅰ・Ⅱ・Ⅲ・A・B▶

(80分)

1

この問題の解答は 1 **の解答用紙**に記入しなさい。

(30点)

4つの袋 A, B, C, D がある。A には白球4個と赤球6個, B には白球5個と赤球5個, C には白球6個と赤球4個, D には白球7個と赤球3個がそれぞれ入っている。ここで大きさの異なる2つのサイコロを振り, 出た目の和が2または3のとき A から, 4, 5, 6 のいずれかのとき B から, 7, 8, 9 のいずれかのとき C から, 10, 11, 12 のいずれかのとき D から, 同時に2つの球を取り出す。次の問いに答えなさい。

(1) 取り出した球が白球2つである確率を求めなさい。

(2) 取り出した球が赤球1つと白球1つである確率を求めなさい。

(3) 取り出した球が白球2つであったとき, どの袋から取り出された確率が最も高いか答えなさい。

2

この問題の解答は 2 **の解答用紙**に記入しなさい。

(30点)

a を負の定数とする。次の問いに答えなさい。

(1) $f(x) = x^2 + ax + 1$ とする。方程式 $f(x) = 0$ が実数解をもつような a の値の範囲を求めなさい。

(2) $g(x) = x^4 + (a+12)x^3 + (12a+28)x^2 + (27a+12)x + 27$ とする。方程式 $g(x) = 0$ が3つの異なる実数解をもつような a の値を求めなさい。

(3) **(2)** で求めた a の値を用いて, x がすべての実数値を動くとき, $g(x)$ の最小値を求めなさい。

3　この問題の解答は **3** **の解答用紙**に記入しなさい。

(40 点)

a を正の定数，t を $0 < t < \dfrac{\pi}{2}$ であるような定数とする。
$f(x) = \dfrac{2a\cos x}{\cos^2 x + a^2 \sin^2 x}$ $\left(0 \leqq x \leqq \dfrac{\pi}{2}\right)$ が $x = t$ で極大であるとき，次の問いに答えなさい。

(1)　$f(x)$ を微分しなさい。

(2)　a のとり得る値の範囲を求めなさい。

(3)　$f(t)$ を，a を用いて表しなさい。

(4)　$\displaystyle\int_0^t f(x)dx$ を，a を用いて表しなさい。

（Ⅰ）中島敦　（Ⅱ）太宰治　（Ⅲ）大岡昇平
（Ⅳ）松本清張　（Ⅴ）埴谷雄高

〔**選択肢**〕

ア　『虚無への供物』　**イ**　『俘虜記』　**ウ**　『死霊』　**エ**　『山月記』
オ　『恩讐の彼方に』　**カ**　『伊豆の踊子』　**キ**　『或る「小倉日記」伝』　**ク**　『斜陽』

三

次の設問に答えなさい。（10点）

問一　次に掲げる（Ⅰ）～（Ⅴ）の慣用句の□部分にあたる漢字を、選択肢**ア**～**オ**の中からそれぞれ一つ選んで、その記号を**解答用マークシート**にマークしなさい。

（Ⅰ）食□を動かす　（Ⅰの選択肢）　**ア** 指　**イ** 味　**ウ** 寝　**エ** 舌　**オ** 覚

（Ⅱ）地□を固める　（Ⅱの選択肢）　**ア** 舗　**イ** 帆　**ウ** 穂　**エ** 保　**オ** 歩

（Ⅲ）□線に触れる　（Ⅲの選択肢）　**ア** 七　**イ** 琴　**ウ** 明　**エ** 条　**オ** 交

（Ⅳ）一□地を抜く　（Ⅳの選択肢）　**ア** 等　**イ** 島　**ウ** 頭　**エ** 塔　**オ** 刀

（Ⅴ）画餅に□す　（Ⅴの選択肢）　**ア** 帰　**イ** 刻　**ウ** 成　**エ** 託　**オ** 推

問二　次に掲げる（Ⅰ）～（Ⅴ）の文学者による**作品名**を、選択肢**ア**～**ク**の中からそれぞれ一つ選んで、その記号を**解答用マークシート**にマークしなさい。

し続ける状況に対応することが重要である。

エ　「生命」は環境と絶えず相互作用しながら、さしあたりの知覚データを手がかりに、的確な行為を迅速に生成していく。

オ　「生命」にとって必要な任務は、柔軟に、予測不可能な世界に在り続けることである。

問十　次の文章（Ⅰ）～（Ⅳ）のうち、本文の内容に合うものを〇とし、本文の内容に合わないものを×として、その記号をそれぞれ**解答用マークシート**にマークしなさい。

（Ⅰ）ドレイファスは、その著書『コンピュータには何ができないか』で、ＧＯＦＡＩの限界を特定した。

（Ⅱ）マーヴィン・ミンスキーは「人工知能は科学がいままでに直面した最大の難問だ」としていたが、その後、「あと一世代もすれば『人工知能』をつくるという課題は実質的に解決するだろう」と述べた。

（Ⅲ）人工ニューラルネットワークを使うという「コネクショニズム」が脚光を浴びたのは、九〇年代からである。

（Ⅳ）ウィトゲンシュタインの講義「数学の哲学」では、ウィトゲンシュタインとチューリングとの間で、「計算」の概念の理解をめぐる熱い論戦が交わされていた。

ア ロボットを逍遥させる
イ 制御系を並行して動かさない
ウ 表象を捨てる
エ 内部モデルを構築する
オ 昆虫の真似をする

問七 傍線部（4）「身体性」、傍線部（5）「状況性」とあるが、筆者はそれぞれをどのような意味で用いているか、文脈に即して**解答用紙**に説明しなさい。なお、**解答に際しては、「身体性」「状況性」の二語を必ず用い、それぞれの語を□で囲むこと。**

問八 傍線部（6）「コネクショニズム」には、どのような特徴があるか、「認知主義」と対比しつつ、**解答用紙**に説明しなさい。

問九 傍線部（7）「『生命』」とあるが、本文において筆者は「生命」をどのようなものと捉えているか、**不適切なもの**を選択肢**ア**〜**オ**の中から一つ選んで、その記号を**解答用マークシート**にマークしなさい。
ア 「生命」は外界の精密な現象をとらえ、外界の忠実なモデルを内面に構築して行動する。
イ 「生命」にとっては、世界を描写すること以上に世界に参加することが大切である。
ウ 「生命」においては、前もって固定された問題を解決するだけでなく、環境に埋め込まれた身体を用いて、変動

問四　空欄 ① 、 ② に当てはまる語としてもっとも適切な組み合わせはどれか、選択肢**ア**～**オ**の中から一つ選んで、その記号を**解答用マークシート**にマークしなさい。

ア　① 決断　② 運動
イ　① 考慮　② 指令
ウ　① 生成　② 計算
エ　① 知覚　② 行為
オ　① 動作　② 制御

問五　傍線部（3）「包摂する」とあるが、この言葉の意味について、もっとも適切なものを、選択肢**ア**～**オ**の中から一つ選んで、その記号を**解答用マークシート**にマークしなさい。

ア　ある一定の範囲に含むこと。
イ　異なるものをひとつにすること。
ウ　心広く受け入れること。
エ　異なる価値観を許容すること。
オ　未練なく完結させること。

問六　空欄 （B） に当てはまる言葉としてもっとも適切なものを、選択肢**ア**～**オ**の中から一つ選んで、その記号を**解答用マークシート**にマークしなさい。

するのか、**解答用紙**に説明しなさい。

問二 傍線部（2）「やがて人工知能研究が直面することになる困難を、ある面では正しく予告していたのだ」とあるが、人工知能研究において、その困難を乗り越えるためには何が必要だったと筆者は述べているか。もっとも適切なものを、選択肢**ア**〜**オ**の中から一つ選んで、その記号を**解答用マークシート**にマークしなさい。

ア 機械には、刻々と変化する状況に参加できる身体が必要である。

イ 機械を文脈のなかに固定し、与えられた問題を解く以上のことができないようにする設定が必要である。

ウ 機械に関する形式的な規則を、最初に措定することが必要である。

エ 機械を想定された規則の枠に縛りつけ、その外に出さないようにすることが必要である。

オ 機械のために、人間の知能を構成する諸規則の列挙が必要である。

問三 空欄 **（A）** に当てはまる言葉としてもっとも適切なものを、選択肢**ア**〜**オ**の中から一つ選んで、その記号を**解答用マークシート**にマークしなさい。

ア 外界のモデルをあらかじめ構築する

イ 明示されない規則にも従う

ウ 複雑な認知過程の全体を圧縮する

エ 制御系を層状に組み立てる

オ 知能を状況に埋め込まれたものとして理解する

れる「身体性」や「状況性」を重視する立場だ。ここでは、心を閉じた記号処理系としてでも、ニューラルネットワークとしてでもなく、時間とともに変容していく身体的な行為と不可分なものとして見る。

ブルックスが指摘した通り、全身の感覚器官を用いていつでも現実世界にアクセスできる主体にとって、外界の忠実なモデルを内面に構築する必要はない。世界のことは、世界それ自身が正確に覚えていてくれるのだ。とすれば、認知主体の仕事は、外界の精密な表象をこしらえることではなく、むしろ、環境と絶えず相互作用しながら、さしあたりの知覚データを手がかりに、的確な行為を迅速に生成していくことにこそある。生命にとって、世界を描写すること以上に大切なのは、世界に参加することなのである。

あらかじめ固定された問題を解決するだけでなく、環境に埋め込まれた身体を用いて、変動し続ける状況に対応しながら、柔軟に、しなやかに、予測不可能な世界に在り続けること。それこそが、人間、そしてあらゆる生物にとって、もっとも切実な仕事だという洞察がここに芽生える。数学の問題を解くことより、チェスで人を打ち負かすより、猫の画像を認識することより大切な生物の任務は、何よりもその場にいることなのである。

チューリングは、計算において身体や環境が果たす役割を一旦捨象することによって、純粋な計算を理論的に抽出することに成功した。だが、人工知能研究の様々なアプローチからの試行錯誤を経て、徐々に浮かび上がってきたのは生物の知性が、身体や環境から切り離されたものではなく、いかにこれと雑（ま）ざり合っているかだ。純粋な計算の概念から出発した認知科学の探究はこうして、猥雑（わいざつ）で雑音にまみれた（7）「生命」に再び鉢合わせたのである。

（森田真生（もりたまさお）氏『計算する生命』〈二〇二一年刊〉に基づく。ただし、省略部分がある。）

問一　傍線部（1）「計算していることと、計算しているように見えることは違う」とあるが、これはどのようなことを意味既存の人工知能研究の流れに、「(4)身体性」と「(5)状況性」という二つの大きな洞察をもたらしたのである。

かつて「認知とは計算である」という仮説から出発した人工知能と認知科学の探究だが、より人間らしい知能に迫っていこうとする試行錯誤のなかで、様々な新しい研究手法が編み出されてきた。

計算機それ自体を心のモデルとみなす当初のアプローチはしばしば「認知主義」と呼ばれる。認知科学の誕生以後、七〇年代までは認知主義が主導する時代が続いた。ところが、八〇年代になると「(6)コネクショニズム」が脚光を浴びる。これは、人間の脳を模倣した人工ニューラルネットワークを使って、心のメカニズムに迫っていこうとする方法である。

認知主義のもとでは、人間の知能のうち、主として抽象的な問題解決の能力に光が当たる。たとえば、パズルの解決や情報の検索、あるいは論理的な推論などは、「記号操作としての心」という発想と相性がいい。このとき、問題となるのはあくまで知能を実現するソフトウェアであり、ハードウェアやそれを取り巻く環境は副次的な役割しか与えられない。コネクショニズムは、固定された記号の代わりに、人工ニューラルネットワークの内部状態を表象とみなす。認知主義がもともと、計算や論理的推論など、比較的高度な認知能力を範型(はんけい)としていたのに比べると、コネクショニズムは、パターン認識や行動の生成など、人間だけではない多くの動物にも共通に見られる、よりプリミティブな課題を重視する傾向がある。

さらに、認知主義では記号処理の過程が環境から閉ざされていたのに対し、コネクショニズムは、外部との相互作用に開かれている。ただ、ネットワークへの入力は設計者が一方的に決定するから、「外部」は、あくまであらかじめ固定されている。みずから現実世界に働きかけて環境と相互作用できる身体を持たない点で、ここで想定されている主体もまた、認知主義の場合と同じく、現実から切り離され、宙に浮いたままだ。

認知主体は、自分と独立の外界を、記号、もしくはニューラルネットワークの内部状態等を使って表象している——認知主体の内面と外界を画然と分かつこうしたデカルト的な二元論を乗り越えていこうとするのが、ブルックスのロボットに代表さ純な運動制御を担う。物体に触れたり、センサが近くで物を検知したりすると、それを避けるための動きがここで生成される。いちいち外界のモデルを作るわけではないので、この計算は瞬時に終わる。中間層は、ロボットをただあてもなく逍遥（しょうよう）させる。中間層が動いている間も、下層の制御系は動き続けるので、中間層は物体との衝突についていちいち考慮する必要はない。最上層は、目標となる行き先を探し、これに向かって進む動作の指令を出す。目当てが特にないときは、中間層の指示に従い、ロボットは辺りを彷徨（さまよ）う。上層が新たな行き先を見つけると、動作が切り替わり、上層からの指令が動きを支配する。その間、引き続き下層の制御系も動き続けるため、上層は、物体との衝突について考慮する必要がない。

こうして、一つの中枢で身体全体を統御する代わりに、何層もの制御系が互いを包摂しながら並行して動き続けることで、ブルックスのロボットは外界のモデルを構築しないまま、速やかに実世界を動き回ることができた。彼はこれを「包摂アーキテクチャ」と名づけた。

着想の源は昆虫である。昆虫はどう見ても、当時のどんなロボットより巧みに動いていた。神経細胞の数から推定すれば、昆虫の計算能力は、当時の計算機と大差ないはずだった。にもかかわらずなぜ、昆虫にできることがロボットにはできないのか。この問いを掘り下げていくなかで、ブルックスは［　（B）　］というアイディアにたどり着いたのだ。

実世界で起きていることを感じるためのセンサと、動作を速やかに遂行するためのモータがあれば、外界のことをいちいち記述する必要はない。外界の三次元モデルを詳細に構築しなくても、世界の詳細なデータは、世界そのものが保持していてくれるからだ。あとは必要なときに、必要なだけの情報を、そのつど世界から引き出せばいい。ブルックスの巧みな表現を借りれば、「世界自身が、世界の一番よいモデル」なのである。

ブルックスはかくして、生命らしい知能を実現するためには「身体」が不可欠であること、そして、知能は環境や文脈から切り離して考えるべきものではなく、「状況に埋め込まれた」ものとして理解されるべきであると看破した。そうして彼は、このロボットは、映像をカメラから読み込んでは部屋の三次元モデルを構築し、モデルに基づいて運動計画を立てた後、やっと動き出す仕組みになっていた。十五分ほど計算しては一メートル進み、さらに計算してはまた動く。ロボットを制御している中央の計算機が、同僚の研究で使われているときは、十五分の計算が数時間に及ぶこともあった。誰かが研究室を横切り、障害物の配置が変われば、計算は一からやり直しである。物を避けながら部屋を横切るだけで何時間もかかる機械。それが、当時最先端のロボットの現実だったのだ。これを見たブルックスは、何かを根本的に変える必要があると痛切に感じた。

いくつかの研究室を渡り歩きながら修行を重ねたブルックスは、一九八四年についに、MITで自分の研究チームを発足させる。そこで、ロボットを制御するための新しい設計について、原理的な考察を始めた。そして、問題は「ロボットが動くためには、（A）必要がある」というそれまでの科学者の思い込みにある、という結論に達した。

外界の情報を知覚して内部モデルを構築し、計画を立ててから動く。そのプロセスにあまりにも時間がかかりすぎる。そこで一連の長々しい過程を、二つのステップに圧縮してはどうか。すなわち、複雑な認知過程の全体を、①と②の二つのステップにまとめてしまうのである。間に挟まるすべてを丸ごと抜き取る大胆不敵なアイディアだ。ブルックス自身の言葉でいえば、「これまで人工知能の『知能』と思われてきたものを、すべて省く」ことにしたのだ。

表象したり考えたりする過程は、速やかな行為のためには障害である。問題は、表象なき知性というこの大胆な着想を、いかにして実装するかだった。

彼は、次のような機構を考えた。ロボットの行動のための制御系を、下層から上層へと、互いを包摂する（3）層状に組み立てていくのだ。

最初に作ったロボット「アレン」の制御系は、全部で三層から構成されていた。最下層は、物体との衝突を避けるための単性は生まれない。壁を乗り越えるためには、形式的な規則の存在をあらかじめ措定（そてい）するのとは別のアプローチで、人間の知能を語る試みが必要である。このとき鍵となるのは、刻々と変化する状況に参加できる身体ではないか。目的と意図を持った、身体的な行為こそが知能の基盤にあることを、もっと重く見るべきだとドレイファスは説いた。

　身体を持つ機械を作る――これが人工知能を実現する確実な手段だという考えは、生前のチューリングにもあった。とはいえ、当時の技術ではまだ「実行不可能」と考え、まずは最低限の身体で可能な課題に焦点を絞ることにした。「脳だけの」機械でどこまでできるかを、とにかくやってみようというのだ。

　ところが、八〇年代までには、「脳だけ」のアプローチは明らかに行き詰っていた。そのため、チューリングが一旦捨てることにした「身体」を再び舞台に乗せて、膠着（こうちゃく）状態を切り抜けようとする動きが出てくる。突破口を開いた先駆者の一人が、オーストラリア出身の若きロボット工学者、ロドニー・ブルックスである。

　オーストラリアのアデレードで生まれたブルックスは、南オーストラリアのフリンダース大学で、数学の博士課程を中退した後、機械オタクだった少年時代の夢を追いかけ、スタンフォード大学の助手として科学者ハンス・モラベックのもとにたどり着いた。いまでこそ掃除ロボット「ルンバ」の生みの親として知られ、ロボット界を牽引（けんいん）するカリスマとして活躍しているブルックスだが、当時はまだ無名の若者にすぎない。

　一方のモラベックは、すでに一風変わった研究者としてスタンフォードで独自の地位を築きはじめていた。彼は当時、研究室の屋根を支える垂木（たるき）の上に小さな寝室をつくり、そこで寝起きしながら研究に没頭していた。頭のなかにはいつも壮大なアイディアが渦巻いていた。実世界を自由に動き回れるロボットも、彼の思い描く夢の一つだった。

　とはいえ、夢の華やかさに比べて、現実に動くロボットは地味だった。彼が開発に携わっていたのは、スタンフォードの「カート」と呼ばれるロボットで、障害物を避けながら、部屋の隅から隅まで移動することをひとまずの目標としていた。

たとえばカルダーノやボンベリが虚数の解を導出したときのように、意外な計算結果を導出してしまったときにも、人はその意味を問い、結果の正しさについて、みずから問い直すことができる。意図と目的を欠いた自動機械にすぎないチューリング機械にはこれができない。機械にとって記号には何の意味もなく、したがって計算の結果の正誤について、みずから吟味する余地がないからである。正しい結果と間違った結果の区別ができないとすれば、それは果たして計算と呼べるのか。結局、意図と目的の欠落した機械は、計算などしていないのではないか。

チューリング機械は、計算する人間にほかならない――このウィトゲンシュタインの意外な主張の背景には、規則に従うことをめぐる彼の徹底した考察があった。そして、こうした一連の考察と議論は、(2)やがて人工知能研究が直面することになる困難を、ある面では正しく予告していたのだ。

まだ六〇年代の時点では、人工知能の先駆者たちは、未来を楽観的に予測していた。一九六七年にマーヴィン・ミンスキーは、「あと一世代もすれば『人工知能』をつくるという課題は実質的に解決するだろう」とまで豪語していた。ところが、その十五年後には同じ彼が、「人工知能は科学がいままでに直面した最大の難問だ」と、現状が「解決」から程遠いことを認めずにはいられない状況に追い込まれていた。

人間の知能を構成する諸規則を余すことなく列挙することで、まるで人間のように知的な機械をプログラムしようとした当初の人工知能研究は、現在では「古きよき人工知能（ＧＯＦＡＩ）」と呼ばれる。八〇年代に突入する頃には、ＧＯＦＡＩは袋小路に入り込んでいた。規則を列挙するやり方では、機械はあらかじめ想定された規則の枠（フレーム）に縛られ、その外に出ることができない。ＧＯＦＡＩは固定された文脈のなかで、与えられた問題を解く以上のことができないままになっていたのだ。

七二年に発表した著書『コンピュータには何ができないか』で、哲学史を紐（ひも）解き、ウィトゲンシュタインの規則をめぐる議論などを参照しながら、ＧＯＦＡＩの限界を特定したのはドレイファスである。明示された規則に従うだけでは、自律的な知をうけて、新たな学問として都市社会学が生まれた。

（Ⅴ）　集合的消費とは、道路、学校、集合住宅、文化施設など、公共的な性格をもつ消費手段を消費することをいう。

二

次の文章を読んで、後の設問に答えなさい。（40点）

一九五六年に学問としての人工知能が本格的に動き出したとき、哲学者ウィトゲンシュタインはもうこの世にいない。したがって、彼が直接、人工知能批判を展開することはなかった。だが、一九三九年にケンブリッジで開かれたウィトゲンシュタインの講義「数学の哲学」には、数学者のチューリングが出席していて、そこでしばしば、ウィトゲンシュタインとの間に、「計算」の概念の理解をめぐって、熱い論戦が交わされていた。チューリングによって定式化された計算の概念からは、人間がほぼ完全に捨象されている。意識や身体を持つ人間がそこにいなくとも、明示された規則に統制された記号操作は、それ自体が計算であるというのがチューリングの考えだった。

ところが、ウィトゲンシュタインはこの点で、チューリングとは異なる見解だった。彼は、チューリング機械（チューリングが考案した仮想的な計算機）は少しも計算していないと主張するのだ。

「チューリングの〈機械〉。これらの機械は、実は計算する人間にほかならない。」

このように語るウィトゲンシュタインにとって、計算機は、そろばんや紙や鉛筆が計算していないのと同じように、せいぜい計算する人間を補助する道具でしかない。(1)計算していることと、計算しているように見えることは違う。明示された規則に合致した記号操作だけでは、計算と呼べないというのだ。

問十一　傍線部（7）「新たな大都市の見取り図」とあるが、カステルは米国の大都市についてどのような見取り図を描いたと筆者は考えているか、もっとも適切なものを、選択肢**ア**～**オ**の中から一つ選んで、その記号を**解答用マークシート**にマークしなさい。

ア　移民が集住して再活性化している地域の内側に、貧困化した労働者やマイノリティの居住地が形成される。

イ　中央ビジネス地帯には指令・管理的活動が集中し、経済・政治・文化の中心として、上流階級が居住する。

ウ　田園地域では生活と労働のパターンが個人本位化・多様化し、それは市の境界を越えて不規則に拡散していく。

エ　貧困化した労働者やマイノリティの居住地の内側は、ジェントリフィケーションされた上流階級の居住地になっている。

オ　指令・管理的活動が集中する中央ビジネス地帯の周辺は衰退が続き、貧困化した労働者やマイノリティが居住する。

問十二　次の文章（Ⅰ）～（Ⅴ）のうち、本文の内容に合うものを○とし、本文の内容に合わないものを×として、その記号をそれぞれ**解答用マークシート**にマークしなさい。

（Ⅰ）　都市の空間が重要な生産物のひとつになっていることを最初に指摘したのは、フランスの社会学者デヴィッド・ハーヴェイである。

（Ⅱ）　レギュラシオン学派と呼ばれる経済学者たちは、生産と消費の両面から、現代資本主義において自動車産業が果たした役割を定式化した。

（Ⅲ）　第二次大戦後、空襲により市街地の大半が焼き払われた日本の都市以上に、兵士の帰還によりベビーブームが始まった米国の方が、住宅不足が深刻であった。

（Ⅳ）　一九八〇年代半ばに、都市論や東京論などと呼ばれるジャンルのエッセイや評論が注目されるようになったの

【図】

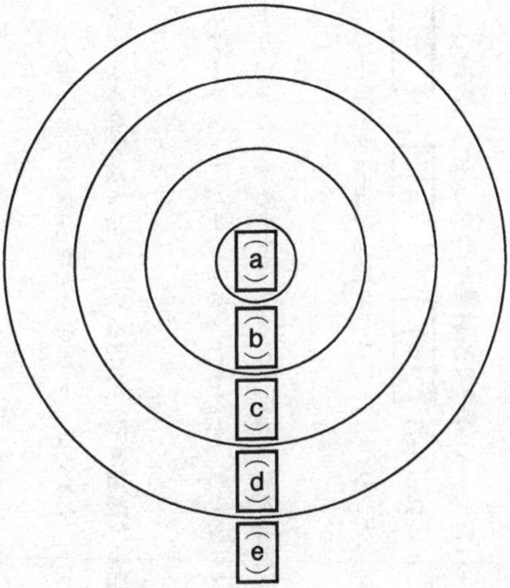

［選択肢］

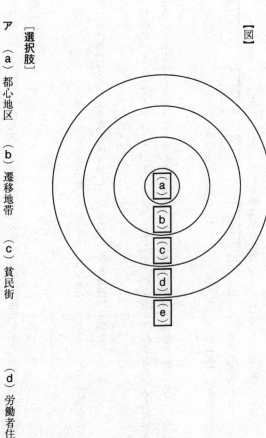

ア　(a)都心地区　(b)遷移地帯　(c)貧民街　(d)労働者住宅地帯　(e)住宅専用地帯
イ　(a)都心地区　(b)貧民街　(c)労働者住宅地帯　(d)通勤者住宅地帯　(e)同心円地帯
ウ　(a)都心地区　(b)工場地帯　(c)遷移地帯　(d)労働者住宅地帯　(e)通勤者住宅地帯
エ　(a)都心地区　(b)貧民街　(c)工場地帯　(d)通勤者住宅地帯　(e)住宅専用地帯
オ　(a)都心地区　(b)遷移地帯　(c)労働者住宅地帯　(d)住宅専用地帯　(e)通勤者住宅地帯

ア　①　あるいは　②　いわば　③　そもそも
イ　①　はじめに　②　しかし　③　要するに
ウ　①　さて　②　また　③　だから
エ　①　ところで　②　そのため　③　すなわち
オ　①　それでは　②　つまり　③　とはいえ

問七　傍線部（3）「都市社会学」とあるが、カステルは都市社会学を考える上で、なぜ資本主義と結びつけたのか、**解答用紙**に説明しなさい。

問八　傍線部（4）「大量生産と大量消費が、ベルト・コンベア・システムと相対的な高賃金によって結びついた」とあるが、具体的にはどのような方法を指しているのか、**解答用紙**に説明しなさい。

問九　傍線部（5）「アーネスト・バージェス」とあるが、バージェスによって始められた研究はどのように呼ばれることがあるか、本文中より句読点を含め十字以上十五字以内で**解答用紙**に抜き出しなさい。

問十　傍線部（6）「都市の空間構造を図式化していた」とあるが、次の【図】はそれを示すものである。空欄［（a）］、［（b）］、［（c）］、［（d）］、［（e）］に当てはまる言葉の組み合わせとしてもっとも適切なものを、選択肢ア～オの中から一つ選んで、その記号を**解答用マークシート**にマークしなさい。

選んで、その記号を**解答用マークシート**にマークしなさい。

ア　(D) 居住　(E) 生活
イ　(D) 消費　(E) 生産
ウ　(D) 人口　(E) 産業
エ　(D) 民族　(E) 日常
オ　(D) 労働　(E) 開発

問五　傍線部(2)「資本主義が発展する過程で、利潤率はしばしば低下傾向を示しがちである」とあるが、利潤率の低下を避けるためにはどのような方法があると筆者は考えているか、**不適切なもの**を、選択肢**ア**〜**オ**の中から一つ選んで、その記号を**解答用マークシート**にマークしなさい。

ア　生産手段を開発途上国などから安く仕入れ、購入費用を抑える。
イ　国や自治体が、家賃の安い公営住宅をたくさん供給する。
ウ　派遣労働者などを雇うことで、労働者の賃金を引き下げる。
エ　国や自治体が無料の保育所や学校を作り、子育ての支援をする。
オ　労働者が個人で住宅を建て、子どもの世話や教育を担うように促す。

問六　空欄［①］、［②］、［③］に当てはまる語句としてもっとも適切な組み合わせはどれか、選択肢**ア**〜**オ**の中から一つ選んで、その記号を**解答用マークシート**にマークしなさい。

ア　印象主義
イ　実証主義
ウ　大衆主義
エ　当事者主義
オ　集産主義

問二　空欄 (A) 、 (B) 、 (C) に当てはまる言葉としてもっとも適切な組み合わせはどれか、本文全体を読んで、選択肢**ア**～**オ**の中から一つ選んで、その記号を**解答用マークシート**にマークしなさい。

ア　(A) 生活の場　(B) 経済の場　(C) 大量消費の集合的表現
イ　(A) 労働力の場　(B) 利潤の場　(C) 都市空間の同心円的表現
ウ　(A) 再生産の場　(B) 流通の場　(C) 企業活動の理論的表現
エ　(A) 消費の場　(B) 生産の場　(C) 社会構造の空間的表現
オ　(A) 目的の場　(B) 手段の場　(C) 市民階級の生産的表現

問三　傍線部 (1) 「『自己維持本能と生殖本能』という説明に傾きがちだった」とあるが、マルクスの考えにおいて、どのような点が軽視されていたと筆者は考えているか、**解答用紙**に**二点**説明しなさい。

問四　空欄 (D) 、 (E) に当てはまる言葉としてもっとも適切な組み合わせはどれか、選択肢**ア**～**オ**の中から一つ

　これに対してルフェーブルは、都市空間は資本主義のダイナミズムと階級対立によって形成されると主張した。彼によると、都市とはそもそも「地所の上への社会の投影」であり、都市空間は、それぞれにみずからの利害を求める諸階級の戦略によって形成される。この階級戦略は、一般に分離をねらう傾向があり、このためユダヤ人、黒人、知識人、労働者、上流階級などが、それぞれに居住区を形成する。こうした空間形成の上部構造にあたるのが、都市計画である。建築家は望むと望まざるとにかかわらず、人々の所得や規範、価値意識に応じて建築するから、結果的にはこうした階級の分離を促進する。だから「都市計画とはおのずと階級の都市計画である」。

その背後には、資本主義の延命をねらう、支配階級の意図も働いている。諸階級の空間的な分離は、結果的に労働者階級を都市の周辺へと分散させ、その管理・支配をやりやすくした。しかも、空間の生産は資本に大きな利益をもたらし、利潤率の低下を食い止める働きをした。これらのことが、ヒューマニズムとテクノロジーの外観をもった都市計画を通じて進められたのである（ルフェーブル『都市への権利』『都市革命』『空間と政治』）。

　このように、一見すると植物群落の動態と同じ生態学的なプロセスのようにもみえる都市の構造の変化の背後には、利害を異にする諸階級のせめぎ合いが作用しているのである。

（橋本健二（はしもとけんじ）氏『階級都市―格差が街を侵食する―』〈二〇一一年刊〉に基づく。ただし、省略部分がある。）

＊1　ジェントリフィケーション…都市においてもともとは比較的低所得層が居住していた地域が、再開発などによって活性化し、その地域の質と価値が高まる現象のこと。

問一　空欄 **（Ⅰ）** に当てはまる言葉としてもっとも適切なものを、選択肢**ア**～**オ**の中から一つ選んで、その記号を**解答用マークシート**にマークしなさい。

これをみるとカステルが、バージェスの図式をいくつかの点で継承しながら、グローバル・シティーへの中枢機能の集中、分極化による富裕層と貧困層の増大、移民の増大といった新しい事態をふまえて、(7)新たな大都市の見取り図を描こうとしていることがよくわかる。

ヨーロッパの都市の場合はどうか。カステルは、この米国の都市について述べた部分のような、はっきりした図式を示していないが、エリート階級の住む中心都市を取り巻く郊外地域は、社会的に多様で、いくつもの周辺地域に分断されているという。伝統的な労働者階級の持家住宅地、若く所得が低い中間階級が住むニュータウン、移民や貧困層が住む公営住宅団地、などである（同上書）。

いずれにしても、所属する階級と住む場所の間には対応関係があり、異なる階級の人々は別の場所に住むという、一種の棲(す)み分けの構造があるということである。それでは、このような対応関係は、どのようにして形成されるのだろうか。

バージェス自身は、この点についてあまり詳しく説明していないが、おおむね次のような過程が想定されている。遷移地帯は都市のかつての外周であり、住宅は老朽化し、生活環境は悪化している。都市に流入してきて、最初はこの地域に住んでいた人々は、よりよい住環境を求めて外側の地域へ脱出していくが、その際に勤務先の近くに住んで交通費を節約しようとする人々は、遷移地帯のすぐ外側に住む。これに対して、自家用車をもつなど交通費を負担できる人々は、さらにその外側の良好な環境の場所に住む。前者が労働者住宅地帯で、後者が住宅専用地帯である。

そして移住することのできない貧困層は取り残されて、都市へ流入してきたばかりの人々とともに遷移地帯に住み続けるのである。ここには明らかに、荒野に出現した植物群落が、拡大するうちに複数の植物種からなる同心円状の構造を示すようになるという、生態系モデルからの着想がみてとれる。このため彼に始まる都市研究は、人間生態学または都市生態学と呼ばれることがある。

族中心主義的だとして切り捨てる。たしかにこの理論は、成長速度が速かった米国の都市の多くにはあてはまるのだが、他の国の条件の違う都市では、多くの場合あてはまらない。

たとえばヨーロッパの都市では、エリート階級が中心部の排他的な居住地域に住み、都市の文化や歴史を占有してしまう傾向がある。むしろ労働者階級や新中間階級の下層部分が、郊外に居住しているのである。おそらくここには、富裕な市民が城壁の内側に、下層階級が外側に住むという、城壁都市の伝統がかかわっているだろう。

バージェスの誤りは、どこにあったか。それは都市空間の形成を、植物生態学からの着想で、あたかも自然現象のように扱ったことである。たしかに新大陸の新興工業都市であるシカゴのように、何の歴史的制約もなく、どこの土地も安く利用でき、市場の論理だけが貫徹する都市なら、このようなモデルも通用するかもしれない。

しかし現実の多くの都市では、歴史的に与えられた条件と、社会構造、国家の介入、それぞれの場所に付与されたイメージなどが、空間の構造を決定するのである。しかも近年では、経済のグローバル化が、ここに新たな変化を付け加えている。このような視点に立つ以上、カステルの都市空間に関する仮説は、バージェスの同心円地帯論のように幾何学的で単純なものとはなりえない。しかも国や都市による違いも無視できない。彼が米国の大都市について述べているところを、枝葉を切り落として要点だけまとめてみよう（カステル『都市・情報・グローバル経済』）。

中央ビジネス地帯には指令・管理的活動がますます集中し、経済・政治・文化の中心としての性格を強める。この周辺に、ジェントリフィケーション[*1]された上流階級の居住地が形成される。これを取り巻いた地域は衰退が続き、貧困化した労働者やマイノリティが居住する地域となっている。ただしその一部には、移民が集まって再活性化している地域もある。都市のさらに周辺には、市の境界を越えて郊外が続き、そこでは生活と労働のパターンが、ますます個人本位化し多様化するようになっている。さらに外側の田園地域・準田園地域にも、活動や居住の場が不規則に拡散しつつある。

彼によると都市は、社会構造が空間に投影されたものである。したがって都市を研究することは、空間という視点から社会構造を研究することである。見方を変えれば、社会構造によって空間が形成される過程を研究することである。このことを彼は、「空間の変化は社会構造における変化の明細書として分析されなければならない」と表現している（カステル「都市社会学は存在するか」）。

都市空間には社会構造が投影されているという、この視点そのものは新しいものではない。すでに一九二〇年代、米国の社会学者である(5)アーネスト・バージェスが、シカゴでの研究をもとに、(6)都市の空間構造を図式化していた（パークほか『都市』）。

まず中心にあるのは、ループとも呼ばれる都心の中央ビジネス地区である。都心を取り巻くように、古くからのゴミゴミした街並みがあり、一部は貧民街になっているが、都市の成長とともに都心に飲み込まれていく。移り変わりの激しい地域という意味で、バージェスはこれを遷移地帯と呼ぶ。また都心に隣接した輸送の便のいい場所には、工場地帯も生まれる。この外側に隣接した工場地帯への通勤に便利な場所には、労働者住宅地帯ができる。さらに外側には、都心へ通勤する新中間階級が住む、環境の良い住宅地である住宅専用地帯が発展する。またさらに外側には、郊外や衛星都市の通勤者住宅地帯が形成される。これが社会学の入門書によく出て来る、同心円地帯理論である。

あくまでも単純化されたモデルだが、この同心円状の空間構造は、明らかに社会の格差の構造と対応している。中心から順番に、ビジネス街、衰退していく貧民街、労働者階級の住宅地、新中間階級の住宅地。いちばん外側の通勤者住宅地帯の性格について、バージェスははっきりしたことを述べていないが、一部に高級住宅地を含みながらも、住宅専用地帯よりはややランクの劣る住宅地が点在する地域と考えていいだろう。レヴィットタウンや郊外の団地は、ここに含まれる。

しかしカステルは、バージェスの同心円地帯理論を、研究の出発点を与えるものとしては評価するが、ただちにこれを自民譲住宅が、新規着工住宅の七五%までを占めたという。デイヴィッド・ハルバースタムは、レヴィットタウン建設に中心的な働きをしたウィリアム・レヴィットを、「ヘンリー・フォードの大量生産方式を住宅建設に持ち込んだ男」であり、「アメリカの世紀の最初にして最大の人物がヘンリー・フォードとするならば、これに次ぐ人物は、ウィリアム・レヴィットといえるだろう」と評している（ハルバースタム『ザ・フィフティーズ』）。

レヴィット社の手法は日本にも導入され、東急、三井、西武などの不動産資本が、大規模な建売住宅団地を建設するようになった。しかし土地の絶対量が少ない日本の場合、より重要なのは郊外に作られた集合住宅形式の大規模団地だろう。空襲によって市街地の大半を焼き払われた日本の都市では、米国以上に住宅不足が深刻だった。ともかく絶対量が不足していたから、比較的収入の多い新中間階級でも、ある時期までは長屋暮らしや間借りが普通だった。この状況を変えたのが、団地建設である。

一九五五年に設立された住宅公団は、翌五六年、大阪の金岡団地と千葉の稲毛団地を皮切りに2DKを中心とした大規模団地の建設を始め、最盛期の六〇年代後半から七〇年代前半には、毎年三万戸前後を供給した。後には私鉄を中心とする民間資本も団地建設に参入し、大都市郊外の景観をすっかり変えてしまった。

工場とオフィス街が生産におけるフォーディズムの空間であるのに対して、郊外の住宅地や団地は消費=再生産におけるフォーディズムの空間である。両者は幹線道路と鉄道によって結ばれる。大量生産と大量消費を結びつけたフォーディズムは、このように新しい都市空間を生み出し、都市空間に表現されたのである。

先にみたようにカステルは、集合的消費の場として都市をとらえ、これによって都市社会学を再定義した。しかし彼は、集合的消費をめぐる問題だけが、都市社会学の研究対象だと考えたわけではない。これと並ぶ、重要な研究対象がある。それは社会構造と空間の関係である。

労働者の購買力を高める。創業者のヘンリー・フォードは、「購買階級は、わが国では労働者階級である。だから、われわれの膨大な生産物を捌きたければ、労働者階級を『裕福な』階級にすることが必要である」と述べている。

二〇世紀の資本主義の発展は、自動車をはじめとする耐久消費財産業が、フォード社の編み出したやり方を世界的な規模で採用することによってもたらされた。(4)大量生産と大量消費が、ベルト・コンベア・システムと相対的な高賃金によって結びついた。この好循環の上で経済成長が可能になり、流通や管理業務を担う新中間階級も、豊かさを享受するようになった。このような経済成長のモデルを、フォーディズムと呼ぶ。

自動車産業と並んで資本主義の発展を支えたのは、建築・不動産業である。ここで大量生産された大衆車に対応するのは、規格化された大量生産型の住宅である。そのさきがけとなったのは、一九四七年、米国のレヴィット・アンド・サンズ社（以下、レヴィット社）が建設を始めたレヴィットタウンだった。

第二次大戦が終わり、一六〇〇万人もの兵士が帰還し、同時にベビーブームが始まった米国では、住宅不足が深刻化していた。そこで連邦政府は、帰還兵を対象に手厚い住宅融資制度を設けて、住宅建設を促すことになった。これに応えて、レヴィット社は大規模な住宅建設計画を発表する。ニューヨークの近郊に、一万七四〇〇戸もの住宅を建設するというのである。

住宅の構造そのものは、ありふれたものだったが、建設の手順が違っていた。まるで工場のような、組み立てラインを作り上げたのである。といっても、住宅は自動車と違って土地に固定されているから、動くのは作業員の方である。住宅の建設過程は、簡略化してわずか二六の工程（文献によっては二七工程）にまとめられた。これにもとづいて作業員は二六の班に分けられ、それぞれの担当する工程だけを訓練された。そして六〇フィートおきに整然と並んだ基礎に材料が並べられ、作業員たちがライン上を動いていくのである。建設のペースは一日三六戸にも達し、発売日には一日で一四〇〇戸が売れたという。

この画期的な住宅建設の手法は、まもなく全米に広がり、米国の郊外を席巻していく。五五年には、レヴィットタイプの分社だった。

フォード社は、世界で初めて、ベルト・コンベアを中心とした機械仕掛けの流れ作業による生産システムを実現し、自動車の大量生産に成功した。一九一〇年代初めのことである。これによって自動車の価格は大幅に下がり、それまでごく限られた富裕層向けのものだった自動車は、より広い範囲の人々に手の届くものとなった。

同時にフォード社は、労働者の賃金を大幅に引き上げた。これには二つの目的があった。第一の目的は、ベルト・コンベア・システムの下での単純で過酷な労働に労働者をつなぎ止めることである。このシステムの下で労働者は、労働のリズムやテンポ、作業内容のすべてを機械によって指定され、機械の一部と化して正確かつ迅速に作業しなければならない。この多大な要求に応える代償として、高賃金が提示されたのである。

もうひとつの目的は、労働者を豊かにし、自動車の購入へと向かわせることである。

先に述べたように、企業が利潤率を上げるためのひとつの方法は、賃金を引き下げることである。しかし賃金の引き下げには、限界があった。それだけではない。賃金の引き下げは、さらに大きな問題をもたらす可能性がある。

かりに多くの企業が一様に、賃金を安く抑えるとどうなるか。人口の多数を占める労働者の収入は伸び悩み、物を買うことができなくなる。そうなると全体として需要が縮小し、大量生産された商品は売れ残り、経済は危機に陥る可能性がある。これを過少消費という。過少消費は、資本主義のもとで起こりがちな需要と供給の不一致の最大の原因のひとつであり、古くから資本主義の矛盾の代表的な形態とみなされてきた。現代でも景気が悪くなると、賃金の低迷が内需を低迷させ、景気回復を妨げているのだと指摘されることが多いが、これは過少消費に注目するものである。

利潤を確保するためには、賃金を引き下げる必要がある。しかし賃金を引き下げると需要は伸び悩み、利潤を確保できなくなる。フォード社は、この矛盾を解決する方法を示した。過酷な労働によって生産性を向上させ、他方では賃金を引き上げて主義は危機を脱し、新しい段階に入ることができたのである。

この空間の生産という問題を、より理論的に定式化したのは、経済地理学者のデヴィッド・ハーヴェイである。生産手段には、原料やエネルギーのように一回きりで使い果たされてしまうものと、機械装置のように消耗するまで繰り返し使えるものとがある。前者を流動資本、後者を固定資本という。ここまでは、一般的な経済学用語である。

ここでハーヴェイは、固定資本はさらに二種類に区別できるという。それは、機械装置のように生産過程の内部で使われるものと、外側にあって生産の物的環境を構成するものである。後者に含まれるのは、建物や輸送路、港湾、倉庫などで、彼はこれを「生産の建造環境」と呼ぶ。同じように消費の場合にも、実際に使われる消費財以外に、消費の物的環境を構成するもの、たとえば家屋や歩道、文化施設などがある。彼はこれを「消費の建造環境」と呼ぶ。

生産と消費の建造環境は、人為的に生産される空間の主要な形態である。それは重要な投資の対象であると同時に、生産と消費の不可欠の要素である。しかも規模が大きく、移動しにくい性質があるから、これに対する投資は必然的に、都市の景観を形作ることにもなる。六本木ヒルズは、東京の都心部に巨大なオフィス空間と商業空間を生み出した。大川端リバーシティ21は、東京湾岸に巨大な居住空間を生み出した。そしてどちらも、都心の景観を大きく変えた。空間の生産は、現代の主要な産業のひとつである。こうして空間の生産を担う建設・不動産業は、現代資本主義において特別の重要性を獲得することになる。

建設・不動産業が現代資本主義において果たした役割は、自動車産業の果たした役割と切り離すことができない。この二つは、まさに二〇世紀の資本主義を牽引（けんいん）した車の両輪とでもいうべきものだった。この自動車産業が果たした役割を生産と消費の両面から定式化したのは、フランスの経済学者であるアラン・リピエッツやロベール・ボワイエなど、レギュラシオン学派と呼ばれる経済学者たちである。彼らが注目したのは、初めて大衆向け自動車の量産に成功した米国の自動車会社、フォードステルは、集合的消費に注目することによって、(3)都市社会学の研究対象を明確にするとともに、これらの研究対象が社会全体に占める位置をも明らかにした。

しかしカステルの主張には、ひとつの有力な批判がある。それは、消費と労働力の再生産にばかり関心を集中させて、生産の問題を無視しているというものである。そもそも都市では、商品が生産され、流通し、消費されるという一連の過程が同時進行しているのであり、消費はこうした過程の一環であるにすぎない。したがって、消費だけで都市の全体像をとらえることはできない、というのである。

もっともこれについては、カステル側にも言い分がある。彼はけっして生産の問題を無視していたわけではない。しかし生産と流通の流れが、切れ目なくはるか彼方(かなた)にまで広がっていくのに対して、労働力の日常的な流れには通勤可能な範囲という限界があり、空間的な単位を構成する基礎になりうる。だから生産ではなく消費と労働力の再生産こそが、都市の本質的な要素だと考えることも可能なのである。

〔③〕、都市が生産において果たす役割は大きい。それどころか現代の先進国では、都市そのものが主要な投資対象になっているといっても過言ではない。というのも都市の空間が、重要な生産物のひとつになっているからである。この点を最初に指摘したのは、フランスの社会学者、アンリ・ルフェーブルだろう。

彼によると、現代の都市空間は、生産や消費が行われる場所であるだけではなく、利潤を目的とした生産活動の対象でもある。不動産に対する投機、大規模な土木工事、空間の売買などは、現代資本主義における重要な経済活動である。作られた多様な施設は、生産手段の一部である。さらに建物を多層化して容積率を上げたり、建物を柱で持ち上げ、土地から切り離してピロティを作るなどの方法で、新しい空間が作られる。これらの新しい空間が売買され、利潤をもたらす。これによって資本こうして利潤率は低下し、これが続けば利潤を目的とする経済活動は困難になってしまう。これが続くと、経済危機がやってくる。このことはすでにマルクスも指摘していたが、この論点を発展させて経済危機の生じるメカニズムを明らかにしたのは、日本の経済学者である宇野弘蔵(うのこうぞう)だった（『恐慌論』など）。

［①］利潤率の低下を防ぐには、どうすればいいか。先の式から明らかなように、分母にある生産手段の購入費用、または賃金のいずれかを引き下げればいい。たとえば、生産手段を開発途上国などから安く仕入れるようにする。労働者の賃金を引き下げる。高給取りの中高年をリストラして、賃金の安い若者やパート主婦、派遣労働者などに置き換える。

いずれも現実に、企業によって行われてきたことだが、これだけでは限度がある。いくら開発途上国でも、仕入れ価格を無限に引き下げることはできないし、賃金を下げすぎて生活できなくなった労働者が逃げたり、あるいは健康を害して働けなくなったりしたのでは、生産活動がストップしてしまうからである。

ここで役に立つのが、集合的消費手段である。たとえば国や自治体が、家賃の安い公営住宅をたくさん供給したらどうなるか。労働者の必要生活費はその分安くなるから、賃金を下げる余地が広がる。同じく国や自治体が、無料の保育所や学校を作って、子育てを支援したらどうなるか。それだけ子育てにかかる費用は少なくなる。こうして企業は、その分だけ賃金を引き下げることが可能になる。

もちろん公営住宅や保育所・学校などには税金が投入されているが、個人で住宅を建てたり、自分で子どもの世話や教育を担ったりするのに比べれば、かかる費用ははるかに安いはずだ。このように国や自治体が集合的消費手段を供給すると、利潤率の低下を食い止めることができるのである。

［②］都市とは、集合的消費手段の基礎の上で、労働力が大規模に再生産される空間的な単位であり、これによって都市は、資本主義社会の存続に不可欠な労働力の再生産の必要に応えるとともに、利潤率の低下を食い止める。以上のようにカ

る異議申し立てであることが多い。団地の住民どうしの近所づきあいは、相互扶助の基盤となり、労働力の再生産の手助けとなる。都市にはさまざまな格差があるが、そのなかには、集合的消費手段の供給量や利用のしやすさの違いによる部分も大きい。

それでは資本主義社会において、集合的消費手段はどのような役割を果たしているのだろうか。もちろん労働力の再生産を可能にするというのが、その主要な機能なのだが、それだけにはとどまらない。さらに集合的消費手段は、利潤率を向上させることによって、企業活動を助けるのである。

ここで利潤率というのは、生産活動を通じて得られた利潤の大きさを、設備、機械、原料などの生産手段の購入費用（不変資本ともいう）と、賃金つまり労働力の購入費用（可変資本ともいう）の合計、要するに生産にかかった費用で割ったものである。経済学の一般的な習慣にしたがって、利潤をM、生産手段の購入費用をC、労働力の購入費用をVという記号で示せば、利潤率は次のような簡単な式で表わされる。

$$\text{利潤率} = \frac{\text{M（利潤）}}{\text{C（生産手段の購入費用）} + \text{V（労働力の購入費用：賃金）}}$$

ところが(2)資本主義が発展する過程で、利潤率はしばしば低下傾向を示しがちである。これには複数の要因があるが、なかでも重要なのは賃金の上昇圧力だろう。

生産活動が拡大すると、労働力に対する需要も拡大していく。これが続くと、人手不足が顕在化する。失業者などを吸収しても、まだ人手が足りないとなると、労働市場は逼迫（ひっぱく）し、賃金が上昇を始める。必要なのが原料や機械なら、増産することで価格上昇を防ぐことができるが、労働力はそうはいかない。

生産に果たす役割である。もっともマルクスは、家事労働における女性の役割ほどには、この問題を無視しがちだったわけではない。『資本論』や、これに関連するいくつかの著作では、労働力の再生産における教育や医療の役割についていくつかの言及があり、一定の関心をもっていたことがわかる。しかし同志だったエンゲルスが、住宅問題に並々ならぬ関心をもっていたのと比較しても、全体としては(1)「自己維持本能と生殖本能」という説明に傾きがちだったことは否定できない。

カステルは、この問題に注目することによって、都市を資本主義の社会構造のなかに明確に位置づけることができると考えた。労働力は消費活動を通じて再生産されるが、消費活動には個人的消費と集合的消費の二種類がある。

個人的消費とは、人々が主に家庭で、自分の所有する消費手段（消費財）を消費することである。これに対して集合的消費とは、大規模な住宅地や集合住宅、道路や鉄道、学校・病院、文化施設など、公共的な性格をもつ消費手段、つまり集合的消費手段を消費することである。産業の発展によって、大量の労働力が必要になると、もはや労働力の再生産を、個人的消費だけでまかなうことはできなくなる。こうして集合的消費の必要性は高まり、大量の集合的消費手段が用意されるようになる。

都市では、これらの集合的消費手段が集積し、相互に結びつけられ、組織化されている。都市とは、単なる（D）の集積ではない。だから、多数の人が集まる難民キャンプを都市とは呼ばない。また都市とは、単なる（E）の集積ではない。だから、石油コンビナートや巨大な製鉄所は都市ではない。集合的消費手段が配置され、大量の労働力が再生産される空間的な単位のことを、都市と呼ぶのである。

したがって、集合的消費のさまざまな形態やプロセス、そして集合的消費をめぐって生じるさまざまな問題や社会的対立こそが、都市社会学の研究対象だということができる。

都市で起こる雑多な現象の多くには、集合的消費と労働力の再生産をめぐって生じるという共通点がある。たとえば住宅不足や公害は、労働力の再生産を脅かす。住民運動は、集合的消費手段が不足していたり、その質が低かったりすることに対す論と密接な関係をもつようになった。

それでは、これらの研究は都市をどのようにとらえるのか。大別すれば、三つの視点があるといっていい。それは、第一に（A）としての都市、第二に（B）としての都市、そして第三に（C）としての都市、である。

都市社会学の研究対象を明らかにするにあたって、カステルが注目したのは、「労働力の再生産」である。労働力の再生産とは、もともとマルクスの用語で、労働することによって消耗した労働力が、消費活動を通じて回復することをいう。

つまり、消費とは労働力の再生産なのである。そして労働力の再生産には、何時間も働いて消耗した労働力が、食事や睡眠などによって次の日には回復しているという日常的な意味での再生産と、何十年も働いて年老い、労働能力を失った労働者にかわる労働の担い手が、出産・育児や教育を通じて生み出されるという世代的な意味での再生産とがある。

マルクス自身は、この労働力の再生産について、ある意味で楽観的な見方をしていた。労働力は、放っておいても自然に再生産されるというのである。それは、『資本論』の第一巻第二一章の次の一節に、典型的に現れている。

「労働者階級の不断の維持と再生産は、やはり資本の再生産のための恒常的な条件である。資本家はこの条件の充足を、安んじて労働者の自己維持本能と生殖本能とに任せておくことができる。」

実はこれは、マルクスの女性軽視のあらわれとして、後のフェミニストたちから鋭く批判されるようになった一節でもある。自己維持本能と生殖本能によって、労働者の労働力がすんなり再生産されるかのように書かれているが、実はそのためには、食事を作ったり、洗濯をしたり、掃除をしたり、さらに子どもを産み育てたりといった、長時間の家事労働が必要であるはずだ。その多くを担っているのは女性たちであり、こうした女性たちの貢献が、ここでは無視されている。現実には、労働力の再生産はそう簡単ではない。

マルクスが軽視していた問題が、もうひとつある。それは、住宅や交通機関、学校や病院などの施設や制度が、労働力の再メージだったことは否めない。単純化していえば、都市で起こっている雑多な出来事についての研究ではあっても、都市の全体像をとらえるような研究ではないことが多かったのである。これは日本に限ったことではなく、たとえば英国の都市社会学者であるソーンダースは、英国の都市社会学が、個々の事例に関する知見を集めるだけの不毛な（Ⅰ）に陥っていると批判している（ソーンダース『都市政治』）。

この批判と論点を共通しながらも、さらに鋭い批判を展開したのは、都市社会学者のカステルだった。

彼によると、都市社会学にははっきりした研究対象がない。あるとしても「都市で起こるすべてのことがら」というような、非専門的で不明確なものであるにすぎない。実際に研究されているのは、都市部の社会階級、住宅の充足度、歴史的建築物の魅力、輸送のあり方、大気汚染、地域における社会参加、地方選挙への投票、住民の転居、都市再開発など雑多で、まったく理論的な共通性がない。しかも社会生活はどこでも都市的なものになりつつあるから、研究対象は無限に広がり、都市社会学は社会学そのものとほとんど区別がつかなくなっている。

それでは、都市社会学はどうあるべきなのか。カステルによると、これまでの都市社会学の誤りは、漠然と「都市生活」「都市文化」などと呼ばれてきたものが、実は資本主義の発展の結果だったという事実を無視してきたところからきている。雑多な現象の背後には、資本主義的な社会構造という背景があるのだから、これらを研究するためにはまず、これらの現象が社会構造のなかに占める位置を明らかにする必要がある。

カステルの主張は、世界的に多くの共鳴者を得た。資本主義的な社会構造の反映として都市をとらえるというカステルの発想はその後、米国で、欧米諸国で、そして日本でも、多くの都市社会学者に受け継がれていった。彼らの研究は、「新しい都市社会学」と呼ばれ、研究の流れを大きく変えたと評価されている。またほぼ同じ時期、地理学者の間でも、都市を資本主義経済の発展や変化と結びつけて分析すべきだという主張が現れ、影響力を強めていく。こうして都市の研究は、現代資本主義

国語

（八〇分）

一

次の文章を読んで、後の設問に答えなさい。（50点）

「都市論」「東京論」などと呼ばれるジャンルのエッセイや評論が注目され、多くの読者を集めるようになったのは、一九八〇年代半ばからである。八六年には雑誌『東京人』が創刊され、現在まで一定の読者を集めているし、類似の雑誌もいくつか出版されるようになった。

単行本の出版点数も多いが、著者には評論家やライターのほか、文学・歴史・地理・建築などの研究者、そして社会学者が多い。実際、以前からあった専門的な研究分野のなかで、都市論や東京論にいちばん近い関係にあったのは都市社会学だろう。だから同じ時期から、都市社会学に対する関心も高まるようになった。

しかし、一昔前に、大学などで都市社会学の授業を聞いたことのある人、あるいは興味をもって入門書をひもといたことのある人のなかには、次のような感想をもった人も少なくないだろう。都市社会学というから期待していたのに、出てくるのは町内会の活動や、住民の近所づきあい、地域への満足度や定住意識などに関する、調査結果の紹介ばかり。都市というものの全体構造や、都市の魅力について知りたいと思っていたのに、期待はずれだった、と。

もちろん、すべての授業や入門書がこの通りだったわけではないのだが、これが都市社会学に対するひとつの典型的なイ

解答編

英語

（注）　解答は，東京理科大学から提供のあった情報を掲載しています。

1　**解答**　(1)(a)—3　(b)—3　(c)—2　(d)—4　(e)—1　(f)—2
(g)—2　(h)—4　(i)—3　(j)—3

(2)(1)—3　(2)—4　(3)—2　(4)—4　(5)—4

(3)—2

(4)—3

(5)A群：2　B群：1　C群：2　D群：2　E群：2

◆全　訳◆

≪標準英語≫

標準英語とは，学校で子供たちに教えられ，政府，法律，英国放送協会などの権威ある機関で使われ，印刷媒体の言語として使用される英語の一種である。それは不変の形で，変化に寛容ではなく，地域に関係なく英語を使う人々全体で使用される。

どれほどこのような状況に慣れているとしても，それは人工の言語である。人間の言語は本来的に変異，変化する傾向があるからだ。話し言葉に限定して考えると，このことを理解することができる。話し言葉はイギリスや英語圏で話される多数の異なる方言で存在している。これらの英語の変種は発音（アクセント），文法，語彙の点で異なる。標準英語は，他のどの方言よりもはるかに高い社会的地位を与えられているけれども，そのようなただの1つの方言に過ぎない。

それにもかかわらず，多くの人々が今日でも標準英語が本質的に優れていると主張している。こうした見方は，コミュニケーションを容易にするために選択された，単なる合意のうえの規範である標準言語を誤解していることを意味する。我々は標準英語を，通貨，計量，電圧のシステムなどの他の現代の規範と同じように考えることができる。どのシステムも本質的に他のものよりも優れているわけではない。利益は確立された規範のセットを広く採用することから得られる。

また別の有用な類比は，道路交通規則に関するものである。（英国のような）左側通行が，（大陸や米国などの）右側通行よりも好まれるべきである理由はない。一方を他方に対して選択する重要な理由は，誰もが道の同じ側で運転することを保証することである。

「標準」という形容詞を言語の言及に適用することは，18世紀に初めて記録され，それより前の古典文学に言及する用法の発展であった。英語の文学を古典と関連付けたいという欲求があったため，英語が標準形を達成することを望むようになった。この野望は，ジョナサン=スウィフトによって最も明確に表現された。「しかし，英語という言葉はその衰えという考えを我々が感知するほどの完璧さに達しておらず，ある基準にまで洗練された場合，おそらく永遠にそれを修正する方法が見つかるかもしれない」（『英語を正し，改良し，確実なものにするための提言』1712年）19世紀までには，標準英語という用語は特定の名声ある種類の英語を指し，上流階級の人々だけが話す言葉であり，しかしそれはネイティブの英語話者の多くが比較評価され，言葉を正しく使っていないと非難される基準として見なされた。

標準英語という語句と上流階級との同一視は，20世紀前半に最も影響力のあった学術言語学者の1人であるH.C.ワイルドによって明確に描かれた。ワイルドは言語学のキャリアを中立的な観察者としてスタートし，ある変種は他の変種と重要性において差がないと考えていたが，彼の後の研究では明らかに標準英語を唯一受け入れ可能な言葉の使い方であるととらえていた。「それは良い英語，上品な英語，上流階級の英語と呼ばれるかもしれない」 標準英語という語句をこれらのように適用することは，（「標準装備」のような表現で見られる）「一般的な使用」を示す標準の意味から，（「高い水準で」のような表現で見られる）品質の水準の意味への重大な転換を明らかにしている。

これらから，標準英語が比較的最近の現象であることがわかる。それは英語の地位に関する18世紀の不安から生じ，英語の規範化と「確定化」，つまり固定化への関心を促した。18世紀以前は，方言による差異があることが，話し言葉と書き言葉の両方において一般的であった。

◀解　説▶

(1)(a)　numerous の意味は「多数の」なので，答えは3．many「たくさんの」である。

(b)　accord「与える」なので，答えは3．give「与える」。

(c)　inherently「本質的に」なので，答えは2．by nature「生まれつき」。

(d)　general「全体的な」なので，答えは4．widespread「広がった」。

(e)　ensure「確実にする」なので，答えは1．guarantee「保証する」。

(f)　achieve「達成する」なので，答えは2．attain「達成する」。

(g)　accuse of～「～のことで責める」なので，答えは2．blame for～「～のことで責める」。

(h)　embark on～「～を始める」なので，答えは4．start「始める」。

(i)　sole「唯一の」なので，答えは3．only「唯一の」。

(j)　telling「強烈な」なので，答えは3．significant「重大な」。

(2)(1)　irrespective of～「～には関係なく」という熟語を作る問題。

(2)　be accustomed to～「～に慣れている」という熟語を作る問題。However に連れられて accustomed が前に出ている点に注意。

(3)　in terms of～「～の観点から」という熟語を作る問題。

(4)　compare *A* with *B*「*A* を *B* と比較する，*A* を *B* と同じように考える」という熟語を作る問題。

(5)　from A to *B*「*A* から *B* まで」という熟語を作る問題。from が離れているが，直後の the sense of～の繰り返しで気付きたい。

(3)　下線部が this であり，直前の human language is … variation and change の部分を指す。よって，この部分の言い換えとなっている2．「言語は変化する可能性が高い」を選ぶ。

(4)　直前では標準英語が単なる方言の1つにすぎないということが書かれており，直後では標準英語が本質的に優れていると主張する人が多いと書かれているので，この2つの関係を結ぶのは逆接の3．despite である。

(5)　A群：第1段第2文（It is a…）より2．「標準英語は変化しにくい確立した英語の変種であり，地域の制限なしで使われていると考えられる」が正解。

B群：第2段第2・3文（We can see … grammar, and vocabulary.）より1．「イギリスと他の英語を話す社会において話される英語方言は発音，文法，語彙において異なる」が正解。

C群：第3段第3・4文（We might compare … set of norms.）より2．「メートル法が他の計測法よりも根本的に優れているわけではないというのと同じで，標準英語も英語の他の方言より優れているというわけではない」が正解。

D群：第5段最終文（By the nineteenth …）より2．「『標準的』という形容詞は19世紀に英語の言語としての質を描写するために使われた」が正解。

E群：第6段第2文（Despite embarking on …）より2．「標準英語は高い質を持つ変種とされていたとH.C.ワイルドの考えが示している」が正解。

2 解答

(1)(a)―3　(b)―1　(c)―2　(d)―4　(e)―1　(f)―1　(g)―2　(h)―1　(i)―2　(j)―4

(2)(1)―2　(2)―2　(3)―4　(4)―3　(5)―4

(3)―2

(4)―3

(5)A群：3　B群：2　C群：2　D群：2　E群：2

◆全　訳◆

≪昆虫の減少と害虫の増加≫

昆虫の数に関する科学的な再調査によると，世界中で40％の種が「劇的な減少率」に直面していることが示唆されている。この研究によると，ミツバチ，アリ，および甲虫は哺乳類，鳥類，または爬虫類よりも8倍速く消失していると言われている。しかし，研究者たちは，イエバエやゴキブリなどの一部の種が繁栄する可能性が高いと述べている。一般的な昆虫の減少は，集約的な農業，農薬，および気候変動によって引き起こされている。

昆虫は陸上生物の大多数を占め，人間を含め多くの他の種に重要な利益をもたらしている。鳥やコウモリ，小型哺乳動物の餌となり，世界の作物の約75％に授粉し，土壌を再生し，害虫の数を抑える。近年の多くの他の研究は，特に先進国で，ミツバチなどの個々の昆虫種が大幅な減少に苦しんでいることを示している。しかし，この新しい論文はより広範囲に目を向けている。学術誌であるバイオロジカル・コンサベーションに掲載されたこの論文は，過去 13 年間に世界中で発表された 73 件の既存の研究を再調査した。研究者は，ほぼすべての地域での減少が，数十年後には昆虫の 40％の絶滅につながる可能性があることを発見した。昆虫の 3 分の 1 は絶滅危惧種に分類されている。

「主要な要因は，農業の慣行，都市化，そして森林破壊による生息環境の消失である」と，筆頭著者であるシドニー大学のフランシスコ=サンチェス=バヨ博士は BBC ニュースに語った。「2 番目は，世界中の農業での化学肥料や農薬の使用が増えていること，そしてあらゆる種類の化学汚染物質による汚染である。3 番目に，外来種や病原菌などの生物学的要因がある。そして，4 番目に，気候変動があり，特に熱帯雨林では大きな影響を与えると知られている」

研究の最も重要な部分の一部は，ドイツでの，飛ぶ昆虫の最近の急速な減少と，プエルトリコの熱帯林での昆虫総数の大幅な減少を含み，地球温暖化と関連付けられている。他の専門家は，この調査結果が「非常に深刻である」と述べている。「それはミツバチや，さらには授粉や食料確保に関してのみではなく，フンを再利用するフンコロガシや，川や池で生まれるトンボのような昆虫もまた減少している」と英国の運動団体であるバグライフのマット=シャードローは述べている。「地球の生態系が壊れていることはますます明らかになっており，これらの恐ろしい傾向を停止し，逆転させるためには強力な世界全体での取り組みが必要である。昆虫の生命が徐々に減少し続けるのを許すことは合理的な選択肢ではない」

著者たちは，昆虫の減少が食物連鎖に沿ってどのような影響を与えるかについても懸念を抱いている。鳥類，爬虫類，魚類の多くの種が主食として昆虫に依存しており，結果としてこれらの種も絶滅の危機に瀕する可能性がある。重要な昆虫種のうちいくつかは衰退している一方で，この再調査では，わずかな種が環境の変化に適応し，繁栄する可能性があることも示されている。「温暖化により，繁殖が遅い天敵の多くが消失するため，繁殖が速い害虫昆虫が繁栄する可能性が高いでしょう」と再調査には関わっていないサセックス大学のデイブ=グールソン教授は述べている。「少数の害虫が最終的に異常発生するというのはかなりあり得ることであるが，ミツバチやハナアブ，チョウ，動物の排泄物の処理という良い働きをするフンコロガシなどの私たちが必要とする素晴らしい昆虫たちをすべて失うことになるでしょう」

グールソン教授は，イエバエやゴキブリのような一部の強く，適応力が高く，幅広い環境に対応できる種は，人によって生み出された環境で快適に生活でき，農薬に対する耐性を進化させたようである，と述べている。総合的なメッセージが不安を感じさせるものである一方で，例えば自分たちの庭を昆虫に優しい環境にすること，農薬を使用しないこと，有機食品を買うことなど，人々にできることがある，と彼は付け加えた。また，昆虫の減少の根拠の99％がヨーロッパや北アメリカからのものであり，アフリカや南アメリカからのものがほとんどないため，より多くの研究が非常に必要とされている。

最終的に，大量の昆虫が消え去れば，彼らは別の種に置き換えられるが，それには非常に長い時間が必要である。「過去の大量絶滅の際に起きたことを見てみると，それは大量の適応放散を引き起こし，そこでは少数の生き残った種が適応して，利用可能なすべての生態的地位を占め，新しい種に進化していった」と，グールソン教授はBBCニュースに語った。「だから100万年くらい経てば，20世紀と21世紀で消えたものに置き換わる，ありとあらゆる多様な新しい生き物が確実に現れているだろう」「残念ながら，私たちの子供たちにとってはあまり慰めにはならないでしょうね」

◀解　説▶

(1)(a)　boom「急増」なので，答えは3．proliferate「急増する」。この選択肢の単語の意味は知らない受験生も多いと思うので，消去法で解くとよい。

(b)　benefit「利益」なので，答えは1．advantage「利益」。

(c)　replenish「再び満たす」なので，答えは2．renew「更新する」。この単語の意味は知らない受験生も多いと思うので，各選択肢を当てはめてみて，文脈に合うものを選んで解くとよい。

(d)　habitat「生息地」なので，答えは4．home「家」。

(e)　halt「止める」なので，答えは1．discontinue「中止する」。

(f)　wipe out「絶滅させる」なので，答えは1．exterminate「撲滅す

る」。

(g) thrive「栄える」なので，答えは2．prosper「栄える」。

(h) dispose of～「～を処分する」なので，答えは1．get rid of～「～を取り除く」。

(i) alarming「不安を感じさせる」なので，答えは2．frightening「おびえさせるような」。

(j) make it through「何とかやり過ごす」なので，答えは4．survive「生き残る」。

(2)(1) keep～in check「～を抑える」という熟語の問題。

(2) drop in～「～の低下」。このinは「～の点で」という範囲を表すinで，増加や減少を表す語とともによく使われる。

(3) end up with～「最終的に～となる」という熟語の問題。

(4) resistance to～「～に対する耐性」という熟語の問題。

(5) withはwith O Cの形をとり，付帯状況「OがCの状態で」や，理由「OがCなので」を表すことができる。Oは必ず名詞だが，Cは形容詞のほか，副詞や前置詞句など様々なものが入る。本問ではOがalmost nothingでCがfrom Africa or South Americaである。

(3) 直前には「生息地の消失」，直後には「農業の慣行や都市化，森林破壊」とあるので，原因を表す2．due toを入れると意味が通る。

(4) タイトル選択問題は本文全体の内容を含むものを選ぶ。本問では地球規模で昆虫は減少しているが，ゴキブリなどの害虫は増えているという内容なので，3．「世界的な昆虫の減少における『害虫の異常発生』」が最も適切。この選択肢は直訳すると「世界的な昆虫の減少が『害虫の異常発生』を見るかもしれない」だが，つまりは「世界的に昆虫が減少するとその後『害虫の異常発生』が起こるかもしれない」という，出来事の前後関係，因果関係を表していると解釈する。

(5) A群：第1段第2・3文（The study says … likely to boom.），および第2段第1文（Insects make up …）より3．「昆虫は陸上の生き物の多数を占め，そして科学的研究によると，一部の昆虫は数が減少している一方で，他の昆虫は数を精力的に増やすだろう」が正解。

B群：第2段第2文（They provide food …）より2．「鳥と小さな哺乳類はその食料として昆虫に依存している。そして人間もまた昆虫に依存している。なぜなら作物の授粉の約4分の3は昆虫によってなされるからだ」が正解。

C群：第1段最終文（The general insect …），および第3段全体（“The main factor … a big impact.”）より，2.「昆虫の減少の主要な原因の中には，集約農業，昆虫を殺す化学物質の使用，地球温暖化がある」が正解。

D群：第5段第4文（“Fast-breeding pest insects …）より2.「昆虫の種の全体的な減少にもかかわらず，害虫は増加する。なぜなら彼らはより暖かい環境に適応し，捕食者よりも素早く繁殖するからだ」が正解。

E群：最終段第2～3文（“If you look … and 21st centuries.）より2.「グールソン教授はたくさんの昆虫の種の絶滅は，新たな昆虫の種の出現を引き起こすだろうと予測している」が正解。

3 解答 (1)―3　(2)―4　(3)―4　(4)―1　(5)―2

◀解　説▶

(1)「子供向けの本を書くためには，ただ1つの秘訣があります。それは主人公が冒険を経験し，子供たちに愛されるのに足るほど勇敢に見えるようにすることです」

先行詞にsuchが含まれているため，関係詞にはwhichではなくasを使う。

(2)「日本円は1998年8月以来，米ドルに対して最低水準まで下落し，政府が対策を検討するきっかけとなりました」

コンマ以降が分詞構文になっているが，promptedという過去分詞の後ろにthe governmentという目的語が付いている。過去分詞は目的語を取ることができないので，現在分詞のpromptingに変える。

(3)「図書館が改装され，より多くの本があるので，利用者に図書館についてアンケートに記入してもらうようお願いし，彼らの意見を聞くことを楽しみにしています」

look forward to～「～を楽しみにしている」。この熟語のtoは前置詞なので，後ろには名詞あるいは動名詞が入る。よってhearではなくhearingが正しい。

(4)「問題は，5百億ドルが安全保障費に十分かどうかだと私は考えます。

もし私たちがそう思うなら，議会から承認を得さえすればよいのです」
question はここでは「問題，論点」という意味で，これから議論されるべき内容が続くので，that ではなく whether「～かどうか」が入る。なお，4のような need の助動詞用法は否定文で見られるが（need not *do*），only などの準否定語もこの形をとることがあるため，正しい。

(5)「新しい小惑星の発見のニュースが公に知られるや否や，天文台の電話が鳴り始め，主任天文学者は報道陣の公式インタビューを予定されました」
no sooner *A* than *B*「*A* するとすぐに *B*」。よって before ではなく than が正しい。類似の熟語の hardly *A* when *B*「*A* するとすぐに *B*」と紛らわしいかもしれないが，sooner という比較級の後ろなので than だと覚えよう。

4 解答

(1)—4　(2)—3　(3)—1　(4)—4　(5)—1　(6)—1
(7)—3　(8)—2　(9)—1　(10)—1

◀解　説▶

(1)「私たちの会社にとって良いニュースがある。経営陣は，国際的に事業を拡大することが確実な別のアイデアを思いついた」
hit on ～「～を思いつく」

(2)「心配しないで。あなたのせいではありません。彼はたまにそんな些細なことで取り乱すんだ」
go out of *one's* mind「取り乱す」

(3)「ハンフリーは，株式市場の暴落に関する9時のニュースを聞いたときに椅子から転げ落ちた。彼はすぐに同僚にパニックを起こして電話した」
fall out of *one's* chair「椅子から転げ落ちる」

(4)「兄が仕事を辞めて友人とITビジネスを始めたとき，運命が彼に何をもたらすか考えずにはいられなかった」
think of ～「～について考える」

(5)「今夏のG7サミット中，警備員にはぜひとも最高の警戒態勢を取るようにしてもらう必要がある」
at all costs「ぜひとも，どんな犠牲を払っても」

(6) 「新市長が選ばれたとき，彼は記者会見を開き，若いカップルに市内に移り住むことを奨励し，コミュニティをより活気のあるものにする彼のプロジェクトについて詳しく話した」

at length「詳細に」

(7) 「上司が私に海外に行って潜在的な顧客と話すことを許可したとき，私は進捗状況を彼に逐一報告すると約束した」

inform *A* of *B*「*A* に *B* を知らせる」の *A* が，keep O C「OをCに保つ」のOとなり，inform が過去分詞形になっている。keep *A* informed (of *B*)「(*B* について) *A* に逐一報告する」

(8) 「彼は私のところに来て，自分の悩みを話すつもりだったのであるが，結局ほとんど私が話していた。彼はただそこにごく静かに座っていただけであった」

It turns out that ～「結局～になる，～だと判明する」

(9) 「わずかな間の後，社長は咳払いをして静かに，自分が辞任し，取締役会が新しい社長を選ぶと発表した」

clear *one's* throat「咳払いする」

(10) 「私は遠回しに話すタイプではない。言わなければいけないことを，できるだけ少ない言葉で話したい」

beat around the bush「遠回しに言う」

❖講　評

2022年度と同様，読解問題と文法・語彙問題が出題されている。設問数に大きな変化はなく，大問数は4題で，解答個数は59個。

読解問題である[1]，[2]は同意表現，空所補充，主題，内容真偽など例年通りの出題である。基本的な語彙力，文法知識をもとに内容を正確に把握する力が求められている。[1]も[2]も，(1)の同意表現を選ばせる問題は大半が受験生の語彙力を問うものであったが，[2](1)の(a)の proliferate や(c)の replenish などは受験生には難しく，前後関係から推測したり，消去法を活用したりする必要があったであろう。[1]，[2]の(2)の空所補充問題も基本的には受験生の語彙力を問うものであったが，[1](2)の(2)など，熟語を構成する一部分が離れているために熟語の問題だと気付きづらい問題もあった。[2]の(3)，(4)の空所補充問題，タイトル選択問題は，本文を丁寧に読み，内容や流れを理解できているかが問われた。(5)の内容真偽問題は，本文，選択肢ともに１つ１つ丁寧に意味を取らなければ正解できないやや難しめの問いもあった。

3の誤り指摘問題は，ほとんどはどの参考書にも載っている標準的な知識が問われており，是非正解しておきたい。

4の空所補充問題は，ほとんどが語彙力を試すものであった。

やや難しい問題もあるが，全体的には標準レベルであった。

数学

（注） 解答は，東京理科大学から提供のあった情報を掲載しています。

◀数学Ⅰ・Ⅱ・A・B▶

1 **解答** (1)アイ．57 (2)ウエオ．347 (3)カキ．52
(4)クケコ．316 (5)サシス．610

◀解　説▶

≪集合の要素の個数≫

条件Aを満たす1以上2023以下の整数の集合を A と表し，条件B～Fについても同様に定める。

(1) $n(A\cap B)$ を求めればよい。

$2023=35\cdot 57+28$ より　$n(A\cap B)=57$ →アイ

(2) $n(A\cap\overline{B})$ を求めればよい。

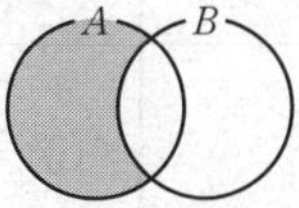

$2023=5\cdot 404+3$ より，$n(A)=404$ であるから

$$n(A\cap\overline{B})=n(A)-n(A\cap B)$$
$$=404-57=347 \quad \to ウ～オ$$

(3) $n(A\cap B\cap\overline{C})$ を求めればよい。

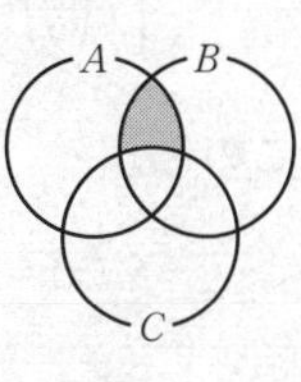

$2023=385\cdot 5+98$ より，$n(A\cap B\cap C)=5$ であるから

$$n(A\cap B\cap\overline{C})=n(A\cap B)-n(A\cap B\cap C)$$
$$=57-5=52 \quad \to カキ$$

(4) $n(A\cap\overline{B}\cap\overline{C})$ を求めればよい。

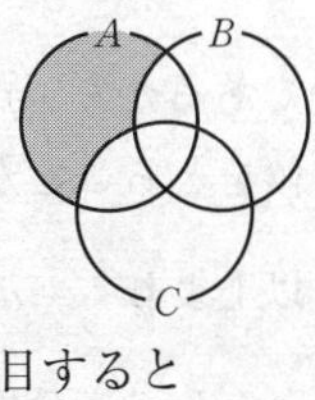

$2023=55\cdot 36+43$ より，$n(A\cap C)=36$ であるから

$$n(A\cap\overline{B}\cap\overline{C})=n(A)-n(A\cap B)-n(A\cap C)+n(A\cap B\cap C)$$
$$=404-57-36+5=316 \quad \to ク～コ$$

(5) $n(D\cup E\cup F)$ を求めればよい。次図の網かけ部分に注目すると

$$n(D\cup E\cup F)=\{n(B)-n(B\cap C)\}+\{n(A)-n(A\cap B)\}$$

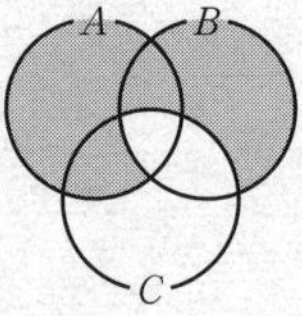

$2023=7\cdot 289$，$2023=77\cdot 26+21$ より，$n(B)=289$，$n(B\cap C)=26$ であるから

$$n(D\cup E\cup F)=289-26+404-57=610 \quad \rightarrow サ〜ス$$

2

解答 (1) $a=\dfrac{4}{11}$，$b=0$，$c=-\dfrac{12}{11}$，$d=\dfrac{1}{2}$

(2) $\dfrac{16}{11}$　(3) $g(x)=-\dfrac{8}{11}x+\dfrac{1}{2}$，$S=\dfrac{2}{11}$

（導出過程の記述は省略）

◀解　説▶

≪3 次関数の極値，3 次関数のグラフと直線で囲まれた部分の面積≫

(1)　$f(x)=ax^3+bx^2+cx+d$ より

$$f'(x)=3ax^2+2bx+c$$

条件より

$$\begin{cases} f'(-1)=0 \\ f'(1)=0 \\ f(0)=\dfrac{1}{2} \\ f\left(\dfrac{1}{2}\right)=0 \end{cases} \iff \begin{cases} 3a-2b+c=0 \\ 3a+2b+c=0 \\ d=\dfrac{1}{2} \\ \dfrac{1}{8}a+\dfrac{1}{4}b+\dfrac{1}{2}c+d=0 \end{cases} \iff \begin{cases} a=\dfrac{4}{11} \\ b=0 \\ c=-\dfrac{12}{11} \\ d=\dfrac{1}{2} \end{cases}$$

このとき

$$f'(x)=\frac{12}{11}x^2-\frac{12}{11}=\frac{12}{11}(x+1)(x-1)$$

x	$\cdots$	-1	$\cdots$	1	$\cdots$
$f'(x)$	$+$	0	$-$	0	$+$
$f(x)$	↗	極大	↘	極小	↗

であるから，$f(x)$ の増減は表のようになり，確かに $x=-1$ と $x=1$ で極値をとることがわかる。

以上より　　$a=\dfrac{4}{11}$，$b=0$，$c=-\dfrac{12}{11}$，$d=\dfrac{1}{2}$

となる。十分性の確認を忘れないこと。

(2)　(1)より $x=-1$ で極大，$x=1$ で極小となるので

$$|f(-1)-f(1)|=\left|-\frac{4}{11}+\frac{12}{11}+\frac{1}{2}-\left(\frac{4}{11}-\frac{12}{11}+\frac{1}{2}\right)\right|=\frac{16}{11}$$

(3)　2点 $(-1,\ f(-1))$，$(1,\ f(1))$ を通る直線の方程式は

$$y-f(1)=\frac{f(-1)-f(1)}{-1-1}(x-1)$$

$$y=-\frac{8}{11}(x-1)+\left(\frac{4}{11}-\frac{12}{11}+\frac{1}{2}\right)$$

$$=-\frac{8}{11}x+\frac{1}{2}$$

よって　　$g(x)=-\dfrac{8}{11}x+\dfrac{1}{2}$

次に，曲線 $y=f(x)$ と直線 $y=g(x)$ の共有点の x 座標を求めると

$$f(x)=g(x)\iff\frac{4}{11}x^3-\frac{12}{11}x+\frac{1}{2}=-\frac{8}{11}x+\frac{1}{2}$$

$$\iff x(x+1)(x-1)=0$$

$$\iff x=0,\ \pm1$$

右図の網かけ部分の面積を求めればよいので，2つの関数のグラフの位置関係に注意して

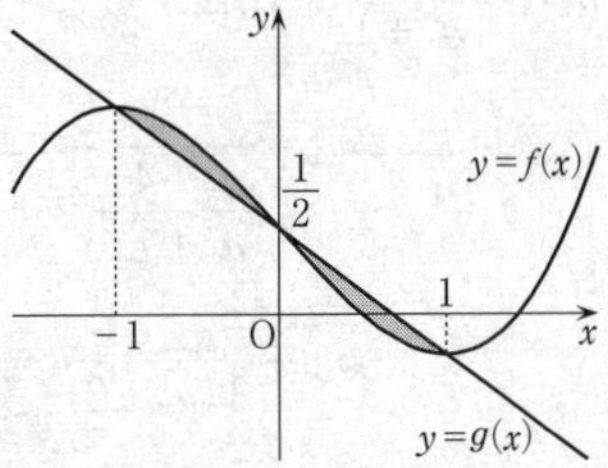

$$S=\int_{-1}^{0}\{f(x)-g(x)\}dx+\int_{0}^{1}\{g(x)-f(x)\}dx$$

$$=\int_{-1}^{0}\left(\frac{4}{11}x^3-\frac{4}{11}x\right)dx+\int_{0}^{1}\left(-\frac{4}{11}x^3+\frac{4}{11}x\right)dx$$

$$=\left[\frac{1}{11}x^4-\frac{2}{11}x^2\right]_{-1}^{0}+\left[-\frac{1}{11}x^4+\frac{2}{11}x^2\right]_{0}^{1}$$

$$=-\left(\frac{1}{11}-\frac{2}{11}\right)+\left(-\frac{1}{11}+\frac{2}{11}\right)=\frac{2}{11}$$

以上より　　$g(x)=-\dfrac{8}{11}x+\dfrac{1}{2}$，$S=\dfrac{2}{11}$

参考　3次関数 $y=f(x)$ のグラフは変曲点 $\left(0,\ \dfrac{1}{2}\right)$ に関して対称であり，

直線 $y=g(x)$ は変曲点 $\left(0,\ \dfrac{1}{2}\right)$ を通ることから，対称性により

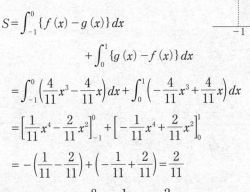

$$S=2\int_0^1\{g(x)-f(x)\}dx$$
$$=2\left[-\frac{1}{11}x^4+\frac{2}{11}x^2\right]_0^1=\frac{2}{11}$$

3 **解答** (1)ア．2　イ．3　ウ．1　エ．3　オ．1　カ．2　キ．2　ク．1

(2)ケ．1　コ．4　サ．2　シ．2　ス．8

(3)セソ．37　タチツテ．2000　トナ．18　ニヌ．37

(4)(a)ネ—③　(b)ノ—⑦　ハ—①

◀解　説▶

≪分数型の漸化式，対数方程式，条件付き確率，相関係数≫

(1)　$b_1=\dfrac{a_1+1}{a_1+2}=\dfrac{2}{3}$　→ア，イ

$b_n=\dfrac{a_n+1}{a_n+2}=1-\dfrac{1}{a_n+2}$ より　$b_{n+1}=1-\dfrac{1}{a_{n+1}+2}$

$a_{n+1}=\dfrac{a_n+4}{a_n+1}$ を代入すると

$$b_{n+1}=1-\frac{1}{\dfrac{a_n+4}{a_n+1}+2}$$
$$=1-\frac{a_n+1}{3(a_n+2)}$$
$$=1-\frac{1}{3}b_n$$

よって，$b_{n+1}=-\dfrac{1}{3}b_n+1$　→ウ〜オ

特性方程式 $c=-\dfrac{1}{3}c+1$ を解くと　$c=\dfrac{3}{4}$

これを用いて次のように変形できる。

$$b_{n+1}=-\frac{1}{3}b_n+1\Longleftrightarrow b_{n+1}-\frac{3}{4}=-\frac{1}{3}\left(b_n-\frac{3}{4}\right)$$

数列 $\left\{b_n-\dfrac{3}{4}\right\}$ は公比 $-\dfrac{1}{3}$ の等比数列であるから

$$b_n-\frac{3}{4}=\left(b_1-\frac{3}{4}\right)\cdot\left(-\frac{1}{3}\right)^{n-1}$$

$$b_n=-\frac{1}{12}\cdot\left(-\frac{1}{3}\right)^{n-1}+\frac{3}{4}$$

$$b_n=\frac{1}{4\cdot(-3)^n}+\frac{3}{4}$$

ここで，$b_n=\dfrac{a_n+1}{a_n+2}$ より，$a_n=-\dfrac{2b_n-1}{b_n-1}$ であるから

$$a_n=-\frac{2\left\{\dfrac{1}{4\cdot(-3)^n}+\dfrac{3}{4}\right\}-1}{\dfrac{1}{4\cdot(-3)^n}+\dfrac{3}{4}-1}=-\frac{2+2\cdot(-3)^n}{1-(-3)^n}\quad \to カ〜ク$$

(2)　与式の底を 2 に変換することにより

$$16\cdot\left(\frac{\log_2 a}{\log_2 4}\right)^3-9\cdot\left(\frac{\log_2 a}{\log_2 8}\right)^2-52\cdot\frac{\log_2 a}{\log_2 16}-30\cdot\frac{1}{\log_2 32}=0$$

ここで $t=\log_2 a$ とおくと

$$16\cdot\left(\frac{t}{2}\right)^3-9\cdot\left(\frac{t}{3}\right)^2-52\cdot\frac{t}{4}-30\cdot\frac{1}{5}=0$$

$$2t^3-t^2-13t-6=0$$

$$(t+2)(2t^2-5t-3)=0$$

$$(t+2)(2t+1)(t-3)=0$$

$$\therefore\quad t=-2,\ -\frac{1}{2},\ 3$$

$t=\log_2 a$ より $a=2^t$ であるから

$$a=\frac{1}{4},\ \frac{\sqrt{2}}{2},\ 8\quad \to ケ〜ス$$

(3)
$$P(E)=P(A\cap E)+P(B\cap E)+P(C\cap E)$$
$$=\frac{6}{20}\cdot\frac{3}{100}+\frac{9}{20}\cdot\frac{1}{100}+\frac{5}{20}\cdot\frac{2}{100}$$
$$=\frac{37}{2000}\quad \to セ〜テ$$

次に

$$P_E(A)=\frac{P(E\cap A)}{P(E)}=\frac{18}{2000}\cdot\frac{2000}{37}=\frac{18}{37}\quad \to ト〜ヌ$$

(4)(a) x, y の平均値をそれぞれ $\overline{x}$, $\overline{y}$ とすると

$$\overline{x}=\frac{1}{47}\sum_{i=1}^{47}x_i=\frac{1}{47}(1+2+\cdots+47)=\frac{1}{47}\cdot\frac{1}{2}\cdot47\cdot48=24$$

同様にして　　$\overline{y}=24$

x, y の標準偏差をそれぞれ S_x, S_y とすると

$$\begin{aligned}S_x&=\sqrt{\frac{1}{47}\sum_{i=1}^{47}(x_i-24)^2}\\&=\sqrt{\frac{1}{47}\{(-23)^2+(-22)^2+\cdots+(-1)^2+0^2+1^2+\cdots+22^2+23^2\}}\\&=\sqrt{\frac{1}{47}\cdot2\sum_{i=1}^{23}i^2}\\&=\sqrt{\frac{1}{47}\cdot2\cdot\frac{1}{6}\cdot23\cdot24\cdot47}\\&=\sqrt{8\cdot23}\end{aligned}$$

同様にして　　$S_y=\sqrt{8\cdot23}$

x, y の共分散 S_{xy} は

$$\begin{aligned}S_{xy}&=\frac{1}{47}\sum_{i=1}^{47}(x_i-24)(y_i-24)\\&=\frac{1}{47}\left(\sum_{i=1}^{47}x_iy_i-24\sum_{i=1}^{47}x_i-24\sum_{i=1}^{47}y_i+\sum_{i=1}^{47}24^2\right)\quad\cdots\cdots①\end{aligned}$$

ここで，$f_i=-x_i+y_i$ より

$$\begin{aligned}\sum_{i=1}^{47}f_i^2&=\sum_{i=1}^{47}(-x_i+y_i)^2\\&=\sum_{i=1}^{47}(x_i^2-2x_iy_i+y_i^2)\\&=\sum_{i=1}^{47}x_i^2+\sum_{i=1}^{47}y_i^2-2\sum_{i=1}^{47}x_iy_i\\&=\frac{1}{6}\cdot47\cdot48\cdot95+\frac{1}{6}\cdot47\cdot48\cdot95-2\sum_{i=1}^{47}x_iy_i\\&=2\cdot47\cdot8\cdot95-2\sum_{i=1}^{47}x_iy_i\end{aligned}$$

よって　　$\displaystyle\sum_{i=1}^{47}x_iy_i=47\cdot8\cdot95-\frac{1}{2}\sum_{i=1}^{47}f_i^2$　……②

①，②より

$$S_{xy}=\frac{1}{47}\left(47\cdot8\cdot95-\frac{1}{2}\sum_{i=1}^{47}f_i^2-24\cdot\frac{1}{2}\cdot47\cdot48-24\cdot\frac{1}{2}\cdot47\cdot48+24^2\cdot47\right)$$

$$=8\cdot 23-\frac{1}{94}\sum_{i=1}^{47}f_i^2$$

よって

$$r=\frac{S_{xy}}{S_xS_y}$$

$$=\frac{8\cdot 23-\frac{1}{94}\sum_{i=1}^{47}f_i^2}{\sqrt{8\cdot 23}\cdot\sqrt{8\cdot 23}}$$

$$=1-\frac{1}{17296}\sum_{i=1}^{47}f_i^2 \quad \to ネ$$

(b)　(a)の結果を用いて

$$r=1-\frac{1}{17296}\sum_{i=1}^{47}f_i^2$$

$$=1-\frac{1}{17296}\sum_{i=1}^{47}(x_i-y_i)^2$$

$$=1-\frac{1}{17296}\{(x_{46}-y_{46})^2+(x_{47}-y_{47})^2\}$$

題意より，$x_{46}=y_{47}=a$，$x_{47}=y_{46}=b$（a，b は $1\leqq a\leqq 47$，$1\leqq b\leqq 47$，$a\neq b$ を満たす整数）とおくことができるので

$$r=1-\frac{1}{17296}\cdot 2(a-b)^2$$

$$=1-\frac{1}{8648}(a-b)^2$$

ここで，$|a-b|=1$ のとき $(a-b)^2$ は最小値 1 をとり，$(a,\ b)=(47,\ 1)$，$(1,\ 47)$ のとき $(a-b)^2$ は最大値 46^2 をとるので

r の最大値は　　$1-\dfrac{1}{8648}=\dfrac{8647}{8648}$　→ノ

r の最小値は　　$1-\dfrac{46^2}{8648}=1-\dfrac{23}{94}=\dfrac{71}{94}$　→ハ

❖講　評

例年通りの出題内容・難易度であり，標準的な問題集・過去問集をこなしていれば高得点が期待できる。ただし，計算量の多い問題もあるので，60 分で完答するためにはかなりの計算力が求められる。[1]は集合の要素の個数に関するマークシート式の問題である。ベン図を用いて考えるとよい。[2]は 3 次関数に関する基本的な内容の記述式問題である。[3]はマークシート式である。(1)は誘導を踏まえて，まずは b_n と b_{n+1} の関係式を立てること。(2)は底の変換公式を用いて 3 次方程式に帰着させればよい。(3)は基本的な条件付き確率の問題である。(4)は相関係数を求める際に若干計算量が多いものの，難易度はそこまで高くはない。Σの公式等を用いて効率よく計算を進めること。

◀数学Ⅰ・Ⅱ・Ⅲ・A・B▶

1 **解答** (1) $\dfrac{163}{540}$　(2) $\dfrac{143}{270}$

(3)袋Cから取り出された可能性が最も大きい。

（導出過程の記述は省略）

◀解　説▶

≪排反事象の確率，条件付き確率≫

(1)　大きさの異なる2つのサイコロを「大」「小」で表す。

サイコロの目の和と球を取り出す袋の関係は，右表のようになる。

大＼小	1	2	3	4	5	6
1	A	A	B	B	B	C
2	A	B	B	B	C	C
3	B	B	B	C	C	C
4	B	B	C	C	C	D
5	B	C	C	C	D	D
6	C	C	C	D	D	D

(i)袋Aから2つの白球を取り出す確率は

$$\frac{3}{6^2}\cdot\frac{{}_4C_2}{{}_{10}C_2}$$

(ii)袋Bから2つの白球を取り出す確率は

$$\frac{12}{6^2}\cdot\frac{{}_5C_2}{{}_{10}C_2}$$

(iii)袋Cから2つの白球を取り出す確率は

$$\frac{15}{6^2}\cdot\frac{{}_6C_2}{{}_{10}C_2}$$

(iv)袋Dから2つの白球を取り出す確率は

$$\frac{6}{6^2}\cdot\frac{{}_7C_2}{{}_{10}C_2}$$

(i)〜(iv)の事象は互いに排反であるから，求める確率は

$$\frac{3}{6^2}\cdot\frac{{}_4C_2}{{}_{10}C_2}+\frac{12}{6^2}\cdot\frac{{}_5C_2}{{}_{10}C_2}+\frac{15}{6^2}\cdot\frac{{}_6C_2}{{}_{10}C_2}+\frac{6}{6^2}\cdot\frac{{}_7C_2}{{}_{10}C_2}$$

$$=\frac{3\cdot6+12\cdot10+15\cdot15+6\cdot21}{6^2\cdot45}=\frac{163}{540}$$

このように，表を用いたり，場合分けを行うことが「漏れなく・重複なく」数え上げることのポイントとなる。

(2)　(1)と同様にして，求める確率は

$$\frac{3}{6^2}\cdot\frac{{}_4C_1\cdot{}_6C_1}{{}_{10}C_2}+\frac{12}{6^2}\cdot\frac{{}_5C_1\cdot{}_5C_1}{{}_{10}C_2}+\frac{15}{6^2}\cdot\frac{{}_6C_1\cdot{}_4C_1}{{}_{10}C_2}+\frac{6}{6^2}\cdot\frac{{}_7C_1\cdot{}_3C_1}{{}_{10}C_2}=\frac{143}{270}$$

(3)　白球を2つ取り出すという事象をXとする。また，袋Aから球を取り出すという事象をAとし，事象B，C，Dについても同様に定める。$P_X(A)$，$P_X(B)$，$P_X(C)$，$P_X(D)$ の中で最大となるものを求めればよく

$$P_X(A)=\frac{P(X\cap A)}{P(X)}$$

で他も同様であるから，(1)の(i)〜(iv)の中で，最大となるものに注目すればよい。分母は同じなので分子を比較して

$$3\cdot{}_4C_2=18,\ 12\cdot{}_5C_2=120,\ 15\cdot{}_6C_2=225,\ 6\cdot{}_7C_2=126$$

であるから，(iii)の場合，つまり袋Cから取り出された可能性が最も大きい。ここでは，いずれの分母も$P(X)$ で一致しているから確率を計算する必要はない。

2　解答

(1) $a\leqq -2$　(2) $a=-2$

(3) $x=-7$ のとき，最小値 $g(-7)=-512$ をとる。

（導出過程の記述は省略）

◀解　説▶

≪4次方程式が異なる3つの実数解をもつための条件，4次関数の最小値≫

(1)　方程式$f(x)=0$の判別式をDとする。

$f(x)=0$が実数解をもつため

$$D\geqq 0 \Longleftrightarrow a^2-4\cdot1\cdot1\geqq 0$$
$$\Longleftrightarrow a^2\geqq 4$$
$$\Longleftrightarrow a\leqq -2,\ 2\leqq a$$

$a<0$ より　　$a\leqq -2$

(2)　$g(-3)=0$ より $g(x)$ は$x+3$を因数にもち

$$g(x)=(x+3)\{x^3+(a+9)x^2+(9a+1)x+9\}\quad\cdots\cdots①$$

$h(x)=x^3+(a+9)x^2+(9a+1)x+9$ とおくと，$h(-9)=0$ より $h(x)$ は $x+9$を因数にもち

$$h(x)=(x+9)(x^2+ax+1)\quad\cdots\cdots②$$

①，②より　　$g(x)=(x+3)(x+9)(x^2+ax+1)$

ここで(1)のとおり$f(x)$ を定める。このとき$f(-3)=0$と仮定すると

$$(-3)^2+a\cdot(-3)+1=0$$

$$a=\frac{10}{3}$$

これは $a<0$ と矛盾するので　　$f(-3)\neq 0$

同様にして　　$f(-9)\neq 0$

つまり，-3 と -9 が方程式 $f(x)=0$ の解となることはない。

よって，方程式 $g(x)=0$ が異なる3つの実数解をもつためには，方程式 $f(x)=0$ が重解をもつことが必要十分条件で，このための a の値を求めればよい。

(1)と同様に D を定めると，重解をもつことから

$$D=0 \Longleftrightarrow a^2=4$$

$$\Longleftrightarrow a=\pm 2$$

$a<0$ より　　$a=-2$

ここでは，因数定理を用いて $g(x)=(x+3)(x+9)f(x)$ の形に因数分解するところがポイントである。実数解として $x=-3,\ -9$ が確定するので，残りの1つに注目すればよい。

(3)　$a=-2$ より

$$g(x)=x^4+10x^3+4x^2-42x+27$$

であるから

$$\begin{aligned} g'(x)&=4x^3+30x^2+8x-42\\ &=2(2x^3+15x^2+4x-21)\\ &=2(x-1)(2x^2+17x+21)\\ &=2(x-1)(x+7)(2x+3) \end{aligned}$$

また，$g(x)=(x+3)(x+9)(x-1)^2$ より

$$g(1)=0,\quad g(-7)=-512$$

よって，$g(x)$ の増減表は右のようになるので，$g(x)$ は $x=-7$ のとき最小値 -512 をとる。

x	$\cdots$	-7	$\cdots$	$-\frac{3}{2}$	$\cdots$	1	$\cdots$
$g'(x)$	$-$	0	$+$	0	$-$	0	$+$
$g(x)$	↘	-512	↗	極大	↘	0	↗

3 **解答** (1) $f'(x)=\dfrac{2a\sin x}{(\cos^2 x+a^2\sin^2 x)^2}\{(1-a^2)\cos^2 x-a^2\}$

(2) $0<a<\dfrac{1}{\sqrt{2}}$ (3) $f(t)=\dfrac{1}{\sqrt{1-a^2}}$

(4) $\displaystyle\int_0^t f(x)\,dx=\frac{a}{\sqrt{1-a^2}}\log\frac{1+\sqrt{1-2a^2}}{1-\sqrt{1-2a^2}}$

（導出過程の記述は省略）

◀解 説▶

≪関数が極大値をもつための条件≫

(1)
$$f'(x)=2a\cdot\frac{(\cos x)'(\cos^2 x+a^2\sin^2 x)-\cos x(\cos^2 x+a^2\sin^2 x)'}{(\cos^2 x+a^2\sin^2 x)^2}$$
$$=2a\cdot\frac{-\sin x(\cos^2 x+a^2\sin^2 x)-\cos x(-2\cos x\sin x+2a^2\sin x\cos x)}{(\cos^2 x+a^2\sin^2 x)^2}$$
$$=\frac{2a\sin x(-\cos^2 x-a^2\sin^2 x+2\cos^2 x-2a^2\cos^2 x)}{(\cos^2 x+a^2\sin^2 x)^2}$$
$$=\frac{2a\sin x\{-a^2(1-\cos^2 x)+(1-2a^2)\cos^2 x\}}{(\cos^2 x+a^2\sin^2 x)^2}$$
$$=\frac{2a\sin x\{(1-a^2)\cos^2 x-a^2\}}{(\cos^2 x+a^2\sin^2 x)^2}$$

(2) $1-a^2\leqq 0$ であると仮定すると $(1-a^2)\cos^2 x-a^2<0$ であるが，$0<x<\dfrac{\pi}{2}$ において $\sin x>0$ であることと $a>0$ より $f'(x)<0$ となり，$x=t$ $\left(0<t<\dfrac{\pi}{2}\right)$ で極大となることに反する。

よって　$1-a^2>0$

さらに，$a>0$ であるから　$0<a<1$

このとき

$$f'(x)=\frac{2a(1-a^2)\sin x\left(\cos^2 x-\dfrac{a^2}{1-a^2}\right)}{(\cos^2 x+a^2\sin^2 x)^2}$$
$$=\frac{2a(1-a^2)\sin x}{(\cos^2 x+a^2\sin^2 x)^2}\left(\cos x+\frac{a}{\sqrt{1-a^2}}\right)\left(\cos x-\frac{a}{\sqrt{1-a^2}}\right)$$

$x=t$ $\left(0<t<\dfrac{\pi}{2}\right)$ で極大値をとるためには，$f'(t)=0$ かつ $x=t$ の前後で

$f'(x)$ の符号が正から負に変わることが必要十分条件であり

$$\cos t = \frac{a}{\sqrt{1-a^2}} \quad \left(0<t<\frac{\pi}{2}\right)$$

を満たす t が存在すればよい。

$0<t<\dfrac{\pi}{2}$ のとき $0<\cos t<1$ であるから，$0<a<1$ のもとで

$$\begin{aligned} 0<\frac{a}{\sqrt{1-a^2}}<1 &\Longleftrightarrow 0<a<\sqrt{1-a^2} \\ &\Longleftrightarrow a^2<1-a^2 \\ &\Longleftrightarrow a^2<\frac{1}{2} \\ &\Longleftrightarrow 0<a<\frac{1}{\sqrt{2}} \end{aligned}$$

以上のように，$f'(t)=0$ となるためには，$\cos t = \dfrac{a}{\sqrt{1-a^2}}$ $\left(0<t<\dfrac{\pi}{2}\right)$ を満たす t が存在しなければならない。$0<t<\dfrac{\pi}{2}$ を踏まえて，a のとり得る値を求めること。

(3)　$$\begin{aligned} f(t) &= \frac{2a\cos t}{\cos^2 t + a^2\sin^2 t} \\ &= \frac{2a\cos t}{\cos^2 t + a^2(1-\cos^2 t)} \\ &= \frac{2a\cos t}{(1-a^2)\cos^2 t + a^2} \end{aligned}$$

(2)より $\cos t = \dfrac{a}{\sqrt{1-a^2}}$ であるから

$$f(t) = \frac{2a\cdot\dfrac{a}{\sqrt{1-a^2}}}{(1-a^2)\cdot\dfrac{a^2}{1-a^2}+a^2} = \frac{1}{\sqrt{1-a^2}}$$

(4)　$m=\sin x$ とおくと，$\dfrac{dm}{dx}=\cos x$ であり，x と m は右のように対応する。よって

x	$0 \to t \left(<\dfrac{\pi}{2}\right)$
m	$0 \to \sin t \left(<\sin\dfrac{\pi}{2}=1\right)$

$$\int_0^t f(x)\,dx = 2a\int_0^{\sin t} \frac{dm}{1-m^2+a^2m^2}$$

$$=2a\int_0^{\sin t}\frac{dm}{1-(1-a^2)m^2}$$

$$=2a\int_0^{\sin t}\frac{dm}{(1-\sqrt{1-a^2}\,m)(1+\sqrt{1-a^2}\,m)}\quad (m>0\text{ より})$$

$$=2a\int_0^{\sin t}\left(\frac{1}{1-\sqrt{1-a^2}\,m}+\frac{1}{1+\sqrt{1-a^2}\,m}\right)\cdot\frac{1}{2}dm$$

$$=a\Big[-\frac{1}{\sqrt{1-a^2}}\log|1-\sqrt{1-a^2}\,m|$$

$$+\frac{1}{\sqrt{1-a^2}}\log|1+\sqrt{1-a^2}\,m|\Big]_0^{\sin t}$$

$$=\frac{a}{\sqrt{1-a^2}}\left[\log\left|\frac{1+\sqrt{1-a^2}\,m}{1-\sqrt{1-a^2}\,m}\right|\right]_0^{\sin t}$$

$$=\frac{a}{\sqrt{1-a^2}}\log\left|\frac{1+\sqrt{1-a^2}\sin t}{1-\sqrt{1-a^2}\sin t}\right|$$

ここで，$\cos t=\dfrac{a}{\sqrt{1-a^2}}$ $\left(0<t<\dfrac{\pi}{2}\right)$ より $\sin t=\dfrac{\sqrt{1-2a^2}}{\sqrt{1-a^2}}$ であり，

$1+\sqrt{1-2a^2}>0$，$1-\sqrt{1-2a^2}>0$ $\left(0<a<\dfrac{1}{\sqrt{2}}\right)$ であるから

$$\int_0^t f(x)\,dx=\frac{a}{\sqrt{1-a^2}}\log\frac{1+\sqrt{1-2a^2}}{1-\sqrt{1-2a^2}}$$

❖講　評

例年通りの出題内容・難易度であり，発展的な問題集・過去問集をこなしていれば高得点が期待できる。[1]は基本的な問題であり，表の利用や場合分け等により漏れなく数え上げればよい。[2]は誘導形式となっており，(2)については因数定理を用いて $g(x)=(x+3)(x+9)f(x)$ の形に表すところがポイントである。[3]も誘導形式となっており，(2)については極値をもつための条件と，三角関数のとり得る値に注目して不等式を立てればよい。

❖講　評

大問三題。構成は二〇二二年度と同じく、評論文二題と国語常識一題である。

□一の評論は、資本主義社会の都市を消費の場、生産の場、社会構造の空間的表現として捉える都市社会学に焦点を当てた社会論からの出題。文章量は多いものの、具体例も多用されるため、内容としては標準的である。設問についても特別難解なものはなく、丁寧に読解すれば解ける問題である。ただし、問七や問九は傍線部からかなり離れた部分が答えになるほか、記述問題も複数あり、すべての選択肢の正誤を判定させる内容真偽の問題もあるため、全体を俯瞰しつつテンポよく解答していく必要がある。

□二の評論は、人工知能研究の歴史的推移を説明しながら、「身体性」と「状況性」が認知科学の困難を打破してより人間（生命）らしい人工知能をつくり出す鍵となるとした技術論からの出題。□一の評論に比べると文章量は半分以下となるが、それでも一般的な量よりは多く、内容も専門的であるため、読解に時間がかかるだろう。とはいえ、設問には特別難解なものはなく、丁寧に読解すれば解ける問題である。こちらも複数の記述問題、すべての選択肢の正誤を判定させる内容真偽の問題があるため、注意が必要である。

□三の国語常識は、問一が慣用句の空所補充、問二が文学史である。文学史の構成は例年通りだが、語句の空所補充は例年、慣用句または四字熟語が出題されており、広く慣用表現に当たっておく必要がある。

「人工知能研究」に関する「マーヴィン・ミンスキー」の発言は〈解決は可能だ〉とする楽観論から〈最大の難問だ〉とする悲観論に修正しており、合致しない。また、(Ⅲ)は第二十六段落で述べられる内容だが、「コネクショニズム」が脚光を浴びたのは〈九〇年代〉ではなく〈八〇年代〉であるため、合致しない。

三

解答

問一　(Ⅰ)－ア　(Ⅱ)－オ　(Ⅲ)－イ　(Ⅳ)－ウ　(Ⅴ)－ア

問二　(Ⅰ)－エ　(Ⅱ)－ク　(Ⅲ)－イ　(Ⅳ)－キ　(Ⅴ)－ウ

▲解　説▼

問一　(Ⅰ)「食指を動かす」とは〝食べる気が起こる〟、転じて〝物事に興味・関心を持ってしてみようという気になる〟という意味の慣用句。

(Ⅱ)「地歩を固める」とは〝自分の地位・立場を確かなものにする〟という意味の慣用句。

(Ⅲ)「琴線に触れる」とは〝心に伝わるものがあり、繊細かつ微妙な感動を覚える〟という意味の慣用句。

(Ⅳ)「一頭地を抜く」とは〝他の多くより一段と優れている〟という意味の慣用句。

(Ⅴ)「画餅に帰す」とは〝計画が失敗に終わり、無駄な骨折りになる〟という意味の慣用句。

問二　アの『虚無への供物』は中井英夫。オの『恩讐の彼方に』は菊池寛。カの『伊豆の踊子』は川端康成。

問七　筆者の用いる「身体性」と「状況性」という二つの言葉の意味をそれぞれ説明する問題である。傍線部を含む文を確認すると、両者は〈既存の人工知能研究の流れにブルックスがもたらした大きな洞察〉であるとわかる。第十五〜二十二段落で述べられたブルックスのロボット開発の核心は、第二十三段落からまとめられている。まず、「表象なき知性」に基づいたロボットは「実世界で起きていることを感じるためのセンサと、動作を速やかに遂行するためのモータ」が必要であり、そのような身体によって外界のデータをつど世界から引き出していく。そして傍線部を含む段落にあるように〈生命らしい知能を実現するために「身体」が必要であり、そして知能は「環境や文脈から切り離」さず「状況に埋め込まれた」ものとして理解されるべきだ〉と主張している。以上の内容をまとめればよい。

問八　「認知主義」と比較対照される「コネクショニズム」の特徴を説明する問題である。両者は第二十六〜二十九段落に記述される人工知能研究のアプローチである。第二十六段落にあるように、「計算機それ自体を心のモデルとみなす」認知主義と「人間の脳を模倣した人工ニューラルネットワークを使って、心のメカニズム」に迫るコネクショニズムはそれぞれ、第二十八段落にあるように「計算や論理的推論など、比較的高度な認知能力を範型（はんけい）としていた」前者、「パターン認識や行動の生成など……プリミティブな課題を重視する」後者という違いや、第二十九段落にあるように「記号処理の過程が環境から閉ざされていた」前者、「外部との相互作用に開かれている」後者、という違いがある。これらをまとめればよい。

問九　筆者の「生命」に関する見解は第三十一・三十二段落で述べられており、「認知主体」としての「生命」は「環境と絶えず相互作用しながら、さしあたりの知覚データを手がかりに、的確な行為を迅速に生成していく」もので、「世界に参加すること」つまり「環境に埋め込まれた身体を用いて、変動し続ける状況に対応しながら、柔軟に、しなやかに、予測不可能な世界に在り続けること」がもっとも切実なその任務であり、「外界の忠実なモデルを内面に構築する」ことは不要だとしている。よってこれに合致しないアが正解である。

問十　まず、(Ⅰ)は第八段落の内容と、(Ⅳ)は第一段落の内容とそれぞれ合致する。一方、(Ⅱ)は第六段落を見ると、かる。なお、第十五段落にあるように、その制御による「当時最先端のロボット」は「物を避けながら部屋を横切るだけで何時間もかかる機械」であった。そのような〈ロボットの行動に時間のかかりすぎる制御〉とは、第十七段落にあるように「外界の情報を知覚して内部モデルを構築し、計画を立ててから動く」というプロセスである。よって正解はアである。

問四　空欄を含む文を確認すると、空欄には、ロボットの「複雑な認知過程」を単純化した「二つのステップ」が入るとわかる。それを考案したブルックスが「最初に作ったロボット『アレン』の制御系」が第二十段落で説明される。それは〈物体との衝突を回避する最下層〉と〈ロボットを彷徨わせる中間層〉と〈行き先を探して指令を出す最上層〉からなる。これを発展させた彼は、第二十三段落にあるように「実世界で起きていることを感じるためのセンサ」と「動作を速やかに遂行するためのモータ」があればよいという結論に至る。よって正解はエである。

問五　まず傍線部を含む文を確認すると、「包摂」は、「下層から上層へと」つながる「ロボットの行動のための制御系」を示す言葉であるとわかる。この構造を持つのが〈ブルックスが最初に作ったロボット「アレン」〉である。最下層、中間層、最上層という三層構成の「アレン」は、第二十一段落にもあるように〈何層もの制御系が並行して動き続ける〉ロボットで、各層が互いに補い合うことで速やかな動作を実現している。また「包摂」という語句の辞書的な意味は〈ある範囲の中に包み入れること〉や〈一つの事柄をより大きな範囲の事柄の中に取り込むこと〉であり、正解はアである。

問六　空欄を含む文や段落を確認すると、空欄には、〈計算能力には大差がないはずの昆虫とロボットの能力差を追究したブルックスがたどり着いたアイディア〉が入るとわかる。その詳細は第十七・十八段落にすでに述べられている〈複雑な認知過程を二つのステップに圧縮する〉という「大胆不敵なアイディア」である。「速やかな行為」のために必要なものは「表象したり考えたりする過程」ではなく「表象なき知性」だと着想した彼は〈三層構成のロボット「アレン」〉でそれを実装するのである。よって正解はウである。

問十　(Ⅰ)―○　(Ⅱ)―×　(Ⅲ)―×　(Ⅳ)―○

◆要　旨◆

数学者チューリングの〈機械〉を〈明示された規則に従うだけの意図と目的を欠いた記号操作〉だとした哲学者ウィトゲンシュタインは、人工知能研究の直面する困難を予告していた。与えられた問題を解くことしかできない「古きよき人工知能」の限界を打破し、人工知能の基盤となりうるのが、ロボット工学者ブルックスが洞察した、環境に埋め込まれた身体を用いて、変動し続ける状況に対応する「身体性」と「状況性」の考えである。彼は、実世界の事象を感じるセンサと動作を速やかに遂行するモータさえあれば、ロボット内部に外界の情報を構築する必要はないとし、認知主義やコネクショニズムの限界を超えて、予測不可能な世界に在り続ける「生命」らしい知能の実現を求めた。

◀解　説▶

問一　〈計算していること〉と〈計算しているように見えること〉との違いを説明する問題である。まず、第二段落に引用されたウィトゲンシュタインの見解にあるように、前者は〈人間の行為〉であり、後者は〈人間によって操作された機械の結果〉である。そして傍線部の直後の文に〈明示された規則に合致した操作だけを行うこと〉は「計算と呼べない」とあることから、後者である。一方、前者については、第四段落に述べられるように〈正しい結果を求めるという意図と目的を持って計算結果の正誤まで吟味すること〉である。これらをまとめればよい。

問二　〈人工知能研究が直面する困難を乗り越えるために必要なもの〉を正しく説明したものを選ぶ問題である。〈人工知能研究が直面する困難〉については、傍線部を含む文の直前の文にあるウィトゲンシュタインの〈規則に従う機械〉をめぐる考察が予告するものであり、第七段落にあるように「規則を列挙するやり方」でプログラムされた機械は「与えられた問題を解く以上のことができない」のである。これを打破するために必要なものは、第八段落にあるように〈刻々と変化する状況に参加できる、目的と意図を持った身体〉である。よって正解はアである。

問三　空欄を含む文を確認すると、空欄には〈ロボットが動くために必要だと科学者が思い込んでいる制御〉が入るとわ

二

出典　森田真生『計算する生命』〈第四章　計算する生命〉（新潮社）

解答

問一　明示された規則に合致した記号操作は、それ自体が計算であるという考えがあるが、正しい結果と間違った結果の区別ができず、結果の正しさについて、みずから問い直すことができないため、それだけでは計算しているとは言えないということ。

問二　ア

問三　ア

問四　エ

問五　ア

問六　ウ

問七　筆者は、人工知能研究における「身体性」を、実世界で起きていることを感じるためのセンサと、動作を速やかに遂行するためのモータを備え、生命らしい知能を実現する不可欠のものという意味で用いている。また、「状況性」を、環境や文脈から切り離さずに、「状況に埋め込まれた」ものとして、知能を理解することという意味で用いている。

問八　計算機それ自体を心のモデルとみなす認知主義では、主として抽象的な問題解決能力に光を当て、計算や論理的推論などの比較的高度な認知能力を範型としていたが、記号処理の過程が環境から閉ざされていた。

一方、人間の脳を模倣した人工ニューラルネットワークを使って、心のメカニズムに迫るコネクショニズムでは、固定された記号の代わりに、人工ニューラルネットワークの内部状態を表象とみなすもので、よりプリミティブな課題を重視する傾向があり、認知主義が閉ざしていた外部との相互作用にも開かれている。

問九　ア

我慢して彼の研究に対する批判・分析を読みすすめていくと、最後から四つめの段落に「彼に始まる都市研究は、人間生態学または都市生態学と呼ばれる」とある。ここが正解である。

問十　都市の空間構造を図式化した〈バージェスの同心円地帯理論〉を実際に図式化する問題である。図の詳細は直後の二段落で説明されている。中心には「ループとも呼ばれる都心の中央ビジネス地区」があり、それを取り巻くのが「貧民街」を含む「遷移地帯」である。それに隣接するのが「工場地帯」で、その外側が「労働者住宅地帯」であり、その外側に「都心へ通勤する新中間階級」のための「住宅専用地帯」が広がり、さらに外側に「郊外や衛星都市の通勤者住宅地帯」が形成されるという。よって正解はオである。

問十一　カステルの描いたバージェスの図式とは異なる「新たな大都市の見取り図」の詳細については、直前の段落に述べられている。「指令・管理的活動」が集中する「中央ビジネス地帯」の中心を取り巻く「上流階級の居住地」の外側に「貧困化した労働者やマイノリティが居住する地域」が広がる。その外縁に沿って〈生活と労働が多様化する郊外〉が続き、さらに外側の「田園地域・準田園地域」には不規則に活動と居住の場が広がると彼はいう。これに合致するのはエである。ウも合致するように見えるが、前半の説明は〈田園地域〉ではなく〈郊外〉である。

問十二　まず、(Ⅱ)は第三十八段落の内容と、(Ⅴ)は第十六段落の内容とそれぞれ合致する。一方、(Ⅰ)は第三十二段落にあるように「デヴィッド・ハーヴェイ」ではなく「アンリ・ルフェーブル」であるため、合致しない。また、(Ⅲ)は第四十七～五十一段落に述べられている内容だが、第五十一段落に〈日本の都市は米国以上に住宅不足が深刻だった〉とあるため、合致しない。(Ⅳ)については第一・二段落を確認するとわかるように、「都市社会学」は〈新たな学問として生まれたもの〉ではなく〈以前からあった研究分野のなかで関心が高まったもの〉であるため、合致しない。

が不適切だとわかる。

問六　本文は段落冒頭の接続詞の使われ方に一定の傾向がある。まず、空欄①については、直後に問題提起が続いているが、本文では、第七段落や第九段落など、問題提起で始まる段落では必ずその前に「それでは」という転換の接続詞があり、空欄①も同様だと考えると、オが正答ではないかと想定される。次に、空欄②については、直後に定義を示す文が続き、第十一段落と同様の構造だと考えると「つまり」が入ると考えられる。最後に、空欄③だが、これは空欄の前後で反対の内容となっているため、逆接の接続詞が入る。よって、正解はやはりオである。

問七　カステルが〈都市社会学〉と〈資本主義〉とを結びつけた理由を説明する問題である。傍線部を含む文は「以上のように」という文言で始まっており、詳しい内容はこの箇所よりも前に述べられているとわかる。第六段落の冒頭で「都市社会学にははっきりした研究対象がな」かったと述べられる。しかしカステルは、それでは第七段落にあるように〈都市の雑多な現象〉の背後にある〈資本主義的な社会構造〉が無視されてしまうと考えた。そうした落とし穴を避けるため、カステルは「これらの現象が社会構造のなかに占める位置を明らかにする必要がある」と考えたのである。以上の内容をまとめればよい。

問八　大量生産と大量消費とを結びつけた具体的な方法を説明する問題である。傍線部にもあるようにそこには「ベルト・コンベア・システム」と「相対的な高賃金」とが関わっており、その詳細は直前の五段落に述べられている。すなわちフォードは、「ベルト・コンベア」による単純で過酷な生産システムを用いて自動車の生産性を高めると同時に、そうした環境でも働く労働者の確保と彼らの購買力を高めるために「賃金を大幅に引き上げ」ることで〈裕福な労働者〉が大量生産された製品を購入する（＝大量消費する）と考えたのである。以上の内容をまとめればよい。

問九　傍線部を含む文を確認すると、アーネスト・バージェスの研究は「都市の空間構造」の「図式化」だとわかる。それは、これ以降の段落で「バージェスの同心円地帯理論」または「バージェスの同心円地帯論」と呼ばれる。思わずここを選びそうになるが、問われているのは彼の研究ではなく「バージェスによって始められた研究」の呼称である。

問二　空欄を含む段落には〈都市研究のあり方〉を問う問題提起があり、空欄を含む文はその答えとなる「三つの視点」を表し、次の段落から順にそれらが詳説されていく。第十段落から第二十九段落までは〈消費活動を通じた「労働力の再生産」〉について語られ、第三十段落から第五十三段落までは〈利潤を目的とした生産活動が行われ、そしてそれにより生み出される都市〉について語られる。そして第五十四段落からはカステルが重要視した〈社会構造と空間の関係〉について最終段落まで語られる。「三つの視点」とは〈消費〉と〈生産〉そして〈社会構造と空間〉である。よって正解はエである。

問三「労働力の再生産」をもっぱら「自己維持本能と生殖本能」に求めたマルクスの考えにおいて軽視されていた内容を説明する問題である。その内容は第十三・十四段落に書かれており、一つは〈長時間の家事労働を担う女性たちの貢献〉であり、もう一つは〈住宅や交通機関、学校や病院といった施設や制度の果たす役割〉である。これらをそれぞれまとめればよい。

問四　二つの空欄を含む段落を確認すると、最終的に〈都市空間が集合的消費手段によって労働力が再生産される場である〉という結論が提示されており、二つの空欄にはそれを立証する過程で排斥される要素が入る。二つの空欄で示された要素の具体例がそれぞれ次の文で示されるという構造になっており、空欄Dには「多数の人が集まる難民キャンプ」のような集積、空欄Eには「石油コンビナートや巨大な製鉄所」のような集積を抽象する言葉が適切である。よって正解はウである。

問五　資本主義の発展過程における利潤率の低下を避ける方法を説明する問題である。本文を確認すると、第二十五段落冒頭でその方法を問う問題提起がなされており、まず〈生産手段の購入費用や賃金の引き下げ〉がその答えとして提示される。しかしそれだけでは限度があり、生産活動の停滞につながる恐れがある。そこで新たに提示されるのが、第二十七・二十八段落にある〈国や自治体による集合的消費手段の供給〉という実効力のある方法であり、この両方が〈利潤率の低下を避ける方法〉である。これを踏まえて選択肢を検討すると、〈労働者個人の努力〉に依拠するオ

問八　単純で過酷な労働に労働者をつなぎ止めて生産性を向上させることと、賃金を引き上げて労働者の購買力を高め、大量消費を生むことの両方を実現するために、ベルト・コンベア・システムの下で働く労働者に高賃金を提示するという方法。

問九　人間生態学または都市生態学

問十　オ

問十一　エ

問十二　(Ⅰ)—×　(Ⅱ)—○　(Ⅲ)—×　(Ⅳ)—×　(Ⅴ)—○

◆要　旨◆

都市社会学者のカステルは、社会構造と空間の関係について研究するとともに、都市を集合的消費の場として捉えた。住宅・交通・教育・医療といった公共的な施設や制度などの集合的消費は「労働力の再生産」に寄与し、資本主義の発展過程で低下しがちな利潤率を向上させる。自動車産業や建築・不動産業を中心として大量生産と大量消費を結びつけたフォーディズムは資本主義の発展を支えたが、社会構造が投影された各都市空間では、バージェスの同心円地帯理論を批判・継承したような、中枢機能の集中や富裕層と貧困層の分極化、移民の増大に伴う所属階級と居住地の分離作用が生じている。

▲解　説▼

問一　空欄を含む文を確認すると、空欄には「個々の事例に関する知見を集めるだけの」状態を表す言葉が入るとわかる。これは「英国の都市社会学」の性格を表すものだが、日本のそれも同様の状態にあり、一つ前の文にあるように「都市で起こっている雑多な出来事」を研究している。つまり空欄には〈個々の事例や雑多な出来事を収集する学問上の立場〉を表す言葉が入る。これを踏まえて選択肢を検討すると、〈実験や観察といった経験的事実だけを認識の根拠とし、実際に確かめられないことはすべて疑おうとする立場〉である〈実証主義〉が当てはまる。

国語

（注）解答は、東京理科大学から提供のあった情報を掲載しています。

一

出典　橋本健二『階級都市――格差が街を侵食する』〈第二章　なぜ『階級都市』なのか――都市構造と資本主義〉（ちくま新書）

解答

問一　イ
問二　エ
問三　・労働者の労働力が再生産されるためには、長時間の家事労働を必要とするはずであるが、その多くを担っている女性たちの役割や貢献が軽視されていたと筆者は考えている。
・労働者の労働力が再生産されるためには、住宅や交通機関、学校や病院といった施設や制度が不可欠であるが、これら住宅や教育、医療などの役割が軽視されていたと筆者は考えている。
問四　ウ
問五　オ
問六　オ
問七　それまでの都市社会学では、都市で起こる雑多な現象を研究するにあたり、まったく理論的な共通性がなかったが、カステルは、それらの雑多な現象の背後には、資本主義的な社会構造があるのだから、まずは、それらの現象が社会構造のなかに占める位置を明らかにした上で、研究していく必要があると考えたため。

· memo ·

2022年度

問題と解答

■B方式

問題編

▶試験科目・配点

学 科	教 科	科 目	配 点
経営	外国語	コミュニケーション英語Ⅰ・Ⅱ・Ⅲ，英語表現Ⅰ・Ⅱ	100点※
	数 学	数学Ⅰ・Ⅱ・A・B	100点※
	国 語	国語総合・現代文B	100点※
国際デザイン経営	外国語	コミュニケーション英語Ⅰ・Ⅱ・Ⅲ，英語表現Ⅰ・Ⅱ	200点
	数 学	数学Ⅰ・Ⅱ・A・B	100点
	国 語	国語総合・現代文B	100点
ビジネスエコノミクス	外国語	コミュニケーション英語Ⅰ・Ⅱ・Ⅲ，英語表現Ⅰ・Ⅱ	100点
	数 学	数学Ⅰ・Ⅱ・A・B	100点
	数学・国語	「数学Ⅰ・Ⅱ・Ⅲ・A・B」，「国語総合・現代文B」から1科目選択	100点

▶備 考

※経営学科は，受験した3科目のうち，高得点の2科目はそれぞれの得点を1.5倍に換算，その上で，残り1科目の得点を加え，計400点満点とする。

- 英語はリスニングおよびスピーキングを課さない。
- 数学Bは「数列」「ベクトル」から出題。
- 国語総合は古文・漢文を除く近代以降の文章。

英語

(80分)

1 次の英文を読んで以下の問いに答えなさい。＊印をつけた語句には下に[注]があります。

(経営学科・ビジネスエコノミクス学科は36点，国際デザイン経営学科は72点)

On November 21st 2016, a line of thunderstorms* passed through the Australian state of Victoria. By the end of the following day, it had sent 3,000 people to hospital. Storms typically hurt people by blowing down buildings, flooding streets or setting fires. In this case, though, the casualties* were caused by asthma*. Late that afternoon a peculiarly powerful downdraft* generated by the storm front pushed a layer of cold air thick with pollen*, dust and other particles through Melbourne. The city's ambulance service was swamped (a) within hours. At least ten people died.

The risks that weather and climate pose (b) to human life are not always as specific to the peculiar (c) circumstances of time and place as that sudden-onset asthma epidemic. But they are complex functions* of what, where and who, and their mechanisms are not always easily discerned*. [　X　], they can interact with each other. For example, if the southern spring of 2016 had not brought weather particularly well suited to the growth of allergenic* grasses, would that stormy afternoon have been so catastrophic*? Such complexities mean that a gradual change to the climate can lead to sudden changes in the impacts (d) on human beings when things pass a certain threshold*. And that threshold will not necessarily be discernible (　1　) advance.

Not all the ways in which today's weather harms people will be exacerbated* by climate change. But research suggests that many of them will. Most of the problems people have with weather and climate come from extremes. When means* shift a little, extremes can shift a lot. Today's rare extremes become tomorrow's regular disturbances; tomorrow's extremes are completely new.

How damaging these impacts will be to the economic and physical welfare of humankind depends on how much warming takes place (e) and how well people adapt — both of which are currently unknowable. But it is possible to get a qualitative* sense of what they could mean by looking at the range of timescales* over which they operate. At one end, a thunderstorm's pollen surge (f), sweeping by (2) minutes; at the other, sea-level rise which could last longer than any civilisation in human history.

In terms of short-lived events, the worst sort of bad day that the world's weather can offer is generally taken to be the one (3) which you get hit by a tropical cyclone*, which is why hurricanes (as they are known in the Atlantic) and typhoons (as they are known in some other places) have become so heated (g) a part of the arguments about climate change. A single hurricane can do more than $100bn in damage, as Harvey did when it hit Houston in August 2017, or kill thousands, as Maria did the following month in Puerto Rico.

Tropical cyclones can only form over a sea or ocean with a surface temperature of 27℃ or more. The area where such temperatures are possible will definitely increase with warming. But that does not mean hurricanes will become more common. Their formation also requires that the wind be blowing at a similar speed close to the surface and at greater altitudes* — and this condition, models* say, will become less common in future over many of the places where hurricanes spawn (h). Thus models do not predict a great increase (4) the number of tropical cyclones; Atlantic hurricanes may well become more rare.

But more heat in the oceans means that those tropical cyclones which do get going are more likely to become intense(i). There is thus broad agreement among experts that the proportion* of hurricanes which reach category four or five looks set(j) to increase. So, too, does the rainfall associated (　5　) them, because warmer air holds more moisture*. Studies of the flooding caused by Hurricane Harvey suggest that warming due to climate change increased its rainfall by about 15%. Extreme rainfall events of many sorts increase in warmer worlds.

［注］

thunderstorm「激しい雷雨」
casualty「(事故・災害などの)死傷者，被害者」
asthma「ぜんそく」　downdraft「下降気流」　pollen「花粉」
function「相関的要素」
discern「(明白でないものを)理解する，識別する」
allergenic「アレルギーを引き起こす」
catastrophic「破滅的な，ひどく悪い」
threshold「(何かが起きる)境界，限界点」
exacerbate「悪化させる」　mean「(統計などの)中間値，平均値」
qualitative「質に関する，性質上の」　timescale「時間制限，期限」
cyclone「サイクロン，大暴風」　altitude「高度，海抜」
model「(システム・構造などを表す)モデル」
proportion「(全体の中での)割合，比率」　moisture「湿気，水蒸気」

(1)　下線部(a)～(j)の各語(句)と最も近い意味の語(句)をそれぞれ1～4から一つ選び，その番号を**解答用マークシート**にマークしなさい。

(a)　swamped
1　advanced　　2　extended
3　overwhelmed　　4　rescued

(b)　pose
1　cause　　2　eliminate

3 frighten　　4 infect

(c) peculiar

1 gorgeous　　2 particular

3 sudden　　4 tremendous

(d) impacts

1 benefits　　2 commitments

3 effects　　4 impressions

(e) takes place

1 balances　　2 controls

3 occurs　　4 replaces

(f) surge

1 accommodation　　2 damage

3 reduction　　4 swell

(g) heated

1 confused　　2 futile

3 passionate　　4 trivial

(h) spawn

1 are diminished　　2 are diverted

3 are enforced　　4 are generated

(i) intense

1 eager　　2 insensitive

3 moderate　　4 severe

(j) set

1 additional　　2 likely

3 superlative　　4 tentative

(2) 文中の空所(1)～(5)を本文の内容に合うように埋めるのに，最も適切な語をそれぞれ1～4から一つ選び，その番号を**解答用マークシート**にマークしなさい。

(1) 1 by　　2 in　　3 off　　4 to

(2)	1 at	2 in	3 of	4 to
(3)	1 by	2 from	3 on	4 with
(4)	1 by	2 for	3 in	4 on
(5)	1 at	2 of	3 on	4 with

(3) 文中の空所［　X　］を本文の内容に合うように埋めるのに，最も適切な語句を1～4から一つ選び，その番号を**解答用マークシート**にマークしなさい。

1 As it is　　2 By comparison

3 On the contrary　　4 What is more

(4) 本文のタイトルとして最も適切なものを1～4から一つ選び，その番号を**解答用マークシート**にマークしなさい。

1 Damage from climate change will be widespread and sometimes surprising

2 How similar and different are Hurricane Harvey and Hurricane Maria?

3 Is the world getting more wet?: How typhoons cause unexpected rainfall

4 The relationship between weather and illness will be identified in the near future

(5) 本文の内容に最も近い文をA～E群の1～4からそれぞれ一つ選び，その番号を**解答用マークシート**にマークしなさい。

A群

1 Asthma patients were warned against going out when a series of storms hit Melbourne.

2 Buildings were blown down, streets were flooded, and fires were set by thunderstorms that broke on November 21st 2016.

3 The pollen, dust and other particles would not have caused the asthma epidemic unless thunderstorms had occurred.

4 3,000 people were hospitalized in Australia because they were hurt

by floods and fires.

B群

1 It is easy to assess the risks posed by weather and climate because their mechanisms are very simple as is seen in the case of the asthma epidemic in Melbourne.

2 Slow, successive changes to climate will never bring about sudden, decisive impacts on human life.

3 The catastrophe of the asthma epidemic in Melbourne was due to the interaction between the effects produced by the spring weather and the thunderstorms.

4 The weather of the spring of 2016 in the south of Australia was unfavorable to allergenic grasses.

C群

1 According to research, damage as a result of weather at present will decrease due to climate change in the future.

2 Extreme weather causes most of the problems people have with weather and climate, but they are becoming less disastrous.

3 It is unimaginable what effects extreme weather will produce when today's extreme weather is more common.

4 People's adjustment to a new environment will not be able to reduce the economic and physical damage caused by extreme weather.

D群

1 Climate change will have good effects on the economy over a long timespan, as the sea level has been rising very quickly to produce fewer tropical cyclones.

2 Hurricane Maria killed thousands of people in Puerto Rico in August 2017.

3 Hurricanes and typhoons are examples of the worst type of short-lived events caused by the world's weather.

4 Hurricanes will be less common because there will be fewer areas in which a sea or ocean reaches a surface temperature of 27℃.

E群

1 About 15% of floods were caused by hurricanes with more moisture, and studies suggest this was a result of global warming.

2 Huge Atlantic hurricanes are likely to become rarer because of the disappearance of the climatic conditions for forming them in the Atlantic.

3 Less common as they may be, hurricanes will be more powerful in the Atlantic once they are formed.

4 The rainfall brought by hurricanes is expected to decrease owing to the smaller number of hurricanes.

2 次の英文を読んで以下の問いに答えなさい。＊印をつけた語句には下に[注]があります。

（経営学科・ビジネスエコノミクス学科は34点，国際デザイン経営学科は68点）

The McDonald brothers, Richard and Maurice (Dick and Mac), had operated a carhop* drive-in restaurant in San Bernardino, California, since the 1930s. By the early 1950s, the brothers had replaced the carhop service with self-service, simplified the menu to offer just hamburgers, cheeseburgers, French fries, milkshakes, soft drinks, and apple pie; and ran the restaurant like an assembly-line* operation(a). "The brothers' concept of a limited menu allowed them to break down food preparation into simple, repetitive(b) tasks that could be learned quickly, even by those stepping into the commercial kitchen for the first time," McDonald's historian John Love wrote in 1986. "Typically, there were three 'grill men,' who did nothing but grill hamburgers, two 'shake men,' who did nothing but make milkshakes, two 'fries men,' who specialized (1) making French fries, two 'dressers,' who dressed(c) and wrapped the hamburgers, and three 'countermen' who did nothing but fill orders at the two customer windows." The resulting labor cost savings, combined (2) the increased volume of sales, allowed the McDonald brothers to cut the price of a hamburger from 30 to 15 cents.

Such was the mode(d) at operation of the San Bernardino restaurant in 1954, when Ray Kroc, a salesman who supplied the McDonald brothers with multimixer milkshake machines, decided to travel to California and observe the brothers (3) work.

Inspecting carefully the brothers' operation, Kroc realized that the McDonalds' formula* of self-service, paper service, and quick service was something radically(e) different from anything hitherto known in the food service industry. He believed the formula was a ticket to business success, and bought from the brothers the rights to set up McDonald's restaurant franchises* across the country. Kroc opened his first McDonald's restaurant in Des Plaines, Illinois, near Chicago in 1955, incorporating* his company as the McDonald's Corporation. Under Kroc's ownership, McDonald's grew rapidly — growing from 14 to 38 restaurants in 1958 alone, to 100 in 1959, and 1,000 by 1968. In 1962, McDonald's introduced the world-famous Golden Arches logo, and in 1965, the company went public*. Twenty years later, in 1985, the McDonald's Corporation joined the 30 companies that made up the Dow Jones Industrial Average*.

Kroc's sales background convinced him that the key to successful franchising was uniformity. Uniformity was a revolutionary concept in the food service industry in the 1950s; at the time, franchisers paid little attention (4) training franchisees, setting quality standards, and supervising purchasing. In a stark contrast to the prevailing* practice, Kroc sought to develop standards of operation, train licensees* to <u>meet</u>(f) them, and monitor restaurants to make sure franchisees followed the standards. From the outset*, the hallmark* of Kroc's franchise system was <u>commitment</u>(g) to quality, service, and cleanliness (QSC).

Although Kroc managed to obtain strict operating uniformity among franchisees, his centralized* system did not <u>stifle</u>(h) individual creativity. On the contrary, franchisees were often innovators. The introduction of the Big Mac menu item was a case (5) point.

The Big Mac was a double-decker* hamburger that sold for more than twice the price of a McDonald's regular hamburger. It was developed, tested, and introduced by a franchisee from the Pittsburgh, Pennsylvania area who ran about 12 local McDonald's outlets*. To compete successfully (6) rival brands, the Pittsburgh franchisee asked McDonald's for permission to test a large sandwich he called the "Big Mac." Persuading the chain's top management* to broaden the menu was not easy; only after several delays [X] the franchisee receive corporate permission to test the Big Mac hamburger. The permission was restricted to a single restaurant. Once introduced, the Big Mac increased the restaurant's sales by 10% to 12% in a few months. This success soon attracted the attention of McDonald's corporate management. Following repeated visits to the Pittsburgh area restaurants, McDonald's corporate managers tested the Big Mac item in other markets, scoring a 10% gain in sales. McDonald's Corporation finally put the new item into nationwide distribution(i) in 1968, and within less than a year, the Big Mac accounted for(j) nearly 20% of all McDonald's sales. Over time, the Big Mac became its most recognizable item.

［注］

carhop 「(ドライブインレストランで車まで注文を運ぶ)ウェイター，ウェイトレス」

assembly-line 「組み立てラインの」

formula 「(問題解決・成功のためなどの)方法，秘訣」

franchise 「フランチャイズ(チェーン)店」

incorporate 「(商店などを)法人(会社)組織にする」

go public 「(企業が)株式を公開する」

the Dow Jones Industrial Average 「ダウ平均(株価)」

prevailing 「普及している，一般的な」

licensee 「許可・免許を与えられた人・団体」

from the outset 「最初から」 hallmark 「特徴，特質」

centralize 「中央集権化する」 double-decker「二重サンドイッチ」

outlet 「(特定のメーカー・商品を扱う)小売販売(直販)店」

top management 「上級管理職」

(1) 下線部(a)～(j)の各語(句)と最も近い意味の語をそれぞれ1～4から一つ選び，その番号を**解答用マークシート**にマークしなさい。

(a) operation

1 activity 2 consumption

出典追記：Essentials of Strategic Management by Charles W. L. Hill, Gareth R. Jones, Cengage Learning

3 investment　4 surgery

(b) repetitive

1 addictive　2 diverse

3 intelligent　4 unvaried

(c) dressed

1 assembled　2 charged

3 dispensed　4 preserved

(d) mode

1 agreement　2 manner

3 obstacle　4 secret

(e) radically

1 fundamentally　2 increasingly

3 seemingly　4 subtly

(f) meet

1 converge　2 encounter

3 participate　4 satisfy

(g) commitment

1 dedication　2 emergency

3 indifference　4 overestimate

(h) stifle

1 examine　2 postpone

3 stimulate　4 suppress

(i) distribution

1 command　2 endeavor

3 population　4 supply

(j) accounted for

1 appointed　2 constituted

3 deposited　4 reduced

(2) 文中の空所(1)～(6)を本文の内容に合うように埋めるのに，最も適切な語をそれぞれ1～4から一つ選び，その番号を**解答用マークシート**にマークしなさい。

(1)	1 by	2 in	3 of	4 to
(2)	1 against	2 on	3 to	4 with
(3)	1 at	2 by	3 in	4 off
(4)	1 at	2 in	3 of	4 to
(5)	1 above	2 beside	3 in	4 to
(6)	1 by	2 off	3 to	4 with

(3) 文中の空所［ X ］を本文の内容に合うように埋めるのに，最も適切な語を1～4から一つ選び，その番号を**解答用マークシート**にマークしなさい。

1 did　　2 either

3 let　　4 so

(4) 本文の内容に最も近い文をA～E群の1～4からそれぞれ一つ選び，その番号を**解答用マークシート**にマークしなさい。

A群

1 Against the McDonald brothers' expectations, a limited menu did not contribute to simplifying tasks in the kitchen.

2 In the late 1950s, each cook in the McDonald brothers' restaurant did all the work in the kitchen, such as grilling hamburgers and making milkshakes and French fries.

3 Owing to the efficient work method in the kitchen and the rise of sales, the McDonald brothers succeeded in lowering the price of hamburgers.

4 The McDonald brothers opened a self-service restaurant in the 1930s, and the business became profitable in the 1950s.

B群

1 In 1985 the Dow Jones Industrial Average was composed of 30

companies, and the McDonald's Corporation took the opportunity to join them in the following year.

2 In 1954 Ray Kroc visited the McDonald brothers in San Bernardino in order to negotiate the price of the rights of McDonald's restaurant franchises.

3 Ray Kroc's business of McDonald's restaurants had not been successful until 1962, when the Golden Arches logo was introduced.

4 Ray Kroc was convinced that the McDonalds' method of self-service, paper service, and quick service would lead his business to success.

C群

1 As with other owners in the food service industry in the 1950s, Ray Kroc disregarded the innovations and made light of the standards of restaurant service.

2 Because of his sales background, Ray Kroc was convinced that each franchisee would gain more profit by setting up its own training system and quality standards.

3 In the food service industry in the 1950s it was a well-accepted idea for franchisers to train franchisees, set quality standards, and supervise purchasing.

4 The idea of uniformity was what made Kroc's franchisees attain high quality, good service and cleanliness.

D群

1 It was a franchisee from the Pittsburgh area, not McDonald's management, that proposed to introduce a large sandwich called the "Big Mac" to the menu.

2 McDonald's restaurants sold the Big Mac at the same price as a regular hamburger although its size was twice as large.

3 The immediate inclusion of the Big Mac to the menu shows how

enthusiastic Ray Kroc was about broadening the menu.

4 The owner of one of the 12 McDonald's restaurants in Pittsburgh invented a double-decker hamburger to attract more customers than the other McDonald's restaurants.

E群

1 In 1968, 20% of the McDonald's restaurants who introduced the Big Mac obtained a substantial profit, and it became the most notable item.

2 It took only a few months after the Big Mac was introduced before the restaurant's sales rose by 10% to 12%.

3 The business success of the restaurant that introduced the Big Mac did not bring about any significant effects on the decision of McDonald's management.

4 The 12 restaurants in Pittsburgh were allowed to sell the Big Mac hamburger once McDonald's management granted permission to test the menu.

3　以下の各文は下線部1～4のどれか一つに文法・語法上の誤りがあります。その箇所を選び，その番号を**解答用マークシート**にマークしなさい。

（経営学科・ビジネスエコノミクス学科は10点，国際デザイン経営学科は20点）

(1) $\underline{\text{Walking}}_{1}$ along the beach $\underline{\text{at}}_{2}$ midday, the water $\underline{\text{appeared}}_{3}$ to be $\underline{\text{crystal}}_{4}$ clear and refreshing.

(2) Camping $\underline{\text{in the mountains}}_{1}$ is tough $\underline{\text{if}}_{2}$ you are not used to $\underline{\text{sleep}}_{3}$ in cold and $\underline{\text{wet weather}}_{4}$.

(3) The long-term $\underline{\text{employee}}_{1}$ demanded $\underline{\text{that}}_{2}$ she $\underline{\text{was}}_{3}$ given all of the back pay owed to her $\underline{\text{with}}_{4}$ interest.

(4) "The Charity All-You-Can-Eat Barbecue" $\underline{\text{had been}}_{1}$ extremely popular $\underline{\text{with}}_{2}$ the public, but it was discontinued as profits were low because $\underline{\text{so many}}_{3}$ people ate $\underline{\text{hamburgers as many as}}_{4}$ possible.

(5) Although the new amusement park offered many first-rate attractions $\underline{\text{that could}}_{1}$ be enjoyed by people $\underline{\text{of}}_{2}$ all ages, we were $\underline{\text{so interested in}}_{3}$ the Witch Mountain ride the most $\underline{\text{by far}}_{4}$.

4 次の各文の(　　　)にそれぞれ１～４から最も適切な語(句)を選び，その番号を解答用マークシートにマークしなさい。

(経営学科・ビジネスエコノミクス学科は 20 点，国際デザイン経営学科は 40 点)

(1) Young children always put jigsaw puzzles together (　　　), testing each piece against another until it fits.

1 by trial and error　　2 from cover to cover

3 inside out　　4 to the letter

(2) Nearly all the people here are against the festival because of the trouble they had to (　　　) last year, such as loud music late at night and the litter on the street.

1 cut down on　　2 go in for

3 hang on to　　4 put up with

(3) The crowd's behavior at the mass demonstration has gone from bad to worse. It's really starting to get out of (　　　).

1 danger　　2 hand　　3 office　　4 touch

(4) While some people in Tokyo prefer to eat out for variety, (　　　) prefer to cook at home, enjoying making new dishes.

1 other　　2 others　　3 the other　　4 the others

(5) (　　　) the love and support of my husband, it would have been impossible for me to succeed in a family business and raise three children at the same time.

1 Because of　　2 Despite

3 Instead of　　4 Without

(6) Our success in revitalizing the neighborhood will serve as an illustration of how other cities can (　　　) complex social problems.

1 approve of　　2 deal with
3 do without　　4 throw away

(7) The Chairperson was publicly (　　　) of financial fraud by her own company's CEO, which led to a major scandal in the national media.

1 accused　　2 deprived　　3 emptied　　4 robbed

(8) The city council has a goal of making the town library fully (　　　) to citizens in wheelchairs by the end of this year.

1 accessible　　2 affordable　　3 readable　　4 recyclable

(9) He is really (　　　). Have you seen that marvelous bookshelf on his kitchen wall? I love it.

1 all talk and no action　　2 a man of his word
3 good with his hands　　4 politeness itself

(10) What are you hiding? Isn't it about time you (　　　)?

1 built a castle in the air　　2 looked for a needle in a haystack
3 put your cards on the table　　4 set the cart before the horse

数学

◀数学Ⅰ・Ⅱ・A・B▶

(60分)

1 文章中の [ア] から [ケ] に，それぞれの解答群から最も適切な選択肢を選んで解答用マークシートの指定された欄にマークしなさい。ただし，[ア] から [ウ] まで，[エ] から [ケ] までのそれぞれで，同じ選択肢を2回以上使うことができる。

(30点)

U を有限集合とし，A, B, C を U の部分集合とする。また，集合 A の要素の個数を $n(A)$ とする。

(1) $n(A \cap C) \leqq n(B \cap C)$ が成り立つことは，$A \subset B$ が成り立つための [ア]

(2) $A = B$ が成り立つことは，$A \cup B = A \cap B$ が成り立つための [イ]

(3) $n(A) \leqq n(B)$ が成り立つことは，$\frac{1}{2}n(A) + 2n(B) \geqq n(A \cap B) + n(A \cup B)$ が成り立つための [ウ]

ア～ウの解答群

⓪ 必要条件でも十分条件でもない。

① 必要条件であるが，十分条件ではない。

② 十分条件であるが，必要条件ではない。

③ 必要十分条件である。

以降，$n(A) = m_1$, $n(B) = m_2$ とする。ただし，m_1, m_2 は自然数，$m_1 < m_2$ とする。

(4) $n(A \cap B)$ がとり得る値の最小値は [エ] であり，最大値は [オ] である。

(5) $n(A \cup B)$ がとり得る値の最小値は [カ] であり，最大値は [キ] である。

(6)　$m_1 \geqq 2$ として，条件 $n(A \cap B) \geqq 2$ の下で，$n(A \cup B)$ がとり得る値の最小値は [ク] であり，最大値は [ケ] である。

エ～ケの解答群

⓪ 0　① 1　② 2　③ m_1　④ m_2　⑤ m_1+m_2-3　⑥ m_1+m_2-2
⑦ m_1+m_2-1　⑧ m_1+m_2　⑨ m_1+m_2+1

2　次の文章中の [ア] から [コ] までに当てはまる0から9までの数を求めて，解答用マークシートの指定された欄にマークしなさい。ただし，[　] は1桁(けた)の数，[　|　] は2桁(けた)の数である。文章中の [サ] は解答群から最も適切な選択肢を選んで解答用マークシートの指定された欄にマークしなさい。(30点)

クラスの生徒25名をA班10名とB班15名に分けて数学のテストを実施した。A班の点数の平均値はB班の点数の平均値より5点低かった。そこで，採点基準を変えてクラス全員のテストを採点し直すと，25名全体の点数の分散は24であり，A班の点数の平均値はB班の点数の平均値に一致したが，B班の点数の分散はA班の点数の分散より10大きくなった。採点基準変更前のクラスの点数の平均値は変更後のクラスの点数の平均値より1点低く，A班の採点基準変更前の点数の平均値は変更後のA班の点数の平均値の半分であった。

(1)　採点基準変更後のA班の点数の分散は [アイ]，B班の点数の分散は [ウエ] である。

(2)　採点基準変更前のA班の点数の平均値は [オ]，採点基準変更後のクラスの点数の平均値は [カ] である。

採点基準変更前の点数を表す変量を x，採点基準変更後の点数を表す変量を y とし，25名の生徒に対する採点基準変更前後の点数の組を (x_1, y_1)，(x_2, y_2)，……，(x_{25}, y_{25}) とする。

(3)　25名の生徒に対する変量 x，y の共分散は，

$$\frac{1}{\boxed{キ\,ク}}(x_1y_1+x_2y_2+\cdots\cdots+x_{25}y_{25})-\boxed{ケ\,コ}$$

である。

(4)　$x_1, x_2, \cdots\cdots, x_{25}$ の平均値を $\bar{x}$，$y_1, y_2, \cdots\cdots, y_{25}$ の平均値を $\bar{y}$ とする。採点基準変更にあたっては，生徒25名すべてに対して以下の2個の条件を満たすことが望ましい。

P:　$x_i \leqq \bar{x}$ であるすべての $i \in \{1, 2, \cdots\cdots, 25\}$ に対して $y_i \leqq \bar{y}$ である。

Q:　$x_i > \bar{x}$ であるすべての $i \in \{1, 2, \cdots\cdots, 25\}$ に対して $y_i > \bar{y}$ である。

$(x_1, y_1), (x_2, y_2), \cdots\cdots, (x_{25}, y_{25})$ の共分散は負であった。このことから，$\boxed{サ}$

解答群

⓪　PとQはともに真である。

①　PまたはQの少なくとも1つは偽である。

3　**(1)** から **(3)** までは解答用紙の $\boxed{3}$ の解答欄に記入しなさい。**(4)** では，文章中の $\boxed{ア}$ から $\boxed{カ}$ までに当てはまる0から9までの数を求めて，解答用マークシートの指定された欄にマークしなさい。ただし，$\boxed{}$ は1桁(けた)の数，$\boxed{\,}$ は2桁(けた)の数である。また，分数は既約分数として表しなさい。　(40点)

(1)　関数 $f(x)$ を $f(x)=|x^2-4|$ と定める。座標平面において，曲線 $y=f(x)$ 上の点 (1,3) における接線の方程式を $y=g(x)$ とする。接点 (1,3) を除く，曲線 $y=f(x)$ と直線 $y=g(x)$ の2つの交点の x 座標を α と β とする。$\alpha<\beta$ として，次の定積分を求めなさい。

$$\int_\alpha^\beta \{g(x)-f(x)\}\,dx$$

(2)　m, n は自然数，$m<n$ とする。2次方程式

$$x^2-\left(6\sqrt{21m}+5\sqrt{6n}\right)x+30\sqrt{126mn}=0$$

の解はすべて整数であるとする。さらに，等式 $(y-m)(y-n)=-2$ を満たす y はすべて 100 以下の整数であるとする。このとき，m と n を求めなさい。

(3)　ある学生が，最初に正の数のポイントをもらい，サイコロを 1 回だけ投げ，出た目の数だけ硬貨を投げるというゲームに参加する。硬貨を投げるたびに，表が出れば硬貨を投げた後のポイントは投げる前の $\frac{4}{3}$ 倍となり，裏が出れば硬貨を投げた後のポイントは投げる前の $\frac{2}{3}$ 倍になる。ゲーム終了時のポイントが最初に付与されたポイントの 2 倍以上になる確率を求めなさい。ただし，サイコロの目は 1 から 6 までであり，かつ各目が等しい確率で出るとし，硬貨の表と裏が出る確率はいずれも $\frac{1}{2}$ であるとする。

(4)　平行四辺形 OAPB において，辺 OA と辺 BP の長さはともに 2，辺 OB と辺 AP の長さはともに 3，対角線 AB の長さは 4 である。点 P を中心とする円が三角形 OAB と共有点をもつとき，その円の半径の最小値は $\frac{\boxed{ア}}{\boxed{イ}}\sqrt{\boxed{ウ}\,\boxed{エ}}$ であり，最大値は $\sqrt{\boxed{オ}\,\boxed{カ}}$ である。

◀数学Ⅰ・Ⅱ・Ⅲ・A・B▶

(80分)

1　この問題の解答は 1 **の解答用紙**に記入しなさい。

(40点)

2つの袋 A と B がある。袋 A の中には赤玉が4個，白玉が4個入っていて，袋 B の中には赤玉が2個，白玉が6個入っている。袋 A から4個の玉を取り出し，袋 B から3個の玉を取り出す。このとき，袋 A から取り出された4個の玉のうち赤玉の個数を a とし，袋 B から取り出された3個の玉のうち赤玉の個数を b とする。次の問いに答えなさい。

(1)　$a=2$ かつ $b=2$ となる確率を求めなさい。

(2)　$a+b=0$ となる確率を求めなさい。

(3)　$a+b=1$ となる確率を求めなさい。

(4)　$a \neq b$ となる確率を求めなさい。

2　この問題の解答は 2 **の解答用紙**に記入しなさい。

(30点)

次の問いに答えなさい。

(1)　2つの関数 $f(x)=6(x^2+1)$，$g(x)=x^3+11x$ について考える。不等式 $f(x) \geqq g(x)$ を満たす実数 x の範囲を求めなさい。

(2)　$\dfrac{6(n^2+1)}{n^3+11n}$ が自然数となるような自然数 n をすべて求めなさい。

(3)　$\dfrac{6(n^2+1)}{n^3+11n}+\dfrac{1}{9k}$ が自然数となるような自然数 n, k の組 (n, k) をすべて求めなさい。

3　この問題の解答は **3 の解答用紙**に記入しなさい。

(30 点)

次の問いに答えなさい。

(1)　等式 $x^4+x^3+x^2+x+1=(x^2+ax+1)(x^2+bx+1)$ が x についての恒等式となるように, 正の定数 a と負の定数 b の値を定めなさい。

(2)　複素数 z を方程式 $16z^4+8z^3+4z^2+2z+1=0$ の解とする。z を極形式で表しなさい。ただし, z の偏角 θ の範囲は $0 \leqq \theta < 2\pi$ とする。

(3)　上の結果を用いて, $\sin 144°$ の値を求めなさい。

（Ⅳ）抜□蓋世

（Ⅳの選択肢）ア　暫　イ　残　ウ　産　エ　山　オ　賛

（Ⅴ）□霜烈日

（Ⅴの選択肢）ア　集　イ　秋　ウ　衆　エ　秀　オ　終

問二　次に掲げる（Ⅰ）～（Ⅴ）の歌人による**歌集名**を、選択肢**ア**～**ク**の中からそれぞれ一つ選んで、その記号を**解答用マークシート**にマークしなさい。

（Ⅰ）石川啄木　（Ⅱ）釈迢空（ちょうくう）　（Ⅲ）斎藤茂吉

（Ⅳ）若山牧水　（Ⅴ）与謝野晶子

（選択肢）

ア『一握の砂』　イ『赤光』　ウ『空には本』　エ『みだれ髪』

オ『別離』　カ『海やまのあひだ』　キ『東西南北』　ク『桐の花』

（Ⅱ）第二次大戦の直前には、破滅的未来を告げる黙示録的な作品が短期間で次々と作られた。

（Ⅲ）「芸術の有用性」としての「絆」は、わたしたちに「ヴィジョン」を突きつけるものである。

（Ⅳ）リュビモフが弾いたショパンの『舟歌』では、通常は絶対聞こえない音が上部倍音として聞こえていたが、これはショパンが仕込んでいたものに違いない。

（Ⅴ）ストラヴィンスキーは『春の祭典』を作曲した経緯について、作曲から二十年後に語るようになった。

三

次の設問に答えなさい。（10点）

問一　次に掲げる（Ⅰ）～（Ⅴ）の四字熟語の□部分にあたる漢字を、選択肢**ア**～**オ**の中からそれぞれ一つ選んで、その記号を**解答用マークシート**にマークしなさい。

（Ⅰ）明□止水　**（Ⅰの選択肢）**　**ア** 凶　**イ** 教　**ウ** 響　**エ** 共　**オ** 鏡

（Ⅱ）意味深□　**（Ⅱの選択肢）**　**ア** 長　**イ** 兆　**ウ** 徴　**エ** 重　**オ** 聴

（Ⅲ）一目□然　**（Ⅲの選択肢）**　**ア** 令　**イ** 瞭　**ウ** 領　**エ** 両　**オ** 了

ウ　空の容器

エ　第一人称

オ　我

問九　傍線部（6）「非常時になって突然アクチュアリティを持ち始めるという逆説」とあるが、この「逆説」と同じような意味で用いられている語を、本文中より句読点を含め六字以内で**解答用紙**に抜き出しなさい。

問十　傍線部（7）「芸術の有用性」とあるが、筆者はどのような点にそれを見出しているか、もっとも適切なものを、選択肢**ア**～**オ**の中から一つ選んで、その記号を**解答用マークシート**にマークしなさい。

ア　特定の効果が自動的に得られるもの

イ　人を快適にすること

ウ　人と人とを繋ぐ絆

エ　平時の常識が崩れる世界を察知する

オ　贅沢にして無為な暇つぶし

問十一　次の文章（Ⅰ）～（Ⅴ）のうち、本文の内容に合うものを〇とし、本文の内容に合わないものを×として、その記号をそれぞれ**解答用マークシート**にマークしなさい。

（Ⅰ）　コロナ禍によって街中が静かになり、それまで耳に入っていたいろいろな気配も聞こえなくなった。

問五　傍線部（2）「人生訓」とあるが、この段落において筆者が伝えたい人生訓とはどのようなものであるか、**解答用紙**に説明しなさい。

問六　傍線部（3）「本当は聞こえている声を、往々にして人は『まさか……』と打ち消す」とあるが、この点について、現代の事例として具体的に挙げられている内容を、本文中より句読点を含め五字以内で**解答用紙**に抜き出しなさい。

問七　傍線部（4）「『春の祭典』」について、このバレエ音楽を作り上げるにあたり、ストラヴィンスキーが否定しようとしたものとして**不適切なもの**を、選択肢**ア**〜**オ**の中から一つ選んで、その記号を**解答用紙マークシート**にマークしなさい。

ア　何が起きるかわからない世界の予告
イ　拍子の恒常性
ウ　予定調和的な時間枠
エ　円滑な時間の流れ
オ　規則的に分節されている時間

問八　傍線部（5）「声高な『わたし』」を言い換えた言葉として**不適切なもの**を、選択肢**ア**〜**オ**の中から一つ選んで、その記号を**解答用紙マークシート**にマークしなさい。

ア　「こんなはずはない」の隠れた主語
イ　近代的な自我

つ選んで、その記号を**解答用マークシート**にマークしなさい。

ア 生命
イ 予感
ウ 秘密
エ 状態
オ 歴史

問三 空欄 （C） に当てはまる言葉としてもっとも適切なものを、選択肢**ア**〜**オ**の中から一つ選んで、その記号を**解答用マークシート**にマークしなさい。

ア 絵が何も描いていない絵本みたいに
イ やや鮮明すぎる音色みたいに
ウ 壮大だが未完成な物語みたいに
エ 大きな音だがまるで静かな音みたいに
オ きれいだが無表情な標本みたいに

問四 傍線部（1）「作曲家は楽譜に書いてある音だけを聴いているのではないのだ」とあるが、これはどのようなことを意味するのか、**解答用紙**に説明しなさい。

を大にして強調すべきは、芸術はただの贅沢にして無為な暇つぶしではなく、しかしだからといって、自動販売機や処方箋でもないということである。お金を投入すれば、あるいは薬をのめば、特定の「効果」が自動的に得られるというようなものではないのだ。こうした単純な一対一対応で芸術の効用を測ってはならない。

偉大な過去の芸術作品はしばしば、日常の常識からするとにわかに信じがたい「ヴィジョン」を突きつけてくる。その名に値する芸術作品とは「ヴィジョンを見せつける」ものだと定義してもいいくらいだ。同時代の人々が見たくもないと思うものであることも多い。しかし往々にして、こんな不条理ともみえる芸術表現の中にこそ、かつての自明が「まさか……」と笑い飛ばした明日の真理が隠れている。いずれ導火線に火がついて大爆発を起こすかもしれない世界の「空気」が予知されている。そして実際にことが起きて非常時となったとき、人は突如それを「そういえば……」と思い出す。非常時とはあらゆる価値観の反転であって、そこでは平時の無用と狂気と不条理がアクチュアルとなる。平時において偉大な芸術作品がしばしば「何の役に立つのかわからないもの」としていぶかられるのは、考えてみれば当たり前だ。平時の常識が崩れる世界を察知するのが芸術なのだから。わたしにとって芸術の究極の有効性とはここにある。明日を探したければ、今狂気の沙汰とみえる芸術作品が告知しているかもしれない「世界の気配」に耳を傾けるのが一番いい。

（岡田暁生氏『音楽の危機―《第九》が歌えなくなった日―』〈二〇二〇年刊〉に基づく。ただし、省略部分がある。）

問一　空欄 **（A）** には、本文の主題となる言葉が入る。全体を踏まえた上で、本文中より句読点を含め九字で**解答用紙**に抜き出しなさい。

問二　空欄 **（B）** に当てはまる言葉として、本文全体を踏まえた上で、もっとも適切なものを、選択肢**ア**～**オ**の中から一拡張主義的なものへの激烈にして寡黙な批判であった。

※このあと本文では、ウェーベルンの最高傑作の一つである一九〇九年の『管弦楽のための六つの小品』を中心に言及があるが、ここでは省略する。

おそらく多くの人にとってこのウェーベルン作品は、今日なお狂気の沙汰のように響くであろう。ましてそれが作曲された百年以上も前、そこにまさか来るべき真実が予感されているなどと誰も思わなかったはずだ。しかしわたしが注意をうながしたいのは、平時にあって狂気とみえた芸術表現こそが、(6)非常時になって突然アクチュアリティを持ち始めるという逆説である。たとえば今回のコロナ禍でカミュの『ペスト』がいきなりベストセラー入りしたとか、小松左京（こまつさきょう）の『復活の日』や『日本沈没』の売り上げが急増するといったことも、こうした現象の一つと考えてもいいかもしれない。個人的なことをいえば、コロナ禍の状況の中で初めてわたしは、ウェーベルン作品の強烈なリアリティを真に体感できたように思う。

「ヴィジョン」という言葉がある。「先見の明」とか「広い視野」といったビジネス用語的な意味で使われることがほとんどだが、本来は「未来像」や「幻視」などを指す宗教的な言葉だ。ストラヴィンスキーの『春の祭典』やウェーベルンの『管弦楽のための六つの小品』は、まさに言葉の本来の意味での「ヴィジョン」といえるだろう。これらは文学でいえばジョイスやカフカにあたるような、「不条理音楽」とでもいうべきものの嚆矢（こうし）であった。そして英語では不条理演劇のことをtheater of the absurdという。「absurd」とは「まさか……バカバカしい！」＝「荒唐無稽」という意味だ。

今日(7)「芸術の有用性」と聞いて人が真っ先に思い浮かべるのは、「絆」や「元気」や「癒やし」などであろう。多くの人が何の疑問ももたず「芸術とは何かはさておいて、まずは人を快適にしてくれるものだ」と考えているようにみえる。しかし声倍音」とでもいうべきものをわたしたちは感じているはずだ。前者ではたとえば無音状態ないし不可聴音域の低音の振動、後者でいえば風が野を渡るかすかな気配などである。

あまりオカルト科学的になってはいけないが、かといって「気配」を全面否定してもいけない。そして「人の気配」や「場の気配」にとどまらず、「世界の気配」のようなものを比喩として想像してみることで、いろいろなことがわかってくる。たとえば今回のコロナ禍にしても、今改めて「そういえば以前からこういうことが起きるんじゃないかという漠然とした感覚があった、あのころは「まさか」と思っていたけれども……」と感じている人は少なくなかろう。わたしがここでいいたいのは、こうした漠とした感覚である。

※このあと本文では、「気配」や「予感」についてのエピソードとして、シュテファン・ツヴァイク（二十世紀前半に活躍したオーストリアの作家）の話が紹介されているが、ここでは省略する。

「聞こえない音を聴く」といえば忘れられないのが、アントン・フォン・ウェーベルン（一八八三―一九四五）の第一次大戦前の作品である。前衛音楽の雄たるブーレーズやケージに絶大な影響を及ぼしたことで知られる彼は、シェーンベルクの弟子であり（もう一人の弟子アルバン・ベルクとあわせて、この三人は「新ウィーン楽派」と呼ばれる）、寡黙と極小の作曲家として知られる。絵画における後のミニマリズムをはるか先取りしていた人物ともいえるだろう。十九世紀のロマン派の作曲家たちは、日の出の勢いのヨーロッパ列強の覇権を背景に、ひたすら重厚長大なものを目指した。とりわけベルリオーズやワーグナーやリヒャルト・シュトラウスには、この傾向が強かった。彼らの作品の中に、帝国主義時代のヨーロッパ列強の覇権主義や傲慢な進歩信仰を見て取ることはやさしい。それに対してウェーベルンの創作は、その最初期からすでに、こうした

「聞こえてきたものをそのまま書いた」というストラヴィンスキーの言葉は、予言的な作品を生み出す芸術家の創作がどのようなものであるかを、端的に語ってくれる。つまり芸術家はただの空の容器にすぎないのだ。「わたし」ではなく「何か」が、彼を「通して」語るのである。「我かく思う」といった近代的な自我を、彼は消す。第一人称が我を張れば、あっという間に「何か」の声――ストラヴィンスキーの言葉を借りれば「聞こえてきたもの」――は聞こえなくなってしまう。「こうであってほしい」「こんなはずはない」「こうあるべきだ」「こうしよう」の隠れた主語はすべて「わたし（わたしたち）」である。まさしくこの声高な(5)「わたし」が、本当は聞こえているはずの声をかき消す。

聞こえない音を聴く音楽家の能力について、三・一一のときのインタビュー「明日の見えない時代に、耳を澄ます」の締めくくりで、坂本龍一（さかもとりゅういち）がとても示唆的なことをいっている。

「ほんとうに真摯な態度というのは、明日どうなるかわからないという状態に耐え続けて、きちんと目を開いていること、あるいは耳で聴くことでしょうね。そういえば、予言というのは「聴く」ものですよね。「天の声を聴く」っていうでしょ？〔天の声は〕いつでも音で表現される。〔インタビューアー：ああ、たしかに！〕予感があったときも「耳をそばだてる」っていうでしょ？　わりと聴くものなんですよね。気配を感じさせるのは、音なんですよ。だから、音を聴く人間は、未来を聴く、これから起ころうとしていることを聴く能力が少しだけあるのかもしれないですね。〔中略〕そういう訓練を知らないうちにしているのかもしれないですね。予言というのはかならず音で、言葉でもあるけれど、音で伝わってくるものなんです」

「気配を聴く」とか「聞こえない音を聴く」とか、まして「天の声を聴く」などというと、いかにも突拍子もないと思うむきもあるだろう。しかしこれらは実はわたしたちの日常生活からそんなに遠い話ではない。たとえば「あの人は今日、なんか機嫌が悪そうだ……」と感じたりするとき、机にぞんざいに物を置くいつもよりとげとげしい音といったものを、人は聴き取っているのではないか。「不気味なかんじがする家」とか「落ち着く原っぱ」などというときも、同様になんらかの「場のだ）。四分の二拍子の曲は最後まで四分の二。四分の三で始まったら最後まで四分の三。四分の四拍子の曲に八分の六拍子の小節が挿入されるなどといったことは、まず起こらない。いうなれば「拍子」とは、たとえば昼夜の交代や四季の変化にもたとえられるような、その中でさまざまな変化を許容する時間の枠である。どれだけ烈しいリズムの変化が生じようとも、基本的な枠組は終始一貫しており、だからこそ聴き手は安心して、「1・2・3・4／1・2・3・4……」といった時間の流れに身を任せられる。

それに対してストラヴィンスキーは、予定調和的な時間枠を破壊する。痙攣するようにほとんど一小節ごとに拍子が変わる。5／8→5／8→9／8→5／8→7／8→3／8→2／4→7／4（第二部「生贄への賛美」の冒頭）等々。そもそも振り付けを担当したニジンスキーの踊りのアイデアからして、『春の祭典』は異常な作品であった。ダンサーはつま先を思い切り内に向けて膝を折り、体は正面に向けたまま顔を横向きにして飛び上がるのである。おそらく観客にはX脚で体をよじって、不細工に跳ねているだけにしか見えなかっただろう。それは古典的なバレエの優美に流れる動きの全面否定だった。そして円滑な時間の流れの破壊こそ、まさにストラヴィンスキーの音楽が目指したものでもあったのである。ストラヴィンスキーはあらかじめ規則的に分節されている時間を拒絶する。「何が起きるか分からない」世界を予告する。

『春の祭典』をいったいどのようにして作曲したのか、まったく覚えていないという意味のことを、繰り返しストラヴィンスキーは語っている。いわく「私が『春の祭典』についてほとんど語っていないことに、おそらく読者は驚かれるであろう。私はそれを意図的に控えたのである。作曲から二十年経過した今日、私には作曲当時の気分を想い出すことなどまったくできないように感じられる」。私は「まさに聞こえてきたものを書いた」だけであって、「私は容れ物であり、そこを『春の祭典』が通り抜けていったのである」。

感じ取る」能力と深くかかわっているのだと思う。つまり芸術の歴史においてはしばしば、これから起きることを作者があらかじめ知っていたとしか思えない作品が作られることがあるのだ。第一次大戦直前の一九一〇年前後はその典型であり、このころ破滅的未来を告げる黙示録的な作品がごく短期間の間に次々と作られた。

ジョルジュ・ソレルの『暴力論』（一九〇八年）、イタリアの詩人マリネッティによるいわゆる『未来派宣言』（一九〇九年）、音楽でいえばスクリャービン（一八七二―一九一五）の神秘主義、シェーンベルク（一八七四―一九五一）らの無調作品（いずれも一九一〇年前後）など、いくらでも例は挙げられる。カンディンスキー（一八六六―一九四四、彼はシェーンベルクの盟友だった）の抽象絵画における色彩乱舞の暴力的陶酔も、破滅のカタルシスとしか思えぬ印象を与えるだろう。繁栄を謳歌していたヨーロッパの帝国主義諸国が瞬く間に戦火に包まれ轟沈していった世界大戦。それより「後」に、現実からの影響として、事後的にカタストロフが描かれたのではない。崩落の現実より「前」に、それを予知するような作品が作られたのだ。

第一次大戦における「カタストロフの予感」として、文化史でしばしば言及されるのは、ストラヴィンスキー（一八八二―一九七一）の(4)『春の祭典』である。これはロシアの架空の原始的な生贄儀式を描くバレエ音楽で、ロシア・バレエ団による一九一三年のパリ初演は空前の大スキャンダルとなった。作曲家自身が伝えるところによれば、上演が始まってすぐに賛成派と反対派の罵り合いや野次や喧嘩が始まり、振り付けを担当したニジンスキーが舞台袖から大声で拍子を数えてダンサーに指示しないと音が聞こえないありさまだった。ロシア・バレエ団の座長ディアギレフは観客を静まらせるために照明の点滅を指示し、指揮者のピエール・モントゥーは観客に向かって「最後まで聴いて下さい」と叫んだという。

音楽語法的に見るならば、『春の祭典』でストラヴィンスキーがやったことは、「拍子の恒常性の破壊」と説明できる。伝統的な西洋クラシック音楽には、一度設定された拍子は原則として変更しないという大原則がある（ポップスでは今でもそうない音）が上部倍音として聞こえてくることに、わたしは仰天した。「聞こえない音」が亡霊のように現れ、不思議な斑紋（はんもん）を描くのである。だがこの亡霊の旋律ともいうべきものは、リュビモフがトリックを使って加えたものでもなんでもなく、間違いなくショパンが自分の作品の究極の秘密としてあらかじめ仕込んでいたものに違いない。ほとんどの演奏家は楽譜に書いてある音符を正しく弾くことに気をとられてしまい、この亡霊の旋律を聞き逃してしまっているのだ。

「聞こえているのに聞こえない音を聴く」とは、そのまま(2)人生訓にもなるはずである。聞こえているはずなのに聴いてない、見ているはずなのに見えていない。こんなことが人生にはいっぱいある。実際われわれはしょっちゅう「あの人は他人のいってることを聞いてないからねえ」とか「あの人は全然現実が見えてないよね」というではないか。では「聞こえていない人」はどうしてそうなるのか？　単純に耳のセンサーがよくないからという話ではないだろう。たとえば「人の話を聴くより前に自分がしゃべり始める」（わたしにもそのきらいがあるが）人には、この傾向が強い。つまり過剰な自我や自己主張が、聞こえているものを打ち消すのである。また思い込みが強い人もしばしば他人の声を聴かない。自分に刷り込まれた常識以外の現実はあるはずがないと思い込んでいて、「こうであるはずだ！」とか「こうあるべきだ！」が邪魔になり、聞こえているのに聴かないのである。

ごくふつうの音楽学習者がショパンの『舟歌』を練習していて、そのときたまたまタッチの加減によって、ふだんは聞こえていない不思議な倍音が一瞬聞こえた気がしたとする。しかし彼は「あれ？　なにかの空耳かな……？」と打ち消すであろう。しかし実はそれはショパン自身が仕掛けた、実際に聞こえる音であるかもしれないのだ。人生もこれと似ている。(3)本当は聞こえている声を、往々にして人は「まさか……」と打ち消す。絶対に聞き逃してはいけないはずの気配を感じているにもかかわらず、それを自分で否定してしまう。

音楽家に限らず天才的な芸術家にどこか予言者のような能力が備わっているとすると、それはまさにこの「聞こえない音をは聞こえるが人間には聞こえない音）で追い払うという装置も同じ要領である。これらはすべて「耳には入っているのだけれど聞こえていない音」である。「聞こえていないのだが気配として感じられている音」と、逆の言い方をしてもいいだろう。

一級の音楽家というのは恐ろしく耳のいい人たちで、「ふつうは聞こえない音」が聞こえているのだと思う。「ふつうは（ふつうの人には）聞こえない音」の典型の一つは、たとえば上部倍音だ。ピアノの低いほうの鍵盤をどれか強く鳴らし、その残響に耳を澄ますと、高い音域に無数の別の音が聞こえてくる。あれが上部倍音である。この倍音に人一倍こだわった作曲家がジェルジュ・クルターク（一九二六―）だ。ジェルジュ・リゲティ（一九二三―二〇〇六）と並んで二十世紀後半を代表するハンガリーの前衛作曲家である。彼はほとんど聴き取れないような弱音を多用する作風で知られるが、ピアノの猛烈な達人としても有名で、リスト音楽院では室内楽の授業を担当していた。そのレッスンは極めて特異なもので、特定の倍音が聞こえてくるようになるまで、たった一つの音を繰り返し弾かせるだけで授業が終わると聞いたことがある（ネットにはクルタークが夫人と連弾でバッハを弾いた映像がアップされていて、ここで二人はまさに聞こえない音にじっと耳を澄ませるようにして弾いている）。

このクルタークのレッスンのエピソードを聞いて以来わたしは、(1)「作曲家は楽譜に書いてある音だけを聴いているのではないのだ」と思うようになった。たとえば楽譜に真ん中のドの音を書き込むとき、彼らはドの音が発生させるさまざまな唸りや倍音をも聴いているに違いあるまい。これらの倍音のバランスを感じながら、それに導かれるようにして伴奏を書き、次の音への運びを考えていくのではないか。おそらくそうした「秘密の倍音」を正しく引き出さないことには、つまり楽譜に書いてある音をただ鳴らすだけでは、作品はその秘密を打ち明けてはくれないのだ。

数年前にライブで聴いたロシアのピアニスト、アレクセイ・リュビモフも忘れられない音楽家の一人である。彼はまさに「倍音の魔術師」で、アンコールで彼が弾いたショパンの『舟歌』では、通常は絶対聞こえない音（つまり楽譜には書いてい

二

次の文章を読んで、後の設問に答えなさい。（40点）

芸術／芸能／芸は、社会の内と外のファジーな境界線にあるからこそ、社会の内部の住人に見えていない危機をいちはやく察知する。音楽の歴史には「（A）」とでも形容するほかない例がいろいろある。世界の「気配」ともいうべきものを、音楽はいちはやく感知するのだ。音楽＝絆（きずな）といった決まり文句が氾濫して久しいが、音楽の有用性とはつまるところこの「（B）」にある。

コロナ禍によって人の外出が著しく減ったことで、街中がすっかり静かになり、ふだんまったく耳に入っていなかったいろいろな気配がよく聞こえることに驚いた人も多いだろう。またわたしについていえば、コンサートやライブが自粛されていた間、録音音楽ばかり聴いていたせいで逆に、生の音楽における背後のかすかなお客たちの気配やざわめきが、いかに音楽を生き生きと映えさせるための舞台背景であったか、改めて実感した。録音された音楽の大半はノイズが全部きれいに消されていて、いわば背景が白地の肖像写真みたいなものであるわけだが、それだとどうにも音楽がヴィヴィッドにならないのだ。（C）聞こえる。ふだんわずらわしいとさえ思っていた客の咳（せき）や身動きの気配こそが、実は音楽に生命を吹き込んでいたのだと、今になってわかる。

そのようなわけで、このところ「聞こえているのだけれど聞こえていない音／音楽」というものに、とても強い興味がわいている。別にオカルトのような話ではない。たとえば人間には非可聴音域があって、それより高い音域と低い音域は、聞こえているのに聞こえない。コウモリやイルカが交信に使う超音波はその典型であろうし、微弱な地震なども本当はその音が聞こえているのに、可聴音域よりも低いから聞こえないのであろう。ノラ猫が庭を通ると赤外線が感知して、超音波（つまり猫に

ク　二つ目のパート　d　　三つ目のパート　e

問十三　次の文章（Ⅰ）～（Ⅲ）のうち、本文の内容に合うものを○とし、本文の内容に合わないものを×として、その記号をそれぞれ**解答用マークシート**にマークしなさい。

（Ⅰ）「ライフサイクル」は「ライフコース」や「ライフヒストリー」と同じ意味の言葉であり、「個人の人生」と和訳される。

（Ⅱ）人生の荒波にもまれながら形作られ、個人の死をもって完結するものを「ライフサイクル」という。

（Ⅲ）世代の育成は単なる伝統の繰り返しではなく、新たな視点による変容を含み持つものである。

問十四　次の問いに答えなさい。

（Ⅰ）傍線部（1）「脈々」の類義語である「レンメン」を漢字に直して、**解答用紙**に答えなさい。

（Ⅱ）傍線部（6）「計画的」の反対語である「グウハツテキ」を漢字に直して、**解答用紙**に答えなさい。

問十一　傍線部（9）「個々の役者が自分自身の内側に劇の全体を織り込んでいるということである」とあるが、この箇所の説明として**不適切なもの**を、選択肢**ア**～**オ**の中から一つ選んで、その記号を**解答用マークシート**にマークしなさい。

ア　役者が原因―結果の因果法則を遵守するということ。

イ　役者が観客や会場の雰囲気を関係性の全体として掴んでいるということ。

ウ　役者の過去の経験が直接的に芝居に反映するということ。

エ　役者の生き様が芝居に現れてくるということ。

オ　役者が場の空気を見きわめ、自分の役割を把握するということ。

問十二　本文は、大きく分けると三つのパートから成り立っている。二つ目のパートが始まる段落と三つ目のパートが始まる段落を、本文中に示した［a］～［h］の中からそれぞれ探し、もっとも適切な組み合わせを、選択肢**ア**～**ク**の中から一つ選んで、その記号を**解答用マークシート**にマークしなさい。

ア　二つ目のパート［a］　三つ目のパート［e］

イ　二つ目のパート［b］　三つ目のパート［f］

ウ　二つ目のパート［c］　三つ目のパート［g］

エ　二つ目のパート［d］　三つ目のパート［h］

オ　二つ目のパート［a］　三つ目のパート［h］

カ　二つ目のパート［b］　三つ目のパート［g］

キ　二つ目のパート［c］　三つ目のパート［f］

ウ　①　つまり　②　たとえば　③　ところが

エ　①　たとえば　②　ところで　③　さらに

オ　①　さて　②　しかし　③　そして

問八　傍線部（5）「『自力』と『他力』」とあるが、筆者は両者の関係をどのようなものと述べているか、「自力」と「他力」という言葉の意味について触れながら、**解答用紙**に説明しなさい。

問九　傍線部（7）「自己不完結性」とあるが、それが「自己創出」につながる理由について、筆者はどのように捉えているか、**解答用紙**に簡潔に説明しなさい。

問十　傍線部（8）「即興劇」について、筆者の捉え方としてもっとも適切なものを、選択肢**ア**〜**オ**の中から一つ選んで、その記号を**解答用マークシート**にマークしなさい。

ア　即興劇では、周囲によって役割が決まってしまう。

イ　即興劇では、周囲との関係の中で役割を創っていく。

ウ　即興劇では、役者にあらかじめ決まった役柄がある。

エ　即興劇では、役者が関係性の全体まで見渡す必要がない。

オ　即興劇では、役者が勝手に動くことが許される。

ア　欠点
イ　勘所
ウ　目的
エ　使命
オ　難問

問六　傍線部（4）「『やる気』が育ちやすい条件」とあるが、大人はどのようにしたらよいと筆者は考えているのか、**不適切なもの**を選択肢**ア**～**オ**の中から一つ選んで、その記号を**解答用マークシート**にマークしなさい。

ア　常に「控える」用意をする。
イ　問いと答えの間を大切にする。
ウ　然るべき時に、勘所を押さえた、繊細な働きかけを行う。
エ　何もせずに放任しておく。
オ　子どもが「自分で選んだ」と実感できる機会を提供する。

問七　空欄［①］、［②］、［③］に当てはまる接続詞としてもっとも適切な組み合わせはどれか、選択肢**ア**～**オ**の中から一つ選んで、その記号を**解答用マークシート**にマークしなさい。

ア　①　さらに　②　つまり　③　さて
イ　①　ところが　②　さて　③　たとえば

問三　空欄 **(B)** に当てはまる言葉としてもっとも適切なものを、選択肢ア〜オの中から一つ選んで、その記号を**解答用マークシート**にマークしなさい。

ア　即興性
イ　逆説性
ウ　円環性
エ　循環性
オ　主体性

問四　空欄 **(C)** に当てはまる言葉としてもっとも適切なものを、選択肢ア〜オの中から一つ選んで、その記号を**解答用マークシート**にマークしなさい。

ア　自由
イ　遺産
ウ　基盤
エ　現実
オ　連鎖

問五　傍線部 (3)「アポリア」について、本文中において使われている意味としてもっとも適切なものを、選択肢ア〜オの中から一つ選んで、その記号を**解答用マークシート**にマークしなさい。

たちに現在の状況を問い直させることになる。

＊3 神谷のいう「使命感」は、人生における「時間的全体」の中で、今現在の自分の位置を確認することではないか。単なる将来への時間的展望だけではない。過去を含み、現在を含み、しかも直線的な時間だけでなく、そのつど重層的に積み重なり、循環的に入り組んだ時間的全体。「生きがい」も「やる気」もそうした時間体験として理解され直す必要があると思われる。

（西平直(にしひらただし)氏『ライフサイクルの哲学』〈二〇一九年刊〉に基づく。ただし、省略部分がある。）

問一 空欄 （A） に当てはまる言葉としてもっとも適切なものを、選択肢**ア**～**オ**の中から一つ選んで、その記号を**解答用マークシート**にマークしなさい。

ア 次の世代
イ 親の世代
ウ 世代の連鎖
エ 円環サイクル
オ 個人の一生

問二 傍線部（**2**）「ジェネラティヴィティ generativity」とあるが、筆者はこれをどのようなものと捉えているか、筆者の考えをもっとも端的に述べている箇所を、本文中より句読点を含め二十五字以上三十字以内で**解答用紙**に抜き出しなさい。

いう白紙のノートに、そのつど新しい物語を書き付けてゆく。そうした「自由な創造性」に光を当てたモデルであった。
ところがそうした即興性は、むしろその即興性の自由を成り立たせる前提を浮き彫りにした。即興性が高まれば高まるほど、実は、その役者がそれまでに自分の内側に蓄積してきたものに影響されてしまう。つまり、即興劇の舞台が開始される以前の「来歴」や「人生経験」といった初期条件が問われてしまう。
ということは、同様に人生の問いも、人生の「初期条件」へと押し戻される。いったい、私たちの人生は、どれだけの初期条件の上に開始されるのか。

＊1　「二台の走っている列車の互いに対する関係」は相対的であり、相関的である。同じ速度で走っている場合、互いに静止しているかに見えるが、実はどちらも動いている。そこで、どちらか一方が少し速度を変えただけで、互いに違う姿が見えてくる。たとえば、行き詰まった親子関係において、どちらかが「少し速度を緩める」ことによって、事態が新たな展開を見せるのも、そのためである。

＊2　ジェネレイショナル・サイクルの要点は、次世代の育成が「次の世代がそのまた次の世代を育てることができるようになること」まで含むという点である。次世代育成は、次の世代を子どもから大人に成長させるだけでは完了しない。次世代（第二世代）が、そのまた次の世代（第三世代）を育てることができて初めて、ひとつのサイクルとして完了する。もし、次世代（第二世代）がその次の世代（第三世代）への継承を拒否するなら、それは親の世代（第一世代）の問題でもあったことになる。しかし、この世代育成は、必ずしも決められた伝統の繰り返しではない。むしろそこには、新たな視点による変容が含まれる。新しく作り変えられながら、しかし受け継いでゆく。受け継ぎながら、変わってゆく。ならば、何を変えるべきなのか、そして何は変えてはいけないのか。その問いは、あらためて私

会場の雰囲気までも関係性の全体として自分の内側に織り込み、その空間的全体の中で、然るべき自分の役割を心得てゆく役者。そうした役者こそ、即興劇の即興性を、最も生き生きと発揮することになるのだろう。

もうひとつは「時間的全体」である。あらかじめ固定された筋ではない。むしろ即興的な展開の中で、そのつど変化してゆく。

ではいったいその筋の「全体」とはどういうことか。たとえば、その開始時点はいつか。仮に舞台の開始時点を考えたとしても、役者たちは本当にゼロ状態から出発するのか。むしろ何らかの初期条件の上に舞台に登場するのではないか。たとえばそれはその役者の日々の生活であり、あるいはその人の幼年時代の体験であったりもする。そして実は、即興劇のような「とっさの機転」が要求される場面においては、そうした過去の経験の蓄積が、直接的に、芝居に現れてくる。いわば、その人の生き様が、直接に反映する(反映してしまう)ということである。

ということは、自由な自己創出が最大限発揮される(即興性の高い)場面においてこそ、逆説的に、初期条件(過去の蓄積)の影響が最も大きく現れるということである。にもかかわらず、役者は初期条件に拘束されるわけではない。影響されつつ、しかしその影響をひねり直すことができる。あるいは、はみ出すことができる。原因—結果の因果法則をはみ出す「あそび(自由の幅)」が残されているということである。

ところが、その「幅」が、劇の進行に伴って減少してゆく。劇が進行し役者の役柄が決まってゆく、ということは、その「幅(自由度)」が減少してゆく。開始時点において最大限の広がりを持っていたその「幅」は、劇の進行と引き換えに徐々に減少し、劇の終了時点において、最小限になる(「なくなる」と言わないのは、舞台の終了時点をいつと考えるべきかという問題が残っているためである)。

さて、問題は人の人生であった。即興劇は人生における「自由」に光を当てた。人生は決められていない。私たちは人生とれを作る。即興劇の即興性を最も生き生きさせる。

同じことが、「劇の筋」との関係においても見られる。即興劇の筋はあらかじめ決まっているわけではない。そのつど現在進行形で創られてゆく。では役者は自分勝手に動けばよいかといえば、そうではない。役者たちがそれぞれ勝手に動いたら「やりとり」にならない。そして互いのやりとりができなければ、筋が展開しない。ということは、即興劇が最もいい流れになるのは、役者全員が劇の筋を（そのつど変化しつつ、しかし全体としてひとつの方向へと向かってゆくその場の流れを）共有した時である。

言い換えれば、それは、⁽⁹⁾個々の役者が自分自身の内側に劇の全体を織り込んでいるということである。個々の役者が、それぞれ、関係性の全体を見渡している。見渡しながら、その全体の中で、自分の位置を相対化して見ることができる。あるいは、そのつど変化してゆく流動的な展開の中に自分の動きを響かせることができる。そうした状態の「個」を清水氏は「関係子」と呼ぶ。「個（関係子）」とも表現されるこの「個」は、関係性の全体を見渡すことができ、劇全体の流れを捉えているというのである。

ここで再び立ち止まる。いったい「全体」とはどういうことなのか。話を単純にするために「空間的全体」と「時間的全体」を区別している。

まず「空間的全体」とは、さしあたり、登場するすべての役者相互の関係性と理解される。「個（関係子）」は、役者相互の関係性の全体を自分の内側に織り込んでいる。だから場の全体を見ることができ、場の空気をつかむことができる。そして、その空間的全体の中で自分の役割を把握する。

しかし、その「全体」に観客は含まれないのか。舞台設備や会場はどうか。あるいはその日の天気は含まれないのか。そう思ってみれば、この「空間的全体」の範囲をどう設定するかによって、「役者個人（関係子）」の厚みが違ってくる。観客や

「……生命システムの普遍的な特徴の一つは環境への創造的な適応性をもっていることにあります。これはシステムが自己創出のために活用できる無限定な自由度を内部にもっていること、つまり自己不完結性をもっていることに起因するものです。」

[h] この「自己不完結性」とは、最初から完全に決定されているわけではないということ。未だ確定されていない自由な部分が残っている。その自由な部分が残っているからこそ、予測し得ない事態に、その場に応じて（リアルタイムに創造的に）適応することができる。

しかし、それは言い換えれば「不完全」ということである。予測しうるすべての状況に対して（機械のように）完全に対応できるプログラムを備えているわけではないということである。しかし逆説的に、だからこそ予測し得ない事態に直面しても機能停止に陥らない。すべてが決まっているわけではないからこそ、逆に、新しい事態に直面しても、柔軟に対応する可能性が残される。ということは、そこには間違う可能性が含まれているということである。完成したプログラムを備えているわけではないとは、間違う可能性があるということ。間違う可能性があるからこそ創造的である。

興味深いことに、清水氏はそうした創造的適応の典型として「(8)即興劇」をモデルに選んでいる。即興劇においては、役者たちは何を演じるべきか、決まっていない。役者は無限な役柄の可能性に開かれている。しかし一人では何を演じたらよいのか決められない。役者たちは、劇の進行に合わせ、周囲（相手）とのやり取りの中で、演じるべきことを、そのつど決めてゆく。そのプロセスがまさに自己創出の出来事である。

ここは少し丁寧に考える。即興劇の役者には、あらかじめ決められた役柄がない。そのつど新たに「周囲との関係」の中で役割を創ってゆく。しかし思い通りになるとは限らない。周囲がどう反応してくれるか、その反応によって影響されてしまうからである。しかし逆に、周囲によって決まってしまうというわけでもない。むしろ周囲の反応に働きかけ、周囲を変えてゆくこともできる。周囲を変えながら、しかし周囲によって変えられてゆく。そうした流動的で柔軟な「やりとり」が、いい流

「しかし、じっさいの人間の心の体験としては、自力と他力はしばしば微妙に、密接にからみあっているのではないであろうか。これは、のちにみるように、ひとが自己を深く掘りさげれば、そこに結局みいだされるものは大いなる他者とでも表現するほかないものであるところからくるのかも知れない。」

f ではその「大いなる他者」とはどういうことか。神谷はどうやらある種の「使命感」[*3]を考えていたようである。「自己の生が何か大きなものに、天に、神に、宇宙に、人生に必要とされている」。「心のくみかえ」には、そうした意味での「使命感」が伴うというのである。

重要なのは、その使命感が、内発的に生じるという点である。使命感は外から必要に迫られて生じた義務感ではない。あくまで自己の内面から、自発的に沸き起こってきたものである。しかし個人の内面に閉じてしまうのではない。むしろ反対に、閉じていた自己が打ち破られ、自分が何らか「大いなる他者」から必要とされていることを自覚する。それは「聞き従う」体験である、と同時に、自ら「選び取る」体験である。

そうした意味において、自力と他力は密接に絡み合っている。あるいは、反転しあう関係にある。自分の力に徹し自己を掘り下げると、自己を越えた何らかの支え（慈悲・恩寵（おんちょう））を感じざるをえなくなり、逆に、徹底して聞き従う従順に生きる時、自己の内側に内発的な決意を感じざるをえないことになる。

g しかし、人の人生はそれほど(6)<u>計画的</u>ではない。決意して目的意識的に努力することはむしろ稀（まれ）であって、よく言えば創造的に、悪く言えば場当たり的に、周囲にあわせながら、そのつど変化してゆく。

あるいは、そもそも生命の営みが、そういうものである。だからこそ、予測できない出来事にも対応することが可能になる。生命科学の立場から生命の営みについて考察を深めた清水博（しみずひろし）氏は、そうした生命の傾向を「自己創出性」と名づけ、その根拠を(7)「<u>自己不完結性</u>」に求めている。

れることができなくなる。そして、目標に向かって努力することそれ自体に疑いが生じる。一体こんなに努力して頑張ることに何の意味があるのか。

神谷美恵子(かみやみえこ)氏の名著『生きがいについて』は、この問題を「生きがいの喪失」という言葉に乗せて柔らかく描きとった。生きてゆく意味が見えず、将来という時間感覚さえ喪失した状態。むろん、そう簡単にまとめることなど許されない、そのつど一回限りの、切実な体験なのだが、しかしここで目を留めてみたいのは、そうした状態から再び「やり直そう」とする場面である。「やり直す」という出来事を「あくまでも人格形成の一過程として」理解してみると、何らかの「心のくみかえ」として理解されるというのである。

e たとえば、「人格組織の中心」が移行し、「全人格の重心のありか」が根底から覆る。ということは、たとえ新しく生まれ変わったようにみえるとしても、実は「以前から人格の内部に潜んでいたもの」が表に現れてきたということである。それまで「従属的な地位」にあったものが、突如として「最優位にのしあがり」人格の中心的な位置に現れてくる。「以前大切だと思っていたことが大切でなくなり、人が大したことだと思わないことが大事になってくる。これは外側から来た教えによることではなく、また禁欲や精進の結果でもなく、すっかり変わってしまった心の世界に生きるひとから、自然に流れ出てくるものと思われる。」

そうした心の出来事を神谷は「心のくみかえ」と呼ぶ。ちなみに、神谷は「くみかえ」とひらがなを使っているのだが、もしそれを「組み換え」という漢字で理解すれば、心の「構成部分」の再編成という意味になり、他方「汲(く)み替え」という漢字で理解すれば、湧き水が次々と新たに湧き上がってくるイメージになる。

そしてその二つのイメージが、宗教の世界で語られる(5)「自力」と「他力」の問題と重なってゆく。心の構成要素を自分で組み換え「自らの力で苦闘して光を勝ち取った」と感じる人もあれば、むしろ、「まったく他者の力によって光を与えられた」と新たな水に汲み替えられた体験をする人もいる。

確かに、大人の働きかけが子どもの自発性をつぶす危険はある。しかし逆に、働きかけなければ、必ず子どもの自発性が発揮されるというわけでもない。むしろ子どもたちは何らかの刺激を必要とする。いわば、自分の内側に「やる気」を惹き起こしてくれる外からの刺激。動物行動学に倣えば、ある種の「リリーサー（解発刺激）」である。子どもの内側に生得的に備わっている「やる気」を開始させるきっかけ。

重要なのは、この「やる気」があくまで子どもの内側から自発的に生じてくる、にもかかわらず、その自発性は、ひとりでは目覚めることができないという点である。子どもは、生得的な自発性を発揮することができる条件を、外から与えられなければならない。あるいは、込み入った言い方をすれば、「自分で選んだ」と実感できる機会を、外から提供してもらう必要がある。

ではこの場合、大人はどのように働きかけるのか。たとえば、常に「控える」用意をしている。子どもからの求めに応えつつ、しかし、働きかけを控えたほうがよいと判断される場合は、いつでも手を引く。そうした慎重さが、子どもの「やる気」を引き出す繊細な働きかけには必要になる。

やる気は、子ども自身の内側からしか沸き起こらない。にもかかわらず、やる気は「ひとりでに」は生じない。何らかの大人から（仲間たちから）の働きかけを必要とする。しかし、働きかけが強すぎると、子どもの内に芽生えたやる気をつぶしてしまう。だからこそ、然るべき時に、勘所を押さえた、繊細な「働きかけ＝やり取り」が求められることになる。

ところで、こうした「やる気」の強調は一つの人間観の現われである。指示を待つのでなく自分から積極的に動き出し、周囲の言いなりになるのではなく自分で考え主体的に判断する。自分で自分の道を切り開いてゆく「主体」の感覚。

③、人生の旅路には、そうした主体の感覚が徹底的に打ちのめされる時がある。たとえば「挫折」という体験。病が襲い、事故に遭う。目標を目指して駆け上ってきた今までの自分が通用しなくなる。自分に自信がなくなり、自分を受け入

「やる気」さえあれば話は簡単、大人は余計な心配などしないほうがいい。逆にこの「やる気」がない場合、大人がどんなに努力してみても空回りになる。つまり、「やる気」を外側から生じさせることはできない、にもかかわらず、この「やる気」なしには教育は成り立たない。

教育という営みを問い続けた教育研究者・大田堯（おおたたかし）氏も、繰り返しその点を強調していた。「教える・導く」といった大人からの働きかけによっては子ども自身の内側に「自発性」を育てることができない。大人の側がいくら努力しても、もし子どもたちの内側に「やる気」が育っていなかったら、すべて空回りになる。しかし、その「やる気」を（外から）大人が植えつけることはできない。「やる気」は子どもの内側から「自発的」に育つしかない。

それは教育という営みの(3)アポリアである。では大人は待つしかないのか。そうではない。子どもの内側にそうした(4)「やる気」が育ちやすい条件を整えることはできる。その時、大切なのは、子どもたちが「自分で選び取る」ことである。ところが選ぶためには、迷う余地が残されていなければならない。すでに決まっていたのでは、迷うことができない。しかし迷う余地が残されているとは、間違う可能性を持つということでもある。間違う可能性がある中で、初めて自分で選ぶことが可能になる。

そこで、問いと答えの間を大切にする。迷うことができるのは、問いと答えの合間だけである。もしその「間」がなかったら迷うことができず、自分で選ぶこともできない。ということは、子どもたちには失敗や回り道の機会が必要になる。迷いながら自分で選ぶ。失敗しても、でももう一度、やってみる。そうした経験の積み重ねが子どもの内側に「やる気」を育てるというのである。

d

では、あらためて、子どもが自分で選ぶために、大人は何をするのがよいのか。何もせずに放任しておくことが子どものために一番よいことなのか。ここに「大人の働きかけ」と「子どもの自発性」をめぐる微妙な逆説・反転・循環が現れる。

ない。にもかかわらず、そうした話が伝わりやすいのは、私たちがそうした［（B）］を、身をもって感じているからなのだろう。

［a］しかし重要なのは、私たちが必ずしもその連動に縛られているわけではないという点である。子どもの頃、親から虐待された経験がある、だからこそ、自分は決して自分の子どもにはそれを繰り返さないという人が、たくさん存在する。では人はいかなるときに、負の遺産を自分の代で断ち切ることができるのか。あるいは、いかなる条件のとき、負の遺産を肯定的な力へと練り直すことができるのか。

むろん問題は、単に親から与えられた負の遺産だけではない。たとえば、信頼した友人から裏切られる。悔しさと憎しみに打ち震えながら、にもかかわらず、復讐（ふくしゅう）するのではなく「赦（ゆる）す」。そして肯定的な関係を作り直してゆく。その可能性が人には残されているのかどうか。

あるいは、異なる民族間の暴力の応酬。それを自分たちの代で断ち切る可能性はあるのか。もしそれが可能であるとしたら、いかなる条件が求められているのか。

［b］エリクソンはその条件の一つを個人の心理的な基盤に見たということである。とりわけ、幼年時代の体験。幼年期の負の遺産に、意識しないまま、振り回されてしまう危険。たとえば、裏切られるという体験が負の遺産によって増幅される時、人は、手のつけようのない巨大な憎しみへと走り出す。その憎しみを消すことはできないとしても、せめて何ができるか。人には何が残されているのか。

過去の体験によって規定されている、にもかかわらず、何ができるか。「にもかかわらず赦す」ということが可能なのか。私たちに残されている「［（C）］」が問われているということである。

［c］ところで、子どもの教育をめぐる議論は、そのつど最後には、子ども自身の内側に生じる自発的なやる気に至りつく。この

どうやらエリクソンがこの言葉に託した原風景は、複数の歯車が噛み合って動く姿のようである（先の「走る列車」のイメージより、さらに直接的な連関である）。

「幼年期と成人期とが、歯車のように互いに噛み合って連動してゆく姿 The cogwheeling stages of childhood and adulthood」。

片方だけが動くということはありえない。必ず連動する。そうした「育てる世代」と「育てられる世代」との連鎖を「ジェネレイショナル・サイクル」と呼んだのである。確かに二つの歯車の連動ならば、すでに「教育」という言葉が語っていたことである。しかし、この言葉が本領を発揮するのは、いわば、歯車が三つも四つも重なり合って連動してゆく姿である。

たとえば、エリクソンが描き出すある老夫婦の会話。自分たちの子育てが正しかったのかどうか、それを確かめるために「今は親になっている自分の子どもたち」の子育てが順調に進んでいるかどうか、そこから話を始めている。そして、その話の中で、改めて自分たちの遠い昔の幼年時代を思い出し、自分たちを育てた親の話をする。

①　四つの世代が重なっている。「孫の世代」「子どもの世代」「自分たちの世代」「その親の世代」。その四つの世代の歯車が、互いに噛み合い、連動してゆく。ひとつの歯車が動けば、必ずすべてがつながって動く。それがジェネレイショナル・サイクル[*2]なのである。

個人の人生（ライフサイクル）は、その大きな世代のつながり（ジェネレイショナル・サイクル）の中で進んでいる。ということは、「子育て」も、単に二つの世代の間の出来事ではなくなってくる。親が子を育てるという出来事の中に、すでに、その親（祖父母）世代との関係が深い影響を与えている。

②　、悲しい現実として「虐待の連鎖」が語られる。子どもの時期に親から虐待された人たちは、自分が親になったとき、やはり同じことを自分の子どもに繰り返してしまうという、しばしば誇張して語られる話。必ず繰り返されるわけでは

ナミズムを、ライフサイクルの様々な場面において見てゆくことにする。

ところで、同じくエリクソンの造語に(2)「ジェネラティヴィティ generativity」という言葉がある。定訳はまだない。というより、その訳語をめぐる試行錯誤が、この言葉の厚みを伝えている。

ある時期までは「生殖性」と訳されていた。しかし単に「子どもを産む」話ではない。ジェネラティヴィティは血のつながり（生殖）とは限らない。何らか創り出すこと、そして世話すること。作品を作り、後継者の世話をする。すべてジェネラティヴィティの問題になる。

「世代継承性」という訳もあった。確かに前の世代から受け継ぎ、次の世代に譲り渡す話である。しかし「保守的」な存続だけを問題にするのではない。ジェネラティヴィティは過去の遺産の継承でありつつ、他面では「新しく創り出す」ことである。元々この言葉は「動詞 generate（発生させ・作り出し・動かし続ける）」の派生語「発電機 generator」と同類の言葉である。そこで「生成的 generative」を生かして「生成継承性」という訳語も提案されているが、しかし「生成」「継承」という抽象度の高い漢字では意味がとりにくい。それならば、むしろ「次世代育成力」という言葉を借りた方が、ともかくも、その意味内容を伝える。

しかし「母性」とは違う。「世代出産性」という（アレント哲学との関連で森一郎（もりいちろう）氏によって考案された）訳語も「子どもを産む」点に限定しすぎる。ジェネラティヴィティは、たとえば、先輩と後輩の関係においても用いられる。前の世代から受け継ぎ次の世代へと明け渡してゆく営み一般、あるいは、自ら生み出したものを世話し育てる営み一般である。

ここで注目したいのは、そうした「ジェネラティヴィティ」の形容詞形に「サイクル」をつけた「ジェネレイショナル・サイクル generational cycle」という言葉である。先に見た「ライフサイクルの二重性」の片方、世代の連鎖を強調した言葉である。

（A）を含む。親の世代から次の世代へという関係性の中で人を見るのがライフサイクルの視点である。

しかしそれでは、親子関係・師弟関係のことかといえば、それとも違う。たとえば子育ての話は、その子どもが大人になると終わってしまうが、ライフサイクルの視点は、子どもが大人になっても終わることはない。親から何を受け継ぎ、次の世代に何を手渡してゆくのか。その問いは何歳になってもそのつど新鮮である。つまり、ライフサイクルの視点は、「子どもから大人になり年老いてゆくひとりの人」を、少し遅れて（輪唱してゆくかのように）追いかけてゆく、同じく「子どもから大人になり年老いてゆくひとりの人」との関係において捉える視点であり、もちろん同じく、少し先を行く世代との関係を捉える視点でもある。

エリクソンに倣えば、「アインシュタインが好んで用いた喩（たと）えのひとつ、二台の走っている列車の互いに対する関係」[*1]。この場合は二台の列車どころか、一定の間隔をおいて追いかけながら走っている三台四台の列車の、互いが互いに対する関係を見ようとする。

ではライフサイクルはどこまでいっても完結しないのか。その問いに対してもエリクソンは両面を示す。ライフサイクルの視点は、人の一生が「死によって完結する」側面と、「個人の死を越えてつながってゆく」側面と、その矛盾した両面を同時に捉える。ということは、人がひとりで生きる側面と、つながりの中で生きる側面と、その両側面を同時に捉えなくてはならない。

では、人は自分の人生を、どの程度、自分で決めることができるのか。確かに様々な条件に規定されている。にもかかわらず、完全に規定されているわけでもない。やはり自分で選ぶ余地が残されている。しかしその自由は、あくまですでに決定された条件の中でのみ成り立つ。すべてを白紙にしてゼロから決めることはできない。にもかかわらず、まったく決定されているわけではなく、やはり本人が自分で決めてゆく。この幾重にも入り組んだ「にもかかわらず（逆説・反転・循環）」のダイ

国語

（八〇分）

一

次の文章を読んで、後の設問に答えなさい。（50点）

「ライフサイクル」という言葉を〈今日使われている意味で〉使い始めたのは、思想家E・H・エリクソンである。ではなぜ「サイクル」だったのか。

「〈サイクル〉という語は、一人の個人の人生に含まれる二つの傾向を表現するために用いられる。一方に、ひとつのまとまった経験として〈それ自身完結しようとする〉傾向。他方に、その個人が、強さも弱さも、そこから受け取りまたそれに与えるところの世代連鎖の一環を作ろうとする傾向である」。

ひとつは、死によって完了する個人の一生。一回きり、死において完結する、繰り返されることのない閉じた円環サイクル。もうひとつは、前の世代から受け継ぎ次の世代へと渡してゆく世代の連鎖。人は決してひとりでは誕生しない。(1)脈々と受け継がれてゆく「いのちの連鎖」の中に生まれてくる。ライフサイクルという言葉は、こうした二重の意味を併せ持っているというのである。

試しに、ここで「ライフコース」や「ライフヒストリー」という言葉を思い起こしてみる。それらは個人の一生を語る。一人の個人が主人公になって個人史が展開し、その死によって完了する。それに対して、この「ライフサイクル」という言葉は

解答編

英語

（注）解答は，東京理科大学から提供のあった情報を掲載しています。

1 **解答** (1)(a)—3　(b)—1　(c)—2　(d)—3　(e)—3　(f)—4
(g)—3　(h)—4　(i)—4　(j)—2

(2)(1)—2　(2)—2　(3)—3　(4)—3　(5)—4

(3)—4

(4)—1

(5)A群：3　B群：3　C群：3　D群：3　E群：3

◆全　訳◆

≪気候の変化と災害≫

2016 年の 11 月 21 日，オーストラリアのヴィクトリア州を激しい雷雨が通過した。そのせいで，翌日の終わりまでに 3000 人が病院に送られることになった。嵐は普通，建物を倒壊させたり，通りを水浸しにしたり，火事を起こしたりすることによって，人々に害を及ぼす。しかし，この時は，被害者はぜんそくによるものだった。その日の午後遅く，嵐の前線によって生み出された格別に強力な下降気流によって，花粉やほこり，他の粒子を多く含む寒気の層がメルボルンを通過した。町の救急サービスは数時間の内にごった返した。少なくとも 10 人が命を落とした。

天気や気候が人の命にもたらす危険は，その時の突発的なぜんそくの大流行ほど，特定の時間的・地理的状況に特有であるとは限らない。むしろ，危険はもの，場所，人の複雑な相関的要素であり，その仕組みは常に容易に理解できるとは限らない。そのうえ，それらはお互いに影響を与え合う可能性もある。たとえば，もし 2016 年の春，南部において，アレルギーを引き起こす植物の成長に特に適した天候でなければ，今回の嵐の午後がこんなにも破滅的であっただろうか？　そのような複雑さのせいで，気候が少しずつ変化することによって，状況がある限界点を超えた時に，人間への影響が突然変化することになりうる。そして，その限界点というのは必ずしも前もって認識できるとは限らないだろう。

今日，天気によって人々が被害を受ける全ての状態が，気候の変化によって悪化するというわけではないだろう。しかし，研究によると，多くのものが悪化するようである。天気や天候について人々が抱える問題のほとんどが，極端な気候に起因する。中間値が少し変わると，極値は大きく変わる可能性がある。今はめったにない極端な気候が，将来はよくある騒動になる。では将来の極端な気候はというと，現時点では全く存在しないものである。

これらの影響が人類の経済的，身体的幸福にどれほど有害であるかは，温暖化がどれほど進行し，人類がそれにどれほど適応できるか次第である。どちらも現時点では知る由もないが。しかし，それがどれほどの時間的尺度で作用するかに注目することで，その影響がどのような質のものになるかを理解することは可能である。最も短期的なものとしては，激しい雷雨によって花粉が押し寄せ，すぐに消える。最も長期的なものは海面上昇であり，人間の歴史上のどの文明よりも長く続きうる。

短期的な出来事については，世界の天気が提示する可能性のある最悪の類の日は，熱帯性サイクロンに襲われる日であると一般に考えられている。だから，（大西洋における名前である）ハリケーンや（他の場所における名前である）タイフーンが気候の変化についての議論のとても白熱した部分になっているのである。2017年の8月にヒューストンを襲ったハーヴィのように単一のハリケーンが1000億ドル以上の損害を引き起こしうるし，その翌月にプエルトリコを襲ったマリアのように数千人を殺しうる。

熱帯性サイクロンは27度以上の表面温度の海上でのみ発生しうる。そのような温度がありうる地域は温暖化とともに確実に増加するだろう。しかし，だからといって，ハリケーンの数が増えるというわけではない。ハリケーンが生まれるためには，海面近くと，より高い海抜の部分で，同じ速度で風が吹いていなければならない。そして，モデルが示すことによると，この状態は将来，ハリケーンが現在生まれている場所の多くにおいて，より減少する。したがって，熱帯性サイクロンの数が大きく増加するとは，モデルは示していない。大西洋のハリケーンはより減るだろう。

しかし，海水の温度の上昇によって，熱帯性サイクロンがいったん発生してしまうと，それはより激しくなる可能性が高くなる。したがって，専門家の間で，カテゴリー４や５に到達するハリケーンの割合は増加しそうであると大筋で意見が一致している。それは，ハリケーンに関連する降雨量も同じである。空気が暖かければ暖かいほど，より多くの水分を含むからである。ハリケーンハーヴィによって引き起こされた洪水を研究することによって，気候の変化による温暖化が降雨量を約 15％増加させるということが示唆されている。温暖化した世界では，様々な形の豪雨を伴う出来事が増加する。

◀解　説▶

⑴(a)　swamp の意味は「圧倒する」なので，答えは３．overwhelm「圧倒する」である。

(b)　pose「もたらす」なので，答えは１．cause「引き起こす」。

(c)　peculiar「特有の」なので，答えは２．particular「特有の」。

(d)　impact「影響」なので，答えは３．effect「影響」。

(e)　take place「起こる」なので，答えは３．occur「起こる」。

(f)　surge「押し寄せる」なので，答えは４．swell「ふくれる」。

(g)　heated「熱を帯びた」なので，答えは３．passionate「熱狂的な」。

(h)　spawn「生まれる」なので，答えは４．are generated「生まれる」。

(i)　intense「激しい」なので，答えは４．severe「激しい」。なお，１．eager は「熱心な」という意味なので，この文脈では不適。

(j)　set「～しそうである」なので，答えは２．likely「可能性が高い」。なお，直前に looks という動詞があるので，この set は形容詞である。

⑵(1)　in advance「前もって」という熟語を作る問題。

(2)　in minutes「すぐに」という熟語を作る問題。

(3)　直後の which は関係代名詞であり，その先行詞は the one である。では，この one は何かと考えると，この文の主語が the worst sort of bad day なので，この one は day である。ということは，which の正体は day である。day につける前置詞は普通 on である。「あなたが熱帯性サイクロンに襲われる日」と，意味的にも問題ない。

(4)　increase in ～「～の増加」。この in は「～の点で」という範囲を表す in で，増加や減少を表す語とともによく使われる。

(5)　associated with ～「～と関連した」という熟語を作る問題。

(3)　空所の前の内容「危険は…複雑な相関的要素であり，その仕組みは常に容易に理解できるとは限らない」と，空所の後の内容「それらはお互いに影響を与え合うこともある」の関係を考えると，前の内容にさらに情報を付け加えていると判断できる。よって4．「そのうえ，おまけに」が最適。3．「それどころか」は前言の内容を強く否定する場合に使われ，ここでは不適。1．「ところが実情は」　2．「比較すると」

(4)　本文の内容をふまえると，他の選択肢が全て的外れな意味になるので，1．「気候の変化による損害は広がり，時には驚くべきものであるだろう」を選ぶのが妥当。

2．「ハリケーンハーヴィとハリケーンマリアはどのように似ており，どのように異なるか？」

3．「世界はより湿度が上がっているのか？：どのようにしてタイフーンが予期せぬ降雨を引き起こすか」

4．「天気と病気の関係性は近い将来特定されるだろう」

(5)　A群：第1段第4文（In this case, …）およびその次の文より，嵐のせいでぜんそくが流行したという趣旨なので，3．「花粉やほこり，他の粒子は，嵐が起こっていなければぜんそくの流行をもたらさなかっただろう」が正解。

B群：第2段第3文（[　X　], they can …）およびその次の文より，激しい嵐が起こったことと春の気候がアレルギーを引き起こす植物の成長に適していたことがぜんそくの流行というひどい事態をもたらしたという趣旨なので，3．「メルボルンでのぜんそくの流行という惨事は，春の気候と嵐の影響の相互作用によるものだった」が正解。

C群：第3段最終文（Today's rare extremes …）およびその次の文より，今日の極端な気候は将来よくあることになり，そうなった場合の影響は知ることができないという趣旨なので，3．「今日の極端な気候がより一般的になった場合にどのような影響を生み出すかは，想像できない」が正解。

D群：第5段第1文（In terms of …）より，世界の天気が提示する可能性のある最悪の類の日は，熱帯性サイクロンに襲われる日だと考えられているという趣旨なので，3．「ハリケーンやタイフーンは，世界の気象によりもたらされる最悪な類の短期的出来事の例である」が正解。

E 群：第 6 段最終文（Thus models do …）およびその次の文より，大西洋のハリケーンは減るだろうが，いったん発生してしまうと，それはより激しくなる可能性が高いという趣旨なので，3.「今より少なくはなるかもしれないが，ひとたび発生すればハリケーンは大西洋でより強力になるだろう」が正解。

2　解答

(1)(a)―1　(b)―4　(c)―1　(d)―2　(e)―1　(f)―4　(g)―1　(h)―4　(i)―4　(j)―2

(2)(1)―2　(2)―4　(3)―1　(4)―4　(5)―3　(6)―4

(3)―1

(4)A 群：3　B 群：4　C 群：4　D 群：1　E 群：2

◆全　訳◆

≪マクドナルドの成功≫

リチャードとモーリス（ディックとマック）のマクドナルド兄弟は，カリフォルニアのサンバーナーディーノで，1930 年代から給仕が車まで注文を運ぶドライブインレストランを経営していた。1950 年代の前半までに，マクドナルド兄弟は給仕によるサービスをセルフサービスに変更し，またメニューの数を減らし，ハンバーガー，チーズバーガー，フライドポテト，ミルクシェイク，ジュース，そしてアップルパイだけにした。そして，工場の組み立てラインの作業のようにレストランを運営した。「メニューを制限するというマクドナルド兄弟の方針によって，調理を，初めて飲食店のキッチンに足を踏み入れた人でさえすぐに習得できる単純で繰り返しの仕事に分解することができた」と，1986 年にマクドナルド歴史家のジョン=ラブが書いている。「普通，ハンバーガーを焼くだけの『グリル担当』3 人，ミルクシェイクを作るだけの『シェイク担当』2 人，フライドポテトを作ることに特化した『揚げ物担当』2 人，ハンバーガーを組み立て，包む『仕立て屋』2 人，2 つの顧客用窓口で注文を受けるだけの『レジ担当』3 人がいた」 結果として人件費の節約になり，また，販売量の増加と相まって，マクドナルド兄弟はハンバーガーの価格を 30 セントから 15 セントに下げることができた。

それが 1954 年のサンバーナーディーノレストランの運営のやり方であった。その時，マクドナルド兄弟にマルチミキサーミルクシェイク機を卸していたセールスマンであったレイ=クロックは，カリフォルニアに行き，マクドナルド兄弟の仕事を観察しようと決めた。

マクドナルド兄弟の運営を注意深く調査し，セルフサービス・紙を使ったサービス・素早いサービスというマクドナルド兄弟のやり方は，飲食業においてそれまで知られていたどのやり方とも根本的に異なるものであるとクロックは気付いた。彼はそのやり方がビジネスでの成功のチケットであると思い，マクドナルドレストランのフランチャイズ店をアメリカ中で作る権利をマクドナルド兄弟から買った。クロックは1955年にシカゴの近くのイリノイのデスプレーンズで最初のマクドナルドレストランを開き，自分の会社をマクドナルドコーポレーションとして法人化した。クロックの所有のもとで，マクドナルドは急速に成長した。1958年だけで14店舗から38店舗に増え，1959年には100店舗に増え，1968年までに1000店舗にまで増えた。1962年に，世界的に有名なゴールデンアーチのロゴを採用し，そして1965年に，会社は株式を公開した。20年後の1985年，ダウ平均株価を構成する30の会社の一つにマクドナルドはなった。

クロックは自身の販売の経歴から，成功するフランチャイズの鍵は均一性であると確信していた。均一性というのは1950年代の飲食業における革命的な概念であった。当時，フランチャイズの大元は，加盟店を訓練したり，品質基準を定めたり，購入を監督したりすることにほとんど注意を払っていなかった。一般的な習慣とは全く異なり，クロックは運営の基準を作り上げ，それに合うように加盟店を訓練し，加盟店がその基準に従うことを確実にするためにレストランを監視しようと努めた。最初から，クロックのフランチャイズシステムの特徴は，質とサービスと清潔さへの取り組みであった。

クロックは加盟店の間でなんとか厳格な均一性を獲得できたが，彼の中央集権化されたシステムは個々の創造性を制限するものではなかった。それどころか，加盟店が革新を起こすことが度々あった。ビッグマックを導入したのがまさにその良い例であった。

ビッグマックはマクドナルドの通常のハンバーガーの2倍以上の価格で売られている二重サンドウィッチのハンバーガーであった。それはペンシルバニア地域のピッツバーグで12のマクドナルド店舗を運営する，ある加盟店が開発し，テストし，導入したものであった。競合店との競争に負けないように，ピッツバーグの加盟店は「ビッグマック」と名付けた大きなサンドウィッチをテストする許可をマクドナルド本部に求めた。チェーンの上級管理職にメニューを拡大するよう説得することは簡単ではなかった。いくらかの遅れを経てようやく，その加盟店はビッグマックをテストする本部からの許可を得た。その許可は一つの店舗に限定されていた。いったん導入されると，ビッグマックのおかげでその店舗の売り上げは数カ月で10～12％伸びた。マクドナルドの企業経営は，この成功にすぐに注目した。何度かピッツバーグ地域の店舗を訪れたのち，マクドナルド本部のマネージャーは他の市場でもビッグマックを試したが，結果売り上げが10％伸びた。マクドナルド本部は最終的に1968年，その新商品をアメリカ全土で販売することにし，1年以内に，ビッグマックはマクドナルドの売り上げ全体の20％近くを占めるようになった。やがて，ビッグマックはマクドナルドを代表する商品となった。

◀解　説▶

(1)(a)　operation「作業，運営」なので，答えは1．activity「活動」。本文の内容的に4．surgery「手術」ではないので注意。

(b)　repetitive「繰り返しの」なので，答えは4．unvaried「いつも同じの」。繰り返しの作業，つまり，いつも同じ作業ということ。

(c)　文脈からすると，ここでのdressという作業はハンバーガーを焼くことと包装することの間の作業なので「(パンでハンバーグを挟んで体裁を)整える」という意味で使っている。よって近い意味の語はassemble「組み立てる」となり，答えは1である。

(d)　mode「やり方」なので答えは2．manner「やり方」。

(e)　radically「根本的に」なので答えは1．fundamentally「根本的に」。

(f)　目的語がthemすなわちstandards「基準」なので，ここでのmeetは「満たす」。よって答えは4．satisfy「満足させる」。

(g)　commitment「傾倒」なので，答えは1．dedication「専念」。

(h)　stifle「抑圧する」なので，答えは4．suppress「抑圧する」。

(i)　distribution「供給，流通」なので，答えは4．supply「供給」。

(j)　account for ～ は「～を占める」という意味なので，近い意味の語はconstitute「構成する」となり，答えは2となる。

(2)(1)　specialize in ～「～を専門にする」という熟語の問題。

⑵　combined with ～「～と相まって」という熟語の問題。

⑶　at work「仕事中で」という熟語の問題。

⑷　pay attention to ～「～に注意を払う」という熟語の問題。

⑸　a case in point「好例」という熟語の問題。

⑹　compete with ～「～と競う」という熟語の問題。

⑶　直前を見ると，only after several delays という準否定表現が文頭に出ているので，倒置が起こっているはずである。よって答えは1．did となる。only も準否定表現の一つであることに注意。

⑷　A群：第1段最終文（The resulting labor …）より，効率の良いやり方や売り上げの上昇によってハンバーガーの値段を下げることができたという趣旨なので，3．「キッチンでの効率的な作業の方法と売り上げの上昇で，マクドナルド兄弟はハンバーガーの値段を下げることに成功した」が正解。

B群：第3段第1文（Inspecting carefully the …）および次の文より，クロックがマクドナルド兄弟の運営を注意深く調査し，そのやり方がビジネスでの成功のチケットであると思ったという趣旨なので，4．「レイ=クロックは，マクドナルド兄弟のセルフサービス・紙を使ったサービス・素早いサービスという方法が，彼のビジネスを成功に導いてくれると確信した」が正解。

C群：第4段（Kroc's sales background …）の内容より，クロックは成功するフランチャイズの鍵は均一性であると確信しており，そのシステムの特徴は，質とサービスと清潔さへの取り組みであったという趣旨なので，4．「均一性という考えが，クロックのフランチャイズ店に高い質と良いサービス，清潔さを達成させた」が正解。

D群：最終段第1文（The Big Mac …）およびその次の文より，ビッグマックはピッツバーグのある加盟店が開発し，導入したものであったという趣旨なので，1．「『ビッグマック』と呼ばれる大きなサンドウィッチをメニューに導入することを提案したのは，マクドナルドの経営陣でなく，ピッツバーグ地域の加盟店だった」が正解。

E群：最終段第6文（Once introduced, the …）より，ビッグマックのおかげでその店舗の売り上げは数カ月で10～12％伸びたという趣旨なので，2．「ビッグマックが導入されてほんの数カ月で，レストランの売り上げは10〜20％上がった」が正解。

3　解答　(1)―1　(2)―3　(3)―3　(4)―4　(5)―3

◀解　説▶

(1)「真昼にビーチを歩いていると，水は透き通って爽快に見えた」
前半が分詞構文になっているが，主節の主語がthe waterなので，このままだと the water が walking していたことになってしまう。よって Walking を When I was walking などに変えなければならない。

(2)「寒く，じめじめした天候で眠ることに慣れていなければ，山でキャンプをすることは困難だ」
be used to *doing*「〜することに慣れている」という頻出の熟語の問題。このtoは前置詞なので，sleepではなく動名詞のsleepingにする。

(3)「その長期労働者は，全ての未払い賃金に利子をつけて払うことを要求した」
demanded「要求した」で反応できたかどうかがポイント。提案・要求を表すthat節の中の述語動詞にはshouldまたは原形を使うというルールがあるので，wasではなく，should beまたはbeにしなければならない。

(4)「『チャリティー食べ放題バーベキュー』は人々の間でとても人気であったが，とても多くの人ができるだけたくさんのハンバーガーを食べるので，利益が低く，中止となった」
manyは名詞の直前に置いて使う形容詞なので，many hamburgersという形になる。これは比較の文であろうと変わらない。よって，正しい形はas many hamburgers asである。

(5)「その新しい遊園地はあらゆる年齢の人が楽しめる多くの一流のアトラクションを提供していたが，私たちはザ・ウィッチ・マウンテン・ライドに断トツで最も興味を持った」
この文は最後にthe mostがついており，最上級なのに，さらにsoをつけるとおかしな意味になってしまう。よって，soを取る。なお，最後のby farは最上級の強調。

4 解答

(1)―1　(2)―4　(3)―2　(4)―2　(5)―4　(6)―2
(7)―1　(8)―1　(9)―3　(10)―3

◀解　説▶

(1) 「幼い子供はいつもぴったりとはまるまでそれぞれのピースを他のピースに試してみながら，試行錯誤してジグソーパズルを組み立てる」
trial and error は「試行錯誤」という意味。from cover to cover「最初から終わりまで」 inside out「裏返しに」 to the letter「文字通り正確に」

(2) 「夜遅くまでの騒音や通りに散乱したゴミなど，昨年耐えなければならなかった問題点のせいで，このあたりに住んでいるほぼ全ての人々が祭りに反対である」
cut down on は「量を減らす」という意味。go in for「興味を持つ」 hang on to「手放さない」 put up with「耐える」

(3) 「大規模デモにおける群衆の行動はさらに悪くなった。本当に手に負えなくなり始めている」
out of danger は「危機を脱して」という意味。out of hand「手に負えない」 out of office「退任」 out of touch「連絡が途切れて」

(4) 「東京では気分を変えるために外食する人がいる一方で，家で料理することを好み，新しい料理に挑戦することを楽しむ人もいる」
some ～, others … は「～もあれば…もある」という意味。代名詞 other は，単数の場合 some，any，one などを伴う。the other と the others は限定された集団の中で残り全てのものを指す場合に使う。

(5) 「もし夫の愛情や支援がなかったら，私が家業で成功し，同時に3人の子供を育てることは不可能であっただろう」
would have been という形から仮定法であることを見抜き，仮定法の文で頻出の4．Without「もし～がなかったら」を選ぶ。

(6) 「私たちの地域の再活性化の成功は，他の町が複雑な社会問題にどう対処するかの実例として役立つだろう」
approve of ～は「～に賛成する」という意味。deal with ～「～に対処する」 do without ～「～なしですます」 throw away ～「～を捨てる」

(7) 「会長は彼女自身の会社の CEO から公に金銭詐欺で告訴され，それがその国のメディアで大きなスキャンダルにつながった」

accuse は「告訴する」という意味。deprive「奪う」 empty「空っぽにする」 rob「奪う」

(8)「市議会は今年の末までに町の図書館を，車いすを使用する人々にも完全に利用可能にするという目標を持っている」

accessible は「利用可能な」という意味。affordable「安い」 readable「読みやすい」 recyclable「リサイクルできる」

(9)「彼は本当に手先が器用だ。あのキッチンの壁の素晴らしい本棚を見たかい？　私はあの本棚が大好きだ」

all talk and no action は「口ばかりで実行しない」という意味。a man of his word は「約束を守る人」，good with his hands は「手先が器用である」，politeness itself は「丁寧そのもの」という意味。他に適するものがないので，本棚は彼が手作りしたものだと考え，3を選ぶ。

(10)「何を隠しているんだい？　そろそろ手の内を見せてくれてもいいんじゃないかい？」

build a castle in the air は「非現実的な空想にふける」，look for a needle in a haystack は「無駄骨を折る」という意味。haystack とは干し草の山のこと。put your cards on the table「手の内を見せる」 set the cart before the horse「順序をあべこべにする」

❖講　評

2021年度と同様，読解問題と文法・語彙問題が出題されている。設問数に大きな変化はなく，大問数は4題で，解答個数は59個。

読解問題である1，2は同意表現，空所補充，主題，内容真偽と，ほぼ例年通りの出題である。基本的な語彙力，文法知識をもとに内容を正確に把握する力が求められている。1(1)の同意表現を選ばせる問題は大半が受験生の語彙力を問うものであったが，(a)の swamped や(h)の spawn などは受験生には難しく，前後関係から推測する必要があったであろう。1(2)の空所補充問題も基本的には受験生の語彙力を問うものであったが，そのうちの(3)は単なる知識だけでは解けず，構造を含めて空所を含む一文をきっちりと解釈する必要があった。1(3)の［　X　］を埋める空所補充は選択肢の各表現の使い方（使う場面）を理解しているかという問題であったが，受験生であれば押さえておきたい知識であった。1(4)の主題を選ばせる問題は，一見して明らかに正解となるような選択肢がわかりづらく，一つ一つの選択肢を吟味する必要があった。1(5)と2(4)の内容真偽問題は，本文の内容と各選択肢の意味をきっちりと読み取れれば正解できる素直なものばかりであった。

3の誤り指摘問題では，どの参考書にも載っている標準的な知識が問われていたが，(5)だけはあまり見慣れない問題であった。

4の空所補充問題は，ほとんどが語彙力を試すものであった。

やや難しい問題もあるが，全体的には標準レベルであった。

数学

（注）　解答は，東京理科大学から提供のあった情報を掲載しています。

◀数学Ⅰ・Ⅱ・A・B▶

1　**解答**　(1)ア―①　(2)イ―③　(3)ウ―②　(4)エ―⓪　オ―③
(5)カ―④　キ―⑧　(6)ク―④　ケ―⑥

◀解　説▶

≪集合の要素の個数，必要条件と十分条件≫

(1)　$n(U)=N$とし，Nの要素を1，2，3，…，Nと表すことにする。

$A=\{1,\ 2,\ 3\}$，$B=\{1,\ 2,\ 4,\ 5\}$，$C=\{1,\ 5\}$

とおくと

$A\cap C=\{1\}$，$B\cap C=\{1,\ 5\}$

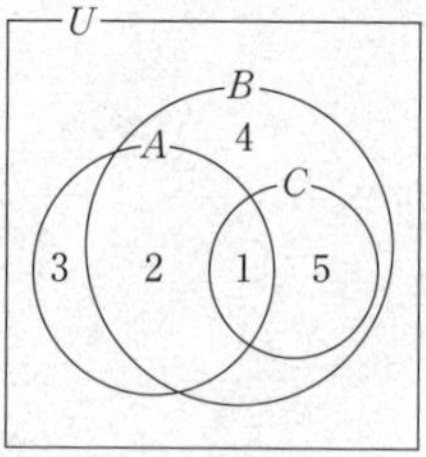

よって，$n(A\cap C)\leqq n(B\cap C)$ であるが，$A\not\subset B$である。

一方，$A\subset B$であるとし，$A\cap C$の任意の要素をuとすると，$u\in A$かつ$A\subset B$より

$u\in B$

さらに，$u\in C$であるから　　$u\in B\cap C$

よって，$u\in A\cap C\Longrightarrow u\in B\cap C$となり，$A\cap C$は$B\cap C$の部分集合である。

したがって　　$n(A\cap C)\leqq n(B\cap C)$

以上より，$n(A\cap C)\leqq n(B\cap C)$ が成り立つことは$A\subset B$が成り立つための必要条件であるが，十分条件ではない。　→ア

(2)　$A=B$であるとすると

$A\cup B=A\cup A=A$

$A\cap B=A\cap A=A$

よって　　$A\cup B=A\cap B$

逆に，$A\cup B=A\cap B$ であるとすると

$$A=A\cup(A\cap B)=A\cup(A\cup B)=A\cup B$$

$$B=B\cup(B\cap A)=B\cup(A\cap B)=B\cup(A\cup B)=A\cup B$$

よって　$A=B$

以上より，$A=B$ は $A\cup B=A\cap B$ が成り立つための必要十分条件である。

→イ

(3)　$n(A)\leqq n(B)$ であるとする。

$$n(A\cup B)=n(A)+n(B)-n(A\cap B)\quad \text{より}$$

$$n(A\cap B)+n(A\cup B)=n(A)+n(B)$$

であるから

$$\frac{1}{2}n(A)+2n(B)-\{n(A\cap B)+n(A\cup B)\}$$

$$=\frac{1}{2}n(A)+2n(B)-n(A)-n(B)$$

$$=-\frac{1}{2}n(A)+n(B)$$

$$=\frac{1}{2}\{n(B)-n(A)\}+\frac{1}{2}n(B)$$

$n(A)\leqq n(B)$ より，$n(B)-n(A)\geqq 0$ であるから

$$\frac{1}{2}n(A)+2n(B)-\{n(A\cap B)+n(A\cup B)\}\geqq 0$$

よって，$\frac{1}{2}n(A)+2n(B)\geqq n(A\cap B)+n(A\cup B)$ が成り立つ。

逆に，$\frac{1}{2}n(A)+2n(B)\geqq n(A\cap B)+n(A\cup B)$ が成り立つとすると

$$\frac{1}{2}n(A)+2n(B)-\{n(A)+n(B)\}\geqq 0$$

より　$n(A)\leqq 2n(B)$

よって，$n(A)\leqq n(B)$ が成り立つとは限らない。

以上より，$n(A)\leqq n(B)$ が成り立つことは，$\frac{1}{2}n(A)+2n(B)\geqq n(A\cap B)$ $+n(A\cup B)$ が成り立つための十分条件であるが，必要条件ではない。

→ウ

(4)　$A\cap B=\varnothing$ のとき最小値　　0　→エ

$m_1<m_2$ より，$A\subset B$ のとき最大値　　m_1　→オ

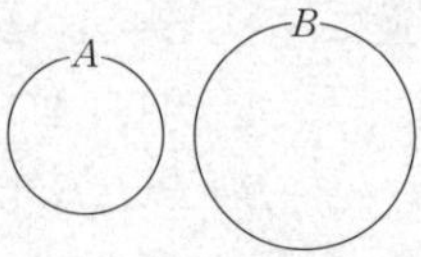

(5)　(4)より，$0\leqq n(A\cap B)\leqq m_1$ であり

$$n(A\cup B)=n(A)+n(B)-n(A\cap B)$$
$$=m_1+m_2-n(A\cap B)$$

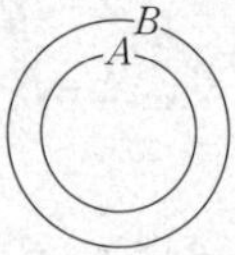

よって，$n(A\cap B)=m_1$ のとき最小値　　m_2　→カ

$n(A\cap B)=0$ のとき最大値　　m_1+m_2　→キ

(6)　$n(A\cap B)$ は $A\subset B$ のとき最大値 m_1 をとるので

$$2\leqq n(A\cap B)\leqq m_1$$

$n(A\cup B)=m_1+m_2-n(A\cap B)$　より

$n(A\cap B)=m_1$ のとき最小値　　m_2　→ク

$n(A\cap B)=2$ のとき最大値　　m_1+m_2-2　→ケ

2　解答

(1)アイ．18　ウエ．28　(2)オ．4　カ．8

(3)キク．25　ケコ．56　(4)サ－①

◀解　説▶

≪採点基準変更前後の平均値と分散，共分散≫

採点基準変更前の点数を表す変量 x に対し，平均値を $\overline{x}$，A 班 10 名の点数を x_1，x_2，…，x_{10}，B 班 15 名の点数を x_{11}，x_{12}，…，x_{25} とし，A 班の点数の平均値，分散をそれぞれ $\overline{x_A}$，$s_{x_A}{}^2$ と表し，同様に B 班の点数の平均値，分散を $\overline{x_B}$，$s_{x_B}{}^2$ と表す。

採点基準変更後の点数を表す変量 y についても同様に，$\overline{y}$，y_1，y_2，…，y_{25}，$\overline{y_A}$，$\overline{y_B}$，$s_{y_A}{}^2$，$s_{y_B}{}^2$ を定める。

また，採点基準変更後の 25 名全体の点数の分散を $s_y{}^2$ とする。

(1)　条件より

$$s_y{}^2=24\quad\cdots\cdots①$$
$$\overline{y}=\overline{y_A}=\overline{y_B}\quad\cdots\cdots②$$
$$s_{y_B}{}^2=s_{y_A}{}^2+10\quad\cdots\cdots③$$

②より　$\overline{y}=\dfrac{1}{25}(10\overline{y_A}+15\overline{y_B})=\dfrac{1}{25}\cdot25\overline{y_A}=\overline{y_A}$

よって，$\overline{y}=\overline{y_A}=\overline{y_B}$ であるから

$$s_y{}^2=\frac{1}{25}\{(y_1-\overline{y})^2+(y_2-\overline{y})^2+\cdots+(y_{25}-\overline{y})^2\}$$
$$=\frac{1}{25}[\{(y_1-\overline{y_A})^2+(y_2-\overline{y_A})^2+\cdots+(y_{10}-\overline{y_A})^2\}$$
$$+\{(y_{11}-\overline{y_B})^2+(y_{12}-\overline{y_B})^2+\cdots+(y_{25}-\overline{y_B})^2\}]$$
$$=\frac{1}{25}(10s_{y_A}{}^2+15s_{y_B}{}^2)\quad\cdots\cdots④$$

①，④より　$2s_{y_A}{}^2+3s_{y_B}{}^2=120$　……⑤

③，⑤より　$2s_{y_A}{}^2+3(s_{y_A}{}^2+10)=120$　　∴　$s_{y_A}{}^2=18$　→アイ

③より　$s_{y_B}{}^2=28$　→ウエ

(2)　条件より

$$\overline{x_B}=\overline{x_A}+5\quad\cdots\cdots⑥$$
$$\overline{x}=\overline{y}-1\quad\cdots\cdots⑦$$
$$\overline{x_A}=\frac{1}{2}\overline{y_A}\quad\cdots\cdots⑧$$
$$\overline{x}=\frac{1}{25}(x_1+x_2+\cdots+x_{25})$$
$$=\frac{1}{25}\left(\frac{x_1+x_2+\cdots+x_{10}}{10}\cdot10+\frac{x_{11}+x_{12}+\cdots+x_{25}}{15}\cdot15\right)$$
$$=\frac{1}{25}(10\overline{x_A}+15\overline{x_B})$$

よって　$5\overline{x}=2\overline{x_A}+3\overline{x_B}$　……⑨

⑥，⑦，⑧，⑨より

$$5(\overline{y}-1)=2\cdot\frac{1}{2}\overline{y_A}+3\left(\frac{1}{2}\overline{y_A}+5\right)$$
$$2\overline{y}=\overline{y_A}+8$$

②より，$\overline{y}=\overline{y_A}$ であるから

$$2\overline{y_A}=\overline{y_A}+8\qquad\therefore\quad\overline{y_A}=8$$

⑧より

$$\overline{x_A}=\frac{1}{2}\overline{y_A}=4\quad\to オ$$
$$\overline{y}=\overline{y_A}=8\quad\to カ$$

(3)　(2)より，$\overline{y}=8$ であり，条件より $\overline{x}=\overline{y}-1=7$ であるから，x，y の共

分散を s_{xy} とすると

$$s_{xy}=\frac{1}{25}\{(x_1-7)(y_1-8)+(x_2-7)(y_2-8)+\cdots+(x_{25}-7)(y_{25}-8)\}$$

$$=\frac{1}{25}\{x_1y_1+x_2y_2+\cdots+x_{25}y_{25}-8(x_1+x_2+\cdots+x_{25})$$
$$-7(y_1+y_2+\cdots+y_{25})+56\cdot 25\}$$

$$=\frac{1}{25}(x_1y_1+x_2y_2+\cdots+x_{25}y_{25}-8\cdot 25\bar{x}-7\cdot 25\bar{y}+56\cdot 25)$$

$$=\frac{1}{25}(x_1y_1+x_2y_2+\cdots+x_{25}y_{25}-8\cdot 25\cdot 7-7\cdot 25\cdot 8+56\cdot 25)$$

$$=\frac{1}{25}(x_1y_1+x_2y_2+\cdots+x_{25}y_{25})-56\quad \to キ〜コ$$

(4)　PとQはともに真であると仮定する。

Pより，$x_i \leqq \bar{x}$ であるすべての $i\in\{1,\ 2,\ \cdots,\ 25\}$ に対し，$y_i \leqq \bar{y}$ であるから

$$x_i-\bar{x}\leqq 0 \quad かつ \quad y_i-\bar{y}\leqq 0$$

つまり　　$(x_i-\bar{x})(y_i-\bar{y})\geqq 0$

Qより，$x_i>\bar{x}$ であるすべての $i\in\{1,\ 2,\ \cdots,\ 25\}$ に対し，$y_i>\bar{y}$ であるから

$$x_i-\bar{x}>0 \quad かつ \quad y_i-\bar{y}>0$$

つまり　　$(x_i-\bar{x})(y_i-\bar{y})>0$

よって，$s_{xy}>0$ となるが，これは $s_{xy}<0$ であることに矛盾する。

したがって，PまたはQの少なくとも1つは偽である。 →サ

3　解答

(1) $\dfrac{(40\sqrt{10}-64)}{3}$　(2) $m=21$，$n=24$　(3) $\dfrac{31}{384}$

(4)ア．3　イ．8　ウエ．15　オカ．10

（導出過程の記述は省略）

◀解　説▶

≪微・積分法，整数問題，確率，三角比≫

(1)　$f(x)=\begin{cases} x^2-4 & (x\leqq -2,\ 2\leqq x) \\ -x^2+4 & (-2<x<2) \end{cases}$　……①

$-2<x<2$ において，$f'(x)=-2x$ より，曲線 $y=f(x)$ 上の点 $(1,\ 3)$ に

おける接線の方程式は

$$y-3=-2\cdot 1(x-1)$$

$$y=-2x+5 \quad \cdots\cdots②$$

①，②より，$x \leqq -2$，$2 \leqq x$ において

$$x^2-4=-2x+5$$

$$x^2+2x-9=0$$

$$x=-1\pm\sqrt{10}$$

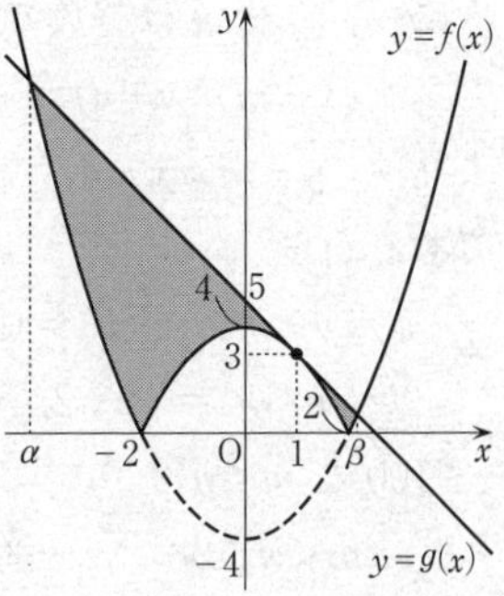

$\alpha<\beta$ より　　$\alpha=-1-\sqrt{10}$，$\beta=-1+\sqrt{10}$

$$S=\int_\alpha^\beta \{g(x)-f(x)\}\,dx$$

とおくと，S は曲線 $y=f(x)$ と直線 $y=-2x+5$ で囲まれた２つの部分の面積の和に等しい。

ここで，S は曲線 $y=x^2-4$ と直線 $y=-2x+5$ で囲まれた部分の面積から，２曲線 $y=x^2-4$，$y=-x^2+4$ で囲まれた部分の面積を引くことで得られるので

$$S=\int_\alpha^\beta \{-2x+5-(x^2-4)\}\,dx-\int_{-2}^{2}\{-x^2+4-(x^2-4)\}\,dx$$

$$=-\int_\alpha^\beta (x^2+2x-9)\,dx+2\int_{-2}^{2}(x^2-4)\,dx$$

$$=-\int_\alpha^\beta (x-\alpha)(x-\beta)\,dx+2\int_{-2}^{2}(x+2)(x-2)\,dx$$

$$=-\left\{-\frac{1}{6}(\beta-\alpha)^3\right\}+2\left\{-\frac{1}{6}(2+2)^3\right\}$$

$$=\frac{1}{6}\cdot(2\sqrt{10})^3-\frac{1}{3}\cdot 4^3$$

$$=\frac{40\sqrt{10}-64}{3}$$

となる。積分区間を分割せずに図形的に考えて面積を求めるところがポイントである。公式 $\int_\alpha^\beta (x-\alpha)(x-\beta)\,dx=-\frac{1}{6}(\beta-\alpha)^3$ を用いて計算すること。

(2)　$x^2-(6\sqrt{21m}+5\sqrt{6n})x+30\sqrt{126mn}=0 \quad \cdots\cdots①$

$$(x-6\sqrt{21m})(x-5\sqrt{6n})=0$$

$\therefore\quad x=6\sqrt{21m},\ 5\sqrt{6n}$

①の解はすべて整数であることから

$$m=21k^2,\ n=6l^2\quad(k,\ l\text{は自然数})\quad\cdots\cdots②$$

次に，y，m，n は整数であるから，$y-m$，$y-n$ も整数となるので

$$(y-m)(y-n)=-2\quad\text{および}\quad m<n$$

より　　$y-m>y-n$

であるから

$$(y-m,\ y-n)=(2,\ -1),\ (1,\ -2)$$

$$(m,\ n)=(y-2,\ y+1),\ (y-1,\ y+2)$$

$y\leqq100$ と $m<n$ より

$$m<n\leqq98\quad\cdots\cdots③$$

$$n=m+3\quad\cdots\cdots④$$

②，③より

$$21k^2<6l^2\leqq98$$

$$7k^2<2l^2\leqq\frac{98}{3}$$

よって　　$7k^2<2l^2\leqq32$

この不等式を満たす自然数 k，l を求めると

$$(k,\ l)=(1,\ 2),\ (1,\ 3),\ (1,\ 4),\ (2,\ 4)$$

$$(m,\ n)=(21,\ 24),\ (21,\ 54),\ (21,\ 96),\ (84,\ 96)$$

このうち④を満たすのは　　$(m,\ n)=(21,\ 24)$

(3)　サイコロの目が n（$n=1,\ 2,\ \cdots,\ 6$）で，硬貨を n 回投げて表が k 回，裏が（$n-k$）回（$k=0,\ 1,\ \cdots,\ n$）出る確率は

$$\frac{1}{6}\cdot{}_n\mathrm{C}_k\left(\frac{1}{2}\right)^k\left(\frac{1}{2}\right)^{n-k}=\frac{{}_n\mathrm{C}_k}{6\cdot2^n}$$

であり，ポイントは $\left(\frac{4}{3}\right)^k\left(\frac{2}{3}\right)^{n-k}$ 倍となる。

条件より

$$\left(\frac{4}{3}\right)^k\left(\frac{2}{3}\right)^{n-k}\geqq2$$

$$2^{n+k-1}\geqq3^n\quad\cdots\cdots①$$

(i)　$n=1$ のとき，①より　　$2^k\geqq3$　（$k=0,\ 1$）

この不等式を満たす k は存在しない。

(ii)　$n=2$ のとき，①より　　$2^{k+1} \geqq 9$　$(k=0,\ 1,\ 2)$

この不等式を満たす k は存在しない。

(iii)　$n=3$ のとき，①より　　$2^{k+2} \geqq 27$　$(k=0,\ 1,\ 2,\ 3)$

これを満たす k を求めると　　$k=3$

(iv)　$n=4$ のとき，①より　　$2^{k+3} \geqq 81$　$(k=0,\ 1,\ 2,\ 3,\ 4)$

これを満たす k を求めると　　$k=4$

(v)　$n=5$ のとき，①より　　$2^{k+4} \geqq 243$　$(k=0,\ 1,\ 2,\ 3,\ 4,\ 5)$

これを満たす k を求めると　　$k=4,\ 5$

(vi)　$n=6$ のとき，①より　　$2^{k+5} \geqq 729$　$(k=0,\ 1,\ 2,\ 3,\ 4,\ 5,\ 6)$

これを満たす k を求めると　　$k=5,\ 6$

(i)〜(vi)より，求める確率は

$$\frac{{}_3C_3}{6\cdot 2^3}+\frac{{}_4C_4}{6\cdot 2^4}+\frac{{}_5C_4+{}_5C_5}{6\cdot 2^5}+\frac{{}_6C_5+{}_6C_6}{6\cdot 2^6}$$

$$=\frac{1}{6\cdot 2^6}(2^3+2^2+6\cdot 2+7)$$

$$=\frac{31}{384}$$

(4)　点Pから辺ABに垂線を引き，辺ABとの交点をHとすると，線分PHの長さが求める最小値である。

$\angle \mathrm{AOB}=\theta$ とおくと，$\triangle \mathrm{OAB}$ において余弦定理により

$$\cos\theta=\frac{2^2+3^2-4^2}{2\cdot 2\cdot 3}=-\frac{1}{4}$$

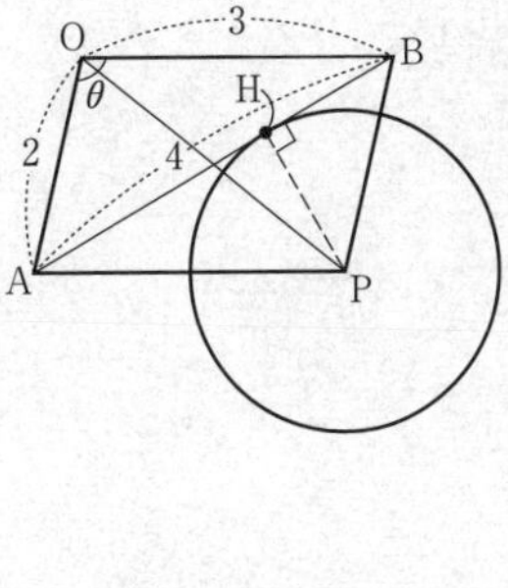

よって　　$\sin\theta=\sqrt{1-\left(-\frac{1}{4}\right)^2}=\frac{\sqrt{15}}{4}$

$\triangle \mathrm{APB}$ の面積を2通りの方法で表すことにより

$$\frac{1}{2}\cdot 2\cdot 3\cdot\sin\theta=\frac{1}{2}\cdot 4\cdot \mathrm{PH}$$

$$\mathrm{PH}=\frac{2\cdot 3}{4}\cdot\frac{\sqrt{15}}{4}$$

$$=\frac{3}{8}\sqrt{15}\quad \rightarrow ア〜エ$$

次に，最大値について考える。

$\angle OAP = 180^\circ - \theta$ より

$$\cos\angle OAP = \cos(180^\circ - \theta) = -\cos\theta = \frac{1}{4}$$

よって，$\triangle OAP$ において余弦定理により

$$OP^2 = 2^2 + 3^2 - 2\cdot 2\cdot 3\cos\angle OAP = 4 + 9 - 2\cdot 2\cdot 3\cdot\frac{1}{4} = 10$$

よって　　$OP = \sqrt{10}$

$PB < PA < PO = \sqrt{10}$ より，求める最大値は　　$\sqrt{10}$　→オカ

❖講　評

出題内容・難易度は例年通りであり，標準的な問題集や過去問集をこなしていれば，高得点が期待できるだろう。ただし，記述問題の量が増えたので，60 分で完答するためにはかなりの計算力が求められる。1は集合の要素の個数に関する問題である。ベン図を用いて考えるとよい。2は「データの分析」分野からの出題であり，平均値・分散・共分散の定義をしっかりと理解していれば，難なく正答に至るであろう。3は記述式とマークシート式の混合問題である。(1)は積分区間を分割するのではなく，図形的に考えることがポイントである。(2)は整数の性質を用いて m，n の値を絞っていけばよい。(3)はサイコロの目で場合分けをして考える。(4)は点 P から「最も近い点」と「最も遠い点」に注目すればよい。

◀数学Ⅰ・Ⅱ・Ⅲ・A・B▶

1 解答

(1) $\frac{27}{490}$　(2) $\frac{1}{196}$　(3) $\frac{5}{56}$　(4) $\frac{801}{980}$

（導出過程の記述は省略）

◀解　説▶

≪2つの袋から玉を取り出すときの確率≫

(1)　袋Aから赤玉と白玉を2個ずつ，袋Bから赤玉2個と白玉1個をそれぞれ取り出せばよいので

$$\frac{{}_4C_2\cdot{}_4C_2}{{}_8C_4}\cdot\frac{{}_2C_2\cdot{}_6C_1}{{}_8C_3}=\frac{27}{490}$$

(2)　$a=b=0$，つまり袋Aから白玉4個，袋Bから白玉3個をそれぞれ取り出せばよいので

$$\frac{{}_4C_4}{{}_8C_4}\cdot\frac{{}_6C_3}{{}_8C_3}=\frac{1}{196}$$

(3)　次の2つの事象を考える。

X：$a=1$ かつ $b=0$ となる

Y：$a=0$ かつ $b=1$ となる

求める確率は$P(X\cup Y)$ であり，XとYは排反である。

$$P(X)=\frac{{}_4C_1\cdot{}_4C_3}{{}_8C_4}\cdot\frac{{}_6C_3}{{}_8C_3}=\frac{4}{49}$$

$$P(Y)=\frac{{}_4C_4}{{}_8C_4}\cdot\frac{{}_2C_1\cdot{}_6C_2}{{}_8C_3}=\frac{3}{392}$$

よって

$$P(X\cup Y)=P(X)+P(Y)=\frac{4}{49}+\frac{3}{392}=\frac{5}{56}$$

(4)　次のように事象を定める。

Z：$a=b$ となる

Z_k：$a=b=k$　$(k=0,\ 1,\ 2)$

求める確率は$P(\overline{Z})$ であり，$Z=Z_0\cup Z_1\cup Z_2$ かつどの2つの事象も排反である。

(1), (2)より，$P(Z_0)=\frac{1}{196}$，$P(Z_2)=\frac{27}{490}$ であり

$$P(Z_1)=\frac{{}_4C_1\cdot{}_4C_3}{{}_8C_4}\cdot\frac{{}_2C_1\cdot{}_6C_2}{{}_8C_3}=\frac{6}{49}$$

よって

$$P(Z)=P(Z_0\cup Z_1\cup Z_2)=P(Z_0)+P(Z_1)+P(Z_2)$$
$$=\frac{1}{196}+\frac{6}{49}+\frac{27}{490}=\frac{179}{980}$$

求める確率は

$$P(\overline{Z})=1-P(Z)=1-\frac{179}{980}=\frac{801}{980}$$

以上のように，余事象を考えることで余計な計算を避けることができる。

2 解答

(1)$x\leqq1$ と $2\leqq x\leqq3$　(2)$n=1,\ 2,\ 3$

(3)$(n,\ k)=(4,\ 2)$

(導出過程の記述は省略)

◀解　説▶

≪分数式の値が自然数となるための条件≫

(1)　$f(x)\geqq g(x)$ より

$$6(x^2+1)\geqq x^3+11x$$
$$x^3-6x^2+11x-6\leqq0$$
$$(x-1)(x-2)(x-3)\leqq0$$

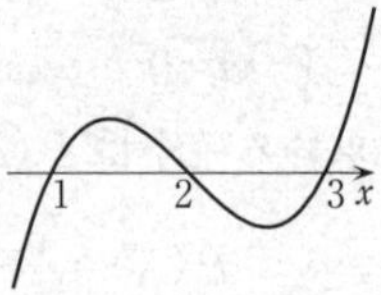

よって　　$x\leqq1,\ 2\leqq x\leqq3$

(2)　$\frac{6(n^2+1)}{n^3+11n}\geqq1$ より

$$6(n^2+1)\geqq n^3+11n$$

(1)より　　$n\leqq1,\ 2\leqq n\leqq3$

n は自然数であるから　　$n=1,\ 2,\ 3$

$n=1,\ 2,\ 3$ のとき

$$\frac{6(1^2+1)}{1^3+11\cdot1}=\frac{12}{12}=1,\quad\frac{6(2^2+1)}{2^3+11\cdot2}=\frac{30}{30}=1,\quad\frac{6(3^2+1)}{3^3+11\cdot3}=\frac{60}{60}=1$$

よって，条件を満たすので　　$n=1,\ 2,\ 3$

以上のように，(1)の結果を用いることにより n の値を絞ることができる。

(3)　(i)　$n=1,\ 2,\ 3$ のとき　$\dfrac{6(n^2+1)}{n^3+11n}$ は自然数となるので，条件を満たす自然数 k は存在しない。

(ii)　$n=4$ のとき

$$\frac{6(4^2+1)}{4^3+11\cdot 4}+\frac{1}{9k}=\frac{17}{18}+\frac{1}{9k}\leqq\frac{17}{18}+\frac{1}{9}=\frac{19}{18}$$

よって　$\dfrac{17}{18}+\dfrac{1}{9k}=1$　　∴　$k=2$

(iii)　$n\geqq 5$ のとき $h(x)=\dfrac{x^2+1}{x^3+11x}$ $(x\geqq 5)$ とおくと

$$h'(x)=\frac{2x(x^3+11x)-(x^2+1)(3x^2+11)}{(x^3+11x)^2}=-\frac{x^4-8x^2+11}{(x^3+11x)^2}$$

$$=-\frac{(x^2-4)^2-5}{(x^3+11x)^2}<0\quad(x^2-4\geqq 5^2-4=21\text{ による})$$

よって，$x\geqq 5$ において $h(x)$ は単調に減少する。

したがって，$n\geqq 5$ のとき $h(n)\leqq h(5)$ が成立するので

$$\frac{6(n^2+1)}{n^3+11n}+\frac{1}{9k}\leqq\frac{6(5^2+1)}{5^3+11\cdot 5}+\frac{1}{9k}=\frac{13}{15}+\frac{1}{9k}\leqq\frac{13}{15}+\frac{1}{9}=\frac{44}{45}<1$$

よって，$\dfrac{6(n^2+1)}{n^3+11n}+\dfrac{1}{9k}<1$ であるから，$n\geqq 5$ のとき条件を満たす自然数 k は存在しない。

(i)，(ii)，(iii)より　　$(n,\ k)=(4,\ 2)$

ここでは，$n=4$，$n\geqq 5$ の場合を調べることで「$n\geqq 5$ のとき条件を満たす k は存在しない」と予想できるかどうかがポイントである。

3　解答

(1)$a=\dfrac{1+\sqrt{5}}{2}$，$b=\dfrac{1-\sqrt{5}}{2}$

(2)$z=\dfrac{1}{2}\left(\cos\dfrac{2}{5}\pi n+i\sin\dfrac{2}{5}\pi n\right)$，$n=1,\ 2,\ 3,\ 4$

あるいは　$z=\dfrac{1}{2}(\cos 72n^\circ+i\sin 72n^\circ)$，$n=1,\ 2,\ 3,\ 4$

(3)$\sin 144^\circ=\dfrac{\sqrt{10-2\sqrt{5}}}{4}$

（導出過程の記述は省略）

◀解　説▶

≪4 次方程式を用いて sin144° の値を求める≫

(1)　$x^4+x^3+x^2+x+1=(x^2+ax+1)(x^2+bx+1)$　……①

$(①の右辺)=x^4+(a+b)x^3+(ab+2)x^2+(a+b)x+1$

①が x についての恒等式となるためには

$$\begin{cases}a+b=1\\ ab+2=1\end{cases}\iff\begin{cases}a+b=1\\ ab=-1\end{cases}$$

a，b は 2 次方程式 $t^2-t-1=0$ の解であり，$a>0$，$b<0$ であることから

$$a=\frac{1+\sqrt{5}}{2},\quad b=\frac{1-\sqrt{5}}{2}$$

(2)　$16z^4+8z^3+4z^2+2z+1=0$

$$(2z-1)(16z^4+8z^3+4z^2+2z+1)=0\quad\left(z\neq\frac{1}{2}\right)$$

$$32z^5-1=0\quad\left(z\neq\frac{1}{2}\right)$$

$$z^5=\frac{1}{32}\quad\left(z\neq\frac{1}{2}\right)\quad\cdots\cdots②$$

$z=r(\cos\theta+i\sin\theta)$ $(r\geqq0,\ 0\leqq\theta<2\pi)$ とおいて②に代入し，ド・モアブルの定理を用いると

$$r^5(\cos5\theta+i\sin5\theta)=\frac{1}{32}(\cos0+i\sin0)$$

よって　$$\begin{cases}r^5=\dfrac{1}{32}\\ 5\theta=0,\ 2\pi,\ 4\pi,\ 6\pi,\ 8\pi\end{cases}\iff\begin{cases}r=\dfrac{1}{2}\\ \theta=0,\ \dfrac{2}{5}\pi,\ \dfrac{4}{5}\pi,\ \dfrac{6}{5}\pi,\ \dfrac{8}{5}\pi\end{cases}$$

$z\neq\dfrac{1}{2}$ より　$r=\dfrac{1}{2}$，$\theta=\dfrac{2}{5}\pi,\ \dfrac{4}{5}\pi,\ \dfrac{6}{5}\pi,\ \dfrac{8}{5}\pi$

したがって　$z=\dfrac{1}{2}\left(\cos\dfrac{2}{5}n\pi+i\sin\dfrac{2}{5}n\pi\right)$ $(n=1,\ 2,\ 3,\ 4)$

以上のように方程式の両辺に $2z-1$ をかけ，$32z^5-1=0$ を得るところがポイントである。

(3)　(1)の恒等式で $x=2z$ とすると

$$16z^4+8z^3+4z^2+2z+1=(4z^2+2az+1)(4z^2+2bz+1)$$

よって，(2)の z は2つの方程式 $4z^2+2az+1=0$，$4z^2+2bz+1=0$ の解であるから

$$z=\frac{-a\pm\sqrt{a^2-4}}{4},\ \frac{-b\pm\sqrt{b^2-4}}{4}$$

$-1<b<0<a<2$ より，$a^2-4<0$，$b^2-4<0$ であるから

$$z=-\frac{a}{4}\pm\frac{\sqrt{4-a^2}}{4}i,\ -\frac{b}{4}\pm\frac{\sqrt{4-b^2}}{4}i \quad \cdots\cdots③$$

(2)より $z=\frac{1}{2}\cos\frac{2}{5}n\pi+\left(\frac{1}{2}\sin\frac{2}{5}n\pi\right)i$ $(n=1,\ 2,\ 3,\ 4)$ であるから，$n=2$ のとき

$$z=\frac{1}{2}\cos\frac{4}{5}\pi+\left(\frac{1}{2}\sin\frac{4}{5}\pi\right)i$$

$\cos\frac{4}{5}\pi<0$，$\sin\frac{4}{5}\pi>0$ であるから，③より

$$\frac{1}{2}\cos\frac{4}{5}\pi=-\frac{a}{4},\ \frac{1}{2}\sin\frac{4}{5}\pi=\frac{\sqrt{4-a^2}}{4}$$

よって　$\sin\frac{4}{5}\pi=\frac{1}{2}\sqrt{4-a^2}=\frac{1}{2}\sqrt{4-\left(\frac{1+\sqrt{5}}{2}\right)^2}=\frac{\sqrt{10-2\sqrt{5}}}{4}$

したがって　$\sin 144^\circ=\frac{\sqrt{10-2\sqrt{5}}}{4}$

ここでは，$144^\circ=\frac{4}{5}\pi$〔rad〕であるから，$a>0$，$b<0$ と合わせて値を確定すればよい。

❖講　評

例年通りの出題内容・難易度であり，発展的な問題集・過去問集をこなしておけば高得点が期待できる。[1]は基本的な問題であり，場合分けして効率的に数え上げればよい。(4)は余事象を考えること。[2]は誘導形式となっており，(3)については $n=4$，5の場合を試してから一般化すればよい。[3]も誘導形式となっており，5次方程式 $32z^5-1=0$ を導くところがポイントである。

で、本文を俯瞰的に捉えつつ、細部の表現にも注意しながら読解する必要がある。

□二は、岡田暁生『音楽の危機――《第九》が歌えなくなった日』からの出題。コロナ禍の外出自粛の中で筆者が「聞こえているのだけれど聞こえていない音」に興味を持ち、そこから「芸術の有用性」について述べている。表や図などの使用はないが、複数の音楽作品を具体例として持論を補強している。文章の内容は標準的で読解に苦戦することは少ないだろうが、問四・問五などの説明問題は設問の要求を正確に理解して、本文中からポイントを正確に拾い出す必要がある。

□三の問題構成は問一が四字熟語の空所補充、問二が文学史であった。これらだけでなく慣用句・ことわざ・故事成語なども合わせて、国語常識の蓄積を日頃から心がけておこう。

（Ⅴ）傍線部（5）の前の段落三行目で「作曲から二十年経過した今日…まったくできないように感じられる」とストラヴィンスキー本人が語っているため誤り。

三 解答

問一　（Ⅰ）－オ　（Ⅱ）－ア　（Ⅲ）－イ　（Ⅳ）－エ　（Ⅴ）－イ

問二　（Ⅰ）－ア　（Ⅱ）－カ　（Ⅲ）－イ　（Ⅳ）－オ　（Ⅴ）－エ

▲解　説▼

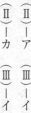

問一　（Ⅰ）「明鏡止水」とは〝邪念がなく、澄み切って落ち着いた心〟を形容した四字熟語。

（Ⅱ）「意味深長」とは〝人の言動や詩文などの表現に、非常に深い趣や含蓄が含まれていること、あるいは表現の表面にあらわれた意味のほかに、別の意味が含まれていること〟を表した四字熟語。

（Ⅲ）「一目瞭然」とは〝一目見ただけではっきりとわかる様子〟を表した四字熟語。

（Ⅳ）「抜山蓋世」とは〝山を引き抜くほどの強大な力と、世を覆い尽くすほどの気力があること〟を表した四字熟語。

（Ⅴ）「秋霜烈日」とは〝刑罰・権威・節操・意志などが厳しく、厳かであること〟を表した四字熟語。

問二　ウの『空には本』は寺山修司。キの『東西南北』は与謝野鉄幹。クの『桐の花』は北原白秋。

❖講　評

大問三題で、形式は二〇二一年度と同じく、評論文二題に国語常識問題が一題であった。

一は、西平直『ライフサイクルの哲学』からの出題。「ライフサイクル」という言葉の分析から始まり、人生のあり方までを様々な視点から考察している文章である。内容は標準的であるが、文章量が多く、また通底したテーマの中で視点や切り口が頻繁に変わるので、論のつながりを整理するのがやや困難。また設問の特徴として、空欄や傍線部の前後にヒントがある空所補充問題や傍線部の説明問題が多いが、論の展開を問う問題や全体の内容合致問題も存在するのが正解となる。

問八 傍線部は、直後の「本当は聞こえているはずの声」をかき消す自我意識のことを示す。ア・イ・エ・オはみなこの自我意識の言い換えである。しかしウだけはその自我意識を取り除いて、ストラヴィンスキーが言う「聞こえてきたもの」にただ耳を傾けてそれらを譜面に残す芸術家のことを指している。設問は傍線部の言い換えとして不適切なものを選ぶので、これが正解となる。

問九 「逆説」は〝一見真理に背いているように見えて、実は一面の真理を言い表している表現〟のことである。本文では、平時では狂気とみえた芸術表現が、非常時になって突然アクチュアリティ（現実性）を持ち始めることを示している。これと同趣旨の内容が本文の終わりから四〜五行目にある。平時の無用と狂気と不条理が非常時ではアクチュアルとなることを「価値観の反転」と表現しており、逆説という言葉の意味から考えてもこれが正解となる。

問十 傍線部を含む段落から、ア・イ・ウ・オが一般の人々が真っ先に思い浮かべる芸術の有用性であり、筆者が否定するものであることがわかる。エは本文最後の三行で筆者が「わたしにとって芸術の究極の有効性とはここにある」と肯定する芸術の有用性なので、これが正解となる。

問十一 (Ⅰ) 第二段落冒頭で「ふだんまったく耳に…よく聞こえることに驚いた人も多いだろう」とあるので、合わない。

(Ⅱ) 傍線部（4）の段落の『春の祭典』やその前段落の『暴力論』『未来派宣言』など、「第一次大戦」の直前の破滅的未来を告げる作品が複数紹介されているが、第二次大戦直前の作品は本文中にはない。

(Ⅲ) 最終二段落によると、設問前半の「絆」は、一般人が真っ先に思い浮かべる芸術の有用性であり、後半の「『ヴィジョン』を突きつける」ことは、「偉大な過去の芸術作品」が行うことである。筆者は、後者を肯定して前者と区別している。したがってこれらを繋げるのは誤り。

(Ⅳ) 傍線部（1）の次の段落の内容と合致する。

「予感」となる。正解はイである。

問三　空欄直前で、録音された音楽の大半について、ノイズがきれいに消された状態を「背景が白地の肖像写真」に例えている。これと同趣旨の内容が空欄に入ることになる。ポイントは、本体の音楽自体はあるが普段はわずらわしく感じる雑音がカットされていることで、逆に音楽それ自体が鮮明に感じられないことを比喩的に表現しているということである。アでは音楽それ自体が存在しないことになってしまう。イは音楽を音色で例えていることになり、比喩が成立しない。ウは完成か未完成かの話ではない。エは音の大小の話ではない。正解はオである。「無表情な標本」が「ヴィヴィッドにならない」音楽の比喩として成立している。

問四　傍線部の「楽譜に書いてある音」以外の音が何かを答えなければならない。傍線部の次の行の「さまざまな唸りや倍音」などの「ふつうは聞こえない音」がそれである。さらに主語は作曲家なので、これらの音を生かして彼等がどのように曲を作っていくのかを、同じ段落の表現を中心にまとめればよい。

問五　「人生訓」とは〝人生および人の生き方などに関する教え〟という意味である。本文では傍線部直前の「聞こえているのに聞こえない音を聴く」ことを示しているので、これを人生全体に当てはまる表現で言い換えればよい。具体的には同じ段落最後の「過剰な自我や…打ち消す」「自分に刷り込まれた…聞こえているのに聴かない」態度を改めることである。

問六　「本当は聞こえている」のに、その「気配」を「まさか……」と打ち消すという事例を本文中に探す。すると、まず次の段落以降で「第一次大戦」を「予知するような作品」について詳しく述べられているが、これは「現代の事例」「打ち消す」とはいえないので、さらに読み進めていくと「※このあと本文では…」という中略の一箇所目の直前に「たとえば今回のコロナ禍にしても…『まさか』と思っていた」とある。これが「現代の事例」に該当する。

問七　設問が「不適切なもの」となっていることに注意。傍線部以降の説明に注目してほしい。イは次の段落一行目、ウはその次の段落の一行目、エとオも同じ段落の最後の三行でそれぞれ否定され、アは肯定されている。したがってアはなく、他人の声に耳を傾けるべきだということ。

問六　コロナ禍

問七　ア

問八　ウ

問九　価値観の反転

問十　エ

問十一　(Ⅰ)－×　(Ⅱ)－×　(Ⅲ)－×　(Ⅳ)－○　(Ⅴ)－×

◆要　旨◆

音楽の中には、たとえば人間の非可聴音域や上部倍音のような楽譜にのらない「耳には入っているのだけれど聞こえていない音」がある。一級の音楽家はこれを聞き取って作品を創作・表現する。そしてこれらの「聞こえているのに聞こえない音を聴く」ことは、自分に刷り込まれた常識以外の現実や他人の声から耳を閉ざす人々にとっての人生訓にもなる。そしてこの「聞こえない音を感じ取る」能力は、天才的な芸術家による未来の非常時を予測する能力と深く関わっていると思われる。今日芸術を「絆」「元気」「癒やし」と結びつける流れが強いが、芸術の究極の有用性はこの平時の常識が崩れる世界を察知する点にある。

▲解　説▼

問一　空欄直前で「芸術／芸能／芸は…見えていない危機をいちはやく察知する」とあり、これを音楽の世界に限定して同趣旨のことを述べたものが空欄に入る。第七段落に「…聞こえない音を聴く」という表現が、音楽のみならずそのまま人生訓にもなるとあり、一般化し得るという意味でも本文の主題にもなり得る。

問二　第一段落の中で「危機をいちはやく察知する」「世界の『気配』ともいうべきものを…感知する」という表現があり、空欄直前に「つまるところ」とあることから、音楽の有用性としてこれらをまとめた表現が何かと考えたら、空欄直前にう疑問を提示している。だがⓒ以降で、子どもの教育の話を例として「やる気」「主体の感覚」「自力」と「大人の働きかけ」「使命感」「他力」との密接な関係の話に推移していく。さらにⓖ以降で、今度は「自己不完結性」から創造的適応が生まれるという内容を、「即興劇」を具体例として挙げながら説明していくことになる。したがって正解はウとなる。

問十三（Ⅰ）空欄（A）のある段落参照。「ライフサイクル」は世代の連鎖を含む言葉であり、個人の一生に限定される「ライフコース」「ライフヒストリー」とは異なるので、同じ意味の言葉ではない。

（Ⅱ）（Ⅰ）で述べたように「ライフサイクル」は世代の連鎖を含むので、個人の死で完結はしない。

（Ⅲ）空欄（A）の次の段落三行目の内容に合致する。「そのつど新鮮である」が「新たな視点による変容を含み持つ」と同趣旨である。

問十四（Ⅰ）「連綿」は〝物事が長く続いて絶えないこと〟という意味。

（Ⅱ）「偶発的」は〝ある出来事が、予想もできない時におこる〟という意味。

二

出典　岡田暁生『音楽の危機——《第九》が歌えなくなった日』〈第一部　音楽とソーシャル・ディスタンス——巻・空間・文化　第二章　音楽家の役割について——聞こえない音を聴くということ〉（中公新書）

解答

問一　聞こえない音を聴く

問二　イ

問三　オ

問四　作曲家は曲を作る際に、楽譜に書かれる一つ一つの音が発生させる唸りや倍音なども想定し、それらの音のバランスを感じながら伴奏を書いたり、次の音を考えたりしているということ。

問五　過剰な自我や自己主張、強い思い込みにより、自分に刷り込まれた常識以外の現実は存在しないと決めつけるのでる」場合の話をしているので、逆接の「ところが」が望ましい。したがって答えはウとなる。

問八 まず「自力」と「他力」がどういうものかは傍線部直後で説明されており、さらにそれらの関係性は次段落で「しばしば微妙に、密接にからみあっている」と説明されている。さらにその後に、それがどういうことであるかが説明されている。特に傍線部（6）の前の段落で両者の関係性がわかりやすくまとめられている。ポイントは、自己を掘り下げるとその中に自己を超えた他者の力を感じるという点である。ここと前述の「自力」「他力」の説明を合わせてまとめればよい。

問九 傍線部の次段落が清水博氏の文章の引用で、その次の段落から筆者の詳しい説明が始まっているので、h の後の二段落を中心にまとめればよい。ポイントは「自己不完結性」が不完結であるがゆえに、同時に自由な部分が残っており、そこから予測しない事態に対して柔軟に、間違う可能性を含みながらも適応することができるということである。それが創造的でもあり、そこから「自己創出」につながるのだ。この流れを説明すればよい。

問十 傍線部の次の段落から即興劇について詳しく説明されているので、そこに注目すればよい。即興劇にはあらかじめ決まった役柄がなく、そのつど「周囲との関係」の中で役割を創っていくため、役者が自分勝手に動くわけにはいかない。しかし、だからといって周囲によってすべて決まってしまうわけではなく、役者全員が劇の筋や全体を共有しながら、周囲の反応に働きかけ、周囲を変えたり変えられたりしながら進めていく。これらを踏まえると、正解となるのはイである。

問十一 傍線部の中の「劇の全体」が、次の段落で「空間的全体」と「時間的全体」という二つの観点から説明されているので、それ以降の説明に注目すればよい。そうすると本文の終わりから五段落目で、役者は「原因—結果の因果法則をはみ出す『あそび（自由の幅）』が残されている」とあるので、アの「遵守する」は誤りであり、これが正解となる。

問十二 本文はまず「ライフサイクル」という言葉から「世代の連鎖」について説明し、その連鎖から抜け出せるかといこの言葉の意味を説明している箇所があるが、その中で設問の指定字数に当てはまるのは、傍線部を含む段落の二つ後の段落の「過去の遺産…創り出す』こと」である。この部分の直前を参照すればわかるように、ジェネラティヴィティはただ前の世代から受け継ぎ、次の世代に譲り渡すことだけを示しているのではないことに注意。

問三　空欄直前に注目。世代の連鎖として親から子へと繰り返される「虐待の連鎖」を表した語句が空欄に入る。これを示したのはエの「循環性」である。ウの「円環性」が紛らわしいが、本文第三段落で次世代へと受け継がれない個人の一生のことが「閉じた円環サイクル」と表現されており、円環性という言葉は世代の連鎖を示す語句としては本問では当てはまらない。

問四　空欄の前に「過去の体験によって規定されている、にもかかわらず、何ができるか」「私たちに残されている」とあることに注目。同様の表現が傍線部（2）の前段落に「様々な条件に規定されている。にもかかわらず…余地が残されている。…その自由は」とあることに着目すればよい。正解はアである。

問五　アポリアとは〝一つの問いに対する相反する二つの見解が等しく成立する〟場合を指すが、もっと一般的に〝難問〟と解釈することが多い。本文でも傍線部直前で〈子どもの内側から「自発性」を育てさせる困難さ〉について述べていて、傍線部はそれを受けた表現となっているので、この意味が合致する。正解はオである。

問六　不適切なものを選択することに注意。傍線部直後から、子どもの内側からの「やる気」を引き出す方法が書かれているが、傍線部のある段落から五段落後の「ではこの場合…働きかけには必要になる」に注目しよう。大人は子どもの「やる気」を引き出すために、常に「控える」用意をし、子どもからの求めに応えつつ、場合によっては手を引くのである。つまり、「何もせずに放任」するわけではない。したがってエが正解。

問七　空欄①は、直前の世代のつながりが空欄直後で「四つの世代」という表現を使ってまとめられているので「つまり」が当てはまる。空欄②は、直前で説明されていた世代の連鎖の具体例として「虐待の連鎖」が挙げられているので「たとえば」が入る。空欄③は、直前で説明されている「『主体』の感覚」が空欄直後で「徹底的に打ちのめされ得ない事態に対しても、その場に応じて何らかの対応をとることができるという意味で、「自己創出」につながる。

問十　イ

問十一　ア

問十二　ウ

問十三　(Ⅰ)－×　(Ⅱ)－×　(Ⅲ)－○

問十四　(Ⅰ)連綿〔聯綿〕　(Ⅱ)偶発的〔偶發的〕

◆要　旨◆

「ライフサイクル」という言葉は、死によって完結する個人の一生と、世代を超えて脈々と受け継がれる連鎖的なものという二つの意味を持つ。この中の「世代の連鎖」の方を強調した「ジェネレイショナル・サイクル」は、複数の世代が歯車のように噛み合って動く姿を示す。個人の人生もその世代のつながりの中で進んでいるため、子育ても連鎖的な世代のつながりが関係しているが、その連鎖に必ずしも縛られているということもない。また自力と他力というのは密接に絡み合うため、子どもの教育は彼等のやる気が自発的に生じるように親などの他者が働きかけることが大事だが、同時に人の人生は自由で予想できない不完結な部分から創造性が生じうるという面も存在する。しかしその創造性は「初期条件」の影響を大きく受けるものなのである。

▲解　説▼

問一　空欄前後の内容を考えると、個人の死によって完了する「ライフコース」や「ライフヒストリー」に対して「親の世代から次の世代へという関係性の中で人を見るのがライフサイクルの視点」であると説明している。このライフサイクルの説明に合致するのはウの「世代の連鎖」である。「脈々と受け継がれてゆく」連鎖で、「円環」のように閉じているわけではないので、エの「円環サイクル」はここでは当てはまらない。

問二　傍線部を含む段落の次の段落から、ジェネラティヴィティの意味をめぐる試行錯誤の説明が始まっている。何度か

国語

（注）解答は、東京理科大学から提供のあった情報を掲載しています。

一

出典 西平直『ライフサイクルの哲学』〈＊ライフサイクル（人の一生）　2　人生の初期条件〉（東京大学出版会）

解答

問一　ウ

問二　過去の遺産の継承でありつつ、他面では「新しく創り出す」こと

問三　エ

問四　ア

問五　オ

問六　エ

問七　ウ

問八　自力とは、心の構成要素を自分の力で組み換え、苦闘して、光を勝ち取ることであり、他力とは、自己を超えた他者の力によって光を与えられる体験である。自力で自己を掘り下げていくと、何らかの支え（慈悲・恩寵）を感じざるをえなくなり、逆に徹底して他者に聞き従っていると、自己の内側に内発的な決意を感じざるをえなくなる。つまり、両者は密接に絡み合い、あるいは反転し合う関係にある。

問九　「自己不完結性」とは、自身のなかに未だ確定されていない自由な部分が残っていることを指す。よって、予測し

//////////////////// ・memo・ ////////////////////

教学社 刊行一覧

2025年版 大学赤本シリーズ

374大学556点 全都道府県を網羅

国公立大学（都道府県順）

全国の書店で取り扱っています。店頭にない場合は，お取り寄せができます。

1 北海道大学（文系－前期日程）
2 北海道大学（理系－前期日程） 医
3 北海道大学（後期日程）
4 旭川医科大学（医学部〈医学科〉） 医
5 小樽商科大学
6 帯広畜産大学
7 北海道教育大学
8 室蘭工業大学／北見工業大学
9 釧路公立大学
10 公立千歳科学技術大学
11 公立はこだて未来大学 総推
12 札幌医科大学（医学部） 医
13 弘前大学 医
14 岩手大学
15 岩手県立大学・盛岡短期大学部・宮古短期大学部
16 東北大学（文系－前期日程）
17 東北大学（理系－前期日程） 医
18 東北大学（後期日程）
19 宮城教育大学
20 宮城大学
21 秋田大学 医
22 秋田県立大学
23 国際教養大学 総推
24 山形大学 医
25 福島大学
26 会津大学
27 福島県立医科大学（医・保健科学部） 医
28 茨城大学（文系）
29 茨城大学（理系）
30 筑波大学（推薦入試） 医 総推
31 筑波大学（文系－前期日程）
32 筑波大学（理系－前期日程） 医
33 筑波大学（後期日程）
34 宇都宮大学
35 群馬大学 医
36 群馬県立女子大学
37 高崎経済大学
38 前橋工科大学
39 埼玉大学（文系）
40 埼玉大学（理系）
41 千葉大学（文系－前期日程）
42 千葉大学（理系－前期日程） 医
43 千葉大学（後期日程） 医
44 東京大学（文科） DL
45 東京大学（理科） DL 医
46 お茶の水女子大学
47 電気通信大学
48 東京外国語大学 DL
49 東京海洋大学
50 東京科学大学（旧 東京工業大学）
51 東京科学大学（旧 東京医科歯科大学） 医
52 東京学芸大学
53 東京藝術大学
54 東京農工大学
55 一橋大学（前期日程）
56 一橋大学（後期日程）
57 東京都立大学（文系）
58 東京都立大学（理系）
59 横浜国立大学（文系）
60 横浜国立大学（理系）
61 横浜市立大学（国際教養・国際商・理・データサイエンス・医〈看護〉学部）
62 横浜市立大学（医学部〈医学科〉） 医
63 新潟大学（人文・教育〈文系〉・法・経済科・医〈看護〉・創生学部）
64 新潟大学（教育〈理系〉・理・医〈看護を除く〉・歯・工・農学部） 医
65 新潟県立大学
66 富山大学（文系）
67 富山大学（理系） 医
68 富山県立大学
69 金沢大学（文系）
70 金沢大学（理系） 医
71 福井大学（教育・医〈看護〉・工・国際地域学部）
72 福井大学（医学部〈医学科〉） 医
73 福井県立大学
74 山梨大学（教育・医〈看護〉・工・生命環境学部）
75 山梨大学（医学部〈医学科〉） 医
76 都留文科大学
77 信州大学（文系－前期日程）
78 信州大学（理系－前期日程） 医
79 信州大学（後期日程）
80 公立諏訪東京理科大学 総推
81 岐阜大学（前期日程） 医
82 岐阜大学（後期日程）
83 岐阜薬科大学
84 静岡大学（前期日程）
85 静岡大学（後期日程）
86 浜松医科大学（医学部〈医学科〉） 医
87 静岡県立大学
88 静岡文化芸術大学
89 名古屋大学（文系）
90 名古屋大学（理系） 医
91 愛知教育大学
92 名古屋工業大学
93 愛知県立大学
94 名古屋市立大学（経済・人文社会・芸術工・看護・総合生命理・データサイエンス学部）
95 名古屋市立大学（医学部〈医学科〉） 医
96 名古屋市立大学（薬学部）
97 三重大学（人文・教育・医〈看護〉学部）
98 三重大学（医〈医〉・工・生物資源学部） 医
99 滋賀大学
100 滋賀医科大学（医学部〈医学科〉） 医
101 滋賀県立大学
102 京都大学（文系）
103 京都大学（理系） 医
104 京都教育大学
105 京都工芸繊維大学
106 京都府立大学
107 京都府立医科大学（医学部〈医学科〉） 医
108 大阪大学（文系） DL
109 大阪大学（理系） 医
110 大阪教育大学
111 大阪公立大学（現代システム科学域〈文系〉・文・法・経済・商・看護・生活科〈居住環境・人間福祉〉学部－前期日程）
112 大阪公立大学（現代システム科学域〈理系〉・理・工・農・獣医・医・生活科〈食栄養〉学部－前期日程） 医
113 大阪公立大学（中期日程）
114 大阪公立大学（後期日程）
115 神戸大学（文系－前期日程）
116 神戸大学（理系－前期日程） 医
117 神戸大学（後期日程）
118 神戸市外国語大学 DL
119 兵庫県立大学（国際商経・社会情報科・看護学部）
120 兵庫県立大学（工・理・環境人間学部）
121 奈良教育大学／奈良県立大学
122 奈良女子大学
123 奈良県立医科大学（医学部〈医学科〉） 医
124 和歌山大学
125 和歌山県立医科大学（医・薬学部） 医
126 鳥取大学 医
127 公立鳥取環境大学
128 島根大学 医
129 岡山大学（文系）
130 岡山大学（理系） 医
131 岡山県立大学
132 広島大学（文系－前期日程）
133 広島大学（理系－前期日程） 医
134 広島大学（後期日程）
135 尾道市立大学 総推
136 県立広島大学
137 広島市立大学
138 福山市立大学 総推
139 山口大学（人文・教育〈文系〉・経済・医〈看護〉・国際総合科学部）
140 山口大学（教育〈理系〉・理・医〈看護を除く〉・工・農・共同獣医学部） 医
141 山陽小野田市立山口東京理科大学 総推
142 下関市立大学／山口県立大学
143 周南公立大学 新 総推
144 徳島大学 医
145 香川大学 医
146 愛媛大学 医
147 高知大学 医
148 高知工科大学
149 九州大学（文系－前期日程）
150 九州大学（理系－前期日程） 医
151 九州大学（後期日程）
152 九州工業大学
153 福岡教育大学
154 北九州市立大学
155 九州歯科大学
156 福岡県立大学／福岡女子大学
157 佐賀大学 医
158 長崎大学（多文化社会・教育〈文系〉・経済・医〈保健〉・環境科〈文系〉学部）
159 長崎大学（教育〈理系〉・医〈医〉・歯・薬・情報データ科・工・環境科〈理系〉・水産学部） 医
160 長崎県立大学 総推
161 熊本大学（文・教育・法・医〈看護〉学部・情報融合学環〈文系型〉）
162 熊本大学（理・医〈看護を除く〉・薬・工学部・情報融合学環〈理系型〉） 医
163 熊本県立大学
164 大分大学（教育・経済・医〈看護〉・理工・福祉健康科学部）
165 大分大学（医学部〈医・先進医療科学科〉） 医
166 宮崎大学（教育・医〈看護〉・工・農・地域資源創成学部）
167 宮崎大学（医学部〈医学科〉） 医
168 鹿児島大学（文系）
169 鹿児島大学（理系） 医
170 琉球大学 医

2025年版　大学赤本シリーズ

国公立大学 その他

171 〔国公立大〕医学部医学科 総合型選抜・学校推薦型選抜※ 医 総推
172 看護・医療系大学〈国公立 東日本〉※
173 看護・医療系大学〈国公立 中日本〉※
174 看護・医療系大学〈国公立 西日本〉※
175 海上保安大学校／気象大学校
176 航空保安大学校
177 国立看護大学校
178 防衛大学校 総推
179 防衛医科大学校(医学科) 医
180 防衛医科大学校(看護学科)

※No.171～174の収載大学は赤本ウェブサイト(http://akahon.net/)でご確認ください。

私立大学①

北海道の大学(50音順)

201 札幌大学
202 札幌学院大学
203 北星学園大学
204 北海学園大学
205 北海道医療大学
206 北海道科学大学
207 北海道武蔵女子大学・短期大学
208 酪農学園大学(獣医学群〈獣医学類〉)

東北の大学(50音順)

209 岩手医科大学(医・歯・薬学部) 医
210 仙台大学 総推
211 東北医科薬科大学(医・薬学部) 医
212 東北学院大学
213 東北工業大学
214 東北福祉大学
215 宮城学院女子大学 総推

関東の大学(50音順)

あ行(関東の大学)

216 青山学院大学(法・国際政治経済学部ー個別学部日程)
217 青山学院大学(経済学部ー個別学部日程)
218 青山学院大学(経営学部ー個別学部日程)
219 青山学院大学(文・教育人間科学部ー個別学部日程)
220 青山学院大学(総合文化政策・社会情報・地球社会共生・コミュニティ人間科学部ー個別学部日程)
221 青山学院大学(理工学部ー個別学部日程)
222 青山学院大学(全学部日程)
223 麻布大学(獣医、生命・環境科学部)
224 亜細亜大学
226 桜美林大学
227 大妻女子大学・短期大学部

か行(関東の大学)

228 学習院大学(法学部ーコア試験)
229 学習院大学(経済学部ーコア試験)
230 学習院大学(文学部ーコア試験)
231 学習院大学(国際社会科学部ーコア試験)
232 学習院大学(理学部ーコア試験)
233 学習院女子大学
234 神奈川大学(給費生試験)
235 神奈川大学(一般入試)
236 神奈川工科大学
237 鎌倉女子大学・短期大学部
238 川村学園女子大学
239 神田外語大学
240 関東学院大学
241 北里大学(理学部)
242 北里大学(医学部) 医
243 北里大学(薬学部)
244 北里大学(看護・医療衛生学部)
245 北里大学(未来工・獣医・海洋生命科学部)
246 共立女子大学・短期大学
247 杏林大学(医学部) 医
248 杏林大学(保健学部)
249 群馬医療福祉大学・短期大学部
250 群馬パース大学 総推
251 慶應義塾大学(法学部)
252 慶應義塾大学(経済学部)
253 慶應義塾大学(商学部)
254 慶應義塾大学(文学部) 総推
255 慶應義塾大学(総合政策学部)
256 慶應義塾大学(環境情報学部)
257 慶應義塾大学(理工学部)
258 慶應義塾大学(医学部) 医
259 慶應義塾大学(薬学部)
260 慶應義塾大学(看護医療学部)
261 工学院大学
262 國學院大學
263 国際医療福祉大学 医
264 国際基督教大学
265 国士舘大学
266 駒澤大学(一般選抜T方式・S方式)
267 駒澤大学(全学部統一日程選抜)

さ行(関東の大学)

268 埼玉医科大学(医学部) 医
269 相模女子大学・短期大学部
270 産業能率大学
271 自治医科大学(医学部) 医
272 自治医科大学(看護学部)／東京慈恵会医科大学(医学部〈看護学科〉)
273 実践女子大学 総推
274 芝浦工業大学(前期日程)
275 芝浦工業大学(全学統一日程・後期日程)
276 十文字学園女子大学
277 淑徳大学
278 順天堂大学(医学部) 医
279 順天堂大学(スポーツ健康科・医療看護・保健看護・国際教養・保健医療・医療科・健康データサイエンス・薬学部) 総推
280 上智大学(神・文・総合人間科学部)
281 上智大学(法・経済学部)
282 上智大学(外国語・総合グローバル学部)
283 上智大学(理工学部)
284 上智大学(TEAPスコア利用方式)
285 湘南工科大学
286 昭和大学(医学部) 医
287 昭和大学(歯・薬・保健医療学部)
288 昭和女子大学
289 昭和薬科大学
290 女子栄養大学・短期大学部 総推
291 白百合女子大学
292 成蹊大学(法学部ーA方式)
293 成蹊大学(経済・経営学部ーA方式)
294 成蹊大学(文学部ーA方式)
295 成蹊大学(理工学部ーA方式)
296 成蹊大学(E方式・G方式・P方式)
297 成城大学(経済・社会イノベーション学部ーA方式)
298 成城大学(文芸・法学部ーA方式)
299 成城大学(S方式〈全学部統一選抜〉)
300 聖心女子大学
301 清泉女子大学
303 聖マリアンナ医科大学 医
304 聖路加国際大学(看護学部)
305 専修大学(スカラシップ・全国入試)
306 専修大学(前期入試〈学部個別入試〉)
307 専修大学(前期入試〈全学部入試・スカラシップ入試〉)

た行(関東の大学)

308 大正大学
309 大東文化大学
310 高崎健康福祉大学
311 拓殖大学
312 玉川大学
313 多摩美術大学
314 千葉工業大学
315 中央大学(法学部ー学部別選抜)
316 中央大学(経済学部ー学部別選抜)
317 中央大学(商学部ー学部別選抜)
318 中央大学(文学部ー学部別選抜)
319 中央大学(総合政策学部ー学部別選抜)
320 中央大学(国際経営・国際情報学部ー学部別選抜)
321 中央大学(理工学部ー学部別選抜)
322 中央大学(5学部共通選抜)
323 中央学院大学
324 津田塾大学
325 帝京大学(薬・経済・法・文・外国語・教育・理工・医療技術・福岡医療技術学部)
326 帝京大学(医学部) 医
327 帝京科学大学 総推
328 帝京平成大学 総推
329 東海大学(医〈医〉学部を除くー一般選抜)
330 東海大学(文系・理系学部統一選抜)
331 東海大学(医学部〈医学科〉) 医
332 東京医科大学(医学部〈医学科〉) 医
333 東京家政大学・短期大学部 総推
334 東京経済大学
335 東京工科大学
336 東京工芸大学
337 東京国際大学
338 東京歯科大学
339 東京慈恵会医科大学(医学部〈医学科〉) 医
340 東京情報大学
341 東京女子大学
342 東京女子医科大学(医学部) 医
343 東京電機大学
344 東京都市大学
345 東京農業大学
346 東京薬科大学(薬学部) 総推
347 東京薬科大学(生命科学部) 総推
348 東京理科大学(理学部〈第一部〉ーB方式)
349 東京理科大学(創域理工学部ーB方式・S方式)
350 東京理科大学(工学部ーB方式)
351 東京理科大学(先進工学部ーB方式)
352 東京理科大学(薬学部ーB方式)
353 東京理科大学(経営学部ーB方式)
354 東京理科大学(C方式、グローバル方式、理学部〈第二部〉ーB方式)
355 東邦大学(医学部) 医
356 東邦大学(薬学部)

私立大学②

357 東邦大学(理・看護・健康科学部)
358 東洋大学(文・経済・経営・法・社会・国際・国際観光学部)
359 東洋大学(情報連携・福祉社会デザイン・健康スポーツ科・理工・総合情報・生命科・食環境科学部)
360 東洋大学(英語〈3日程×3カ年〉)
361 東洋大学(国語〈3日程×3カ年〉)
362 東洋大学(日本史・世界史〈2日程×3カ年〉)
363 東洋英和女学院大学
364 常磐大学・短期大学 総推
365 獨協大学
366 獨協医科大学(医学部) 医

な行(関東の大学)

367 二松学舎大学
368 日本大学(法学部)
369 日本大学(経済学部)
370 日本大学(商学部)
371 日本大学(文理学部〈文系〉)
372 日本大学(文理学部〈理系〉)
373 日本大学(芸術学部〈専門試験併用型〉)
374 日本大学(国際関係学部)
375 日本大学(危機管理・スポーツ科学部)
376 日本大学(理工学部)
377 日本大学(生産工・工学部)
378 日本大学(生物資源科学部)
379 日本大学(医学部) 医
380 日本大学(歯・松戸歯学部)
381 日本大学(薬学部)
382 日本大学(N全学統一方式—医・芸術〈専門試験併用型〉学部を除く)
383 日本医科大学 医
384 日本工業大学
385 日本歯科大学
386 日本社会事業大学 総推
387 日本獣医生命科学大学
388 日本女子大学
389 日本体育大学

は行(関東の大学)

390 白鷗大学(学業特待選抜・一般選抜)
391 フェリス女学院大学
392 文教大学
393 法政大学(法〈Ⅰ日程〉・文〈Ⅱ日程〉・経営〈Ⅱ日程〉学部—A方式)
394 法政大学(法〈Ⅱ日程〉・国際文化・キャリアデザイン学部—A方式)
395 法政大学(文〈Ⅰ日程〉・経営〈Ⅰ日程〉・人間環境・グローバル教養学部—A方式)
396 法政大学(経済〈Ⅰ日程〉・社会〈Ⅰ日程〉・現代福祉学部—A方式)
397 法政大学(経済〈Ⅱ日程〉・社会〈Ⅱ日程〉・スポーツ健康学部—A方式)
398 法政大学(情報科・デザイン工・理工・生命科学部—A方式)
399 法政大学(T日程〈統一日程〉・英語外部試験利用入試)
400 星薬科大学 総推

ま行(関東の大学)

401 武蔵大学
402 武蔵野大学
403 武蔵野美術大学
404 明海大学
405 明治大学(法学部—学部別入試)
406 明治大学(政治経済学部—学部別入試)
407 明治大学(商学部—学部別入試)
408 明治大学(経営学部—学部別入試)
409 明治大学(文学部—学部別入試)
410 明治大学(国際日本学部—学部別入試)
411 明治大学(情報コミュニケーション学部—学部別入試)
412 明治大学(理工学部—学部別入試)
413 明治大学(総合数理学部—学部別入試)
414 明治大学(農学部—学部別入試)
415 明治大学(全学部統一入試)
416 明治学院大学(A日程)
417 明治学院大学(全学部日程)
418 明治薬科大学 総推
419 明星大学
420 目白大学・短期大学部

ら・わ行(関東の大学)

421 立教大学(文系学部—一般入試〈大学独自の英語を課さない日程〉)
422 立教大学(国語〈3日程×3カ年〉)
423 立教大学(日本史・世界史〈2日程×3カ年〉)
424 立教大学(文学部—一般入試〈大学独自の英語を課す日程〉)
425 立教大学(理学部—一般入試)
426 立正大学
427 早稲田大学(法学部)
428 早稲田大学(政治経済学部)
429 早稲田大学(商学部)
430 早稲田大学(社会科学部)
431 早稲田大学(文学部)
432 早稲田大学(文化構想学部)
433 早稲田大学(教育学部〈文科系〉)
434 早稲田大学(教育学部〈理科系〉)
435 早稲田大学(人間科・スポーツ科学部)
436 早稲田大学(国際教養学部)
437 早稲田大学(基幹理工・創造理工・先進理工学部)
438 和洋女子大学 総推

中部の大学(50音順)

439 愛知大学
440 愛知医科大学(医学部) 医
441 愛知学院大学・短期大学部
442 愛知工業大学 総推
443 愛知淑徳大学
444 朝日大学 総推
445 金沢医科大学(医学部) 医
446 金沢工業大学
447 岐阜聖徳学園大学 総推
448 金城学院大学
449 至学館大学 総推
450 静岡理工科大学
451 椙山女学園大学
452 大同大学
453 中京大学
454 中部大学
455 名古屋外国語大学 総推
456 名古屋学院大学 総推
457 名古屋学芸大学 総推
458 名古屋女子大学 総推
459 南山大学(外国語〈英米〉・法・総合政策・国際教養学部)
460 南山大学(人文・外国語〈英米を除く〉・経済・経営・理工学部)
461 新潟国際情報大学
462 日本福祉大学
463 福井工業大学
464 藤田医科大学(医学部) 医
465 藤田医科大学(医療科・保健衛生学部)
466 名城大学(法・経営・経済・外国語・人間・都市情報学部)
467 名城大学(情報工・理工・農・薬学部)
468 山梨学院大学

近畿の大学(50音順)

469 追手門学院大学 総推
470 大阪医科薬科大学(医学部) 医
471 大阪医科薬科大学(薬学部) 総推
472 大阪学院大学 総推
473 大阪経済大学 総推
474 大阪経済法科大学 総推
475 大阪工業大学 総推
476 大阪国際大学・短期大学部 総推
477 大阪産業大学 総推
478 大阪歯科大学(歯学部)
479 大阪商業大学 総推
480 大阪成蹊大学・短期大学 総推
481 大谷大学 総推
482 大手前大学・短期大学 総推
483 関西大学(文系)
484 関西大学(理系)
485 関西大学(英語〈3日程×3カ年〉)
486 関西大学(国語〈3日程×3カ年〉)
487 関西大学(日本史・世界史・文系数学〈3日程×3カ年〉)
488 関西医科大学(医学部) 医
489 関西医療大学 総推
490 関西外国語大学・短期大学部 総推
491 関西学院大学(文・法・商・人間福祉・総合政策学部—学部個別日程)
492 関西学院大学(神・社会・経済・国際・教育学部—学部個別日程)
493 関西学院大学(全学部日程〈文系型〉)
494 関西学院大学(全学部日程〈理系型〉)
495 関西学院大学(共通テスト併用日程〈数学〉・英数日程)
496 関西学院大学(英語〈3日程×3カ年〉) 新
497 関西学院大学(国語〈3日程×3カ年〉) 新
498 関西学院大学(日本史・世界史・文系数学〈3日程×3カ年〉) 新
499 畿央大学 総推
500 京都外国語大学・短期大学 総推
502 京都産業大学(公募推薦入試) 総推
503 京都産業大学(一般選抜入試〈前期日程〉)
504 京都女子大学 総推
505 京都先端科学大学 総推
506 京都橘大学 総推
507 京都ノートルダム女子大学 総推
508 京都薬科大学 総推
509 近畿大学・短期大学部(医学部を除く—推薦入試) 総推
510 近畿大学・短期大学部(医学部を除く—一般入試前期)
511 近畿大学(英語〈医学部を除く3日程×3カ年〉)
512 近畿大学(理系数学〈医学部を除く3日程×3カ年〉)
513 近畿大学(国語〈医学部を除く3日程×3カ年〉)
514 近畿大学(医学部—推薦入試・一般入試前期) 医 総推
515 近畿大学・短期大学部(一般入試後期) 医
516 皇學館大学 総推
517 甲南大学 総推
518 甲南女子大学(学校推薦型選抜) 新 総推
519 神戸学院大学 総推
520 神戸国際大学 総推
521 神戸女学院大学 総推
522 神戸女子大学・短期大学 総推
523 神戸薬科大学 総推
524 四天王寺大学・短期大学部 総推
525 摂南大学(公募制推薦入試) 総推
526 摂南大学(一般選抜前期日程)
527 帝塚山学院大学 総推
528 同志社大学(法、グローバル・コミュニケーション学部—学部個別日程)

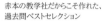

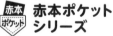

2025年版　大学赤本シリーズ　No. 353
東京理科大学（経営学部－B方式）

編　集　教学社編集部
発行者　上原 寿明
発行所　教学社
〒606-0031
京都市左京区岩倉南桑原町56
電話　075-721-6500
振替　01020-1-15695
印　刷　太洋社

2024年6月25日　第1刷発行
ISBN978-4-325-26412-5
定価は裏表紙に表示しています